W0350361

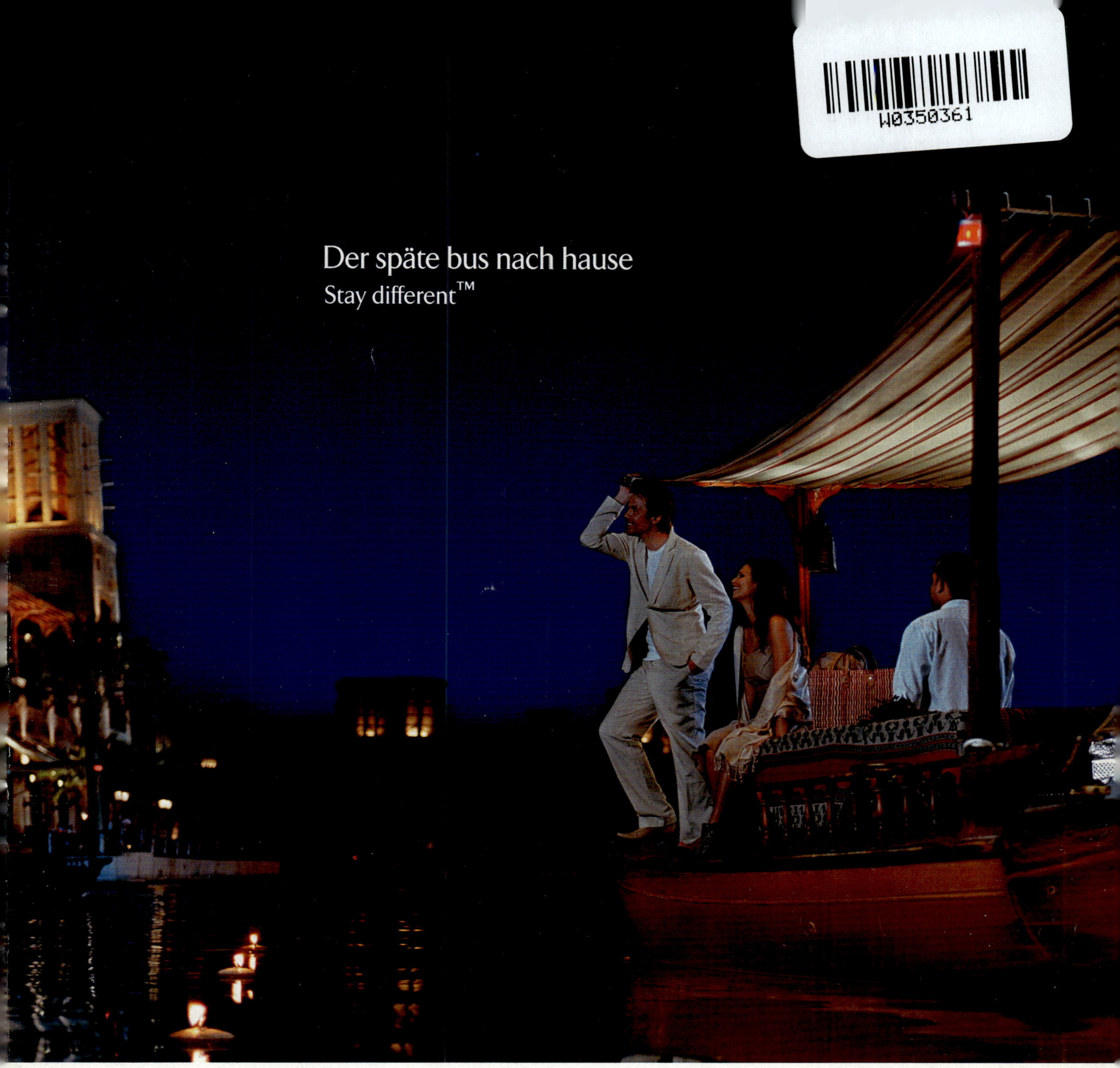

Jumeirah
MADINAT JUMEIRAH

jumeirah.com

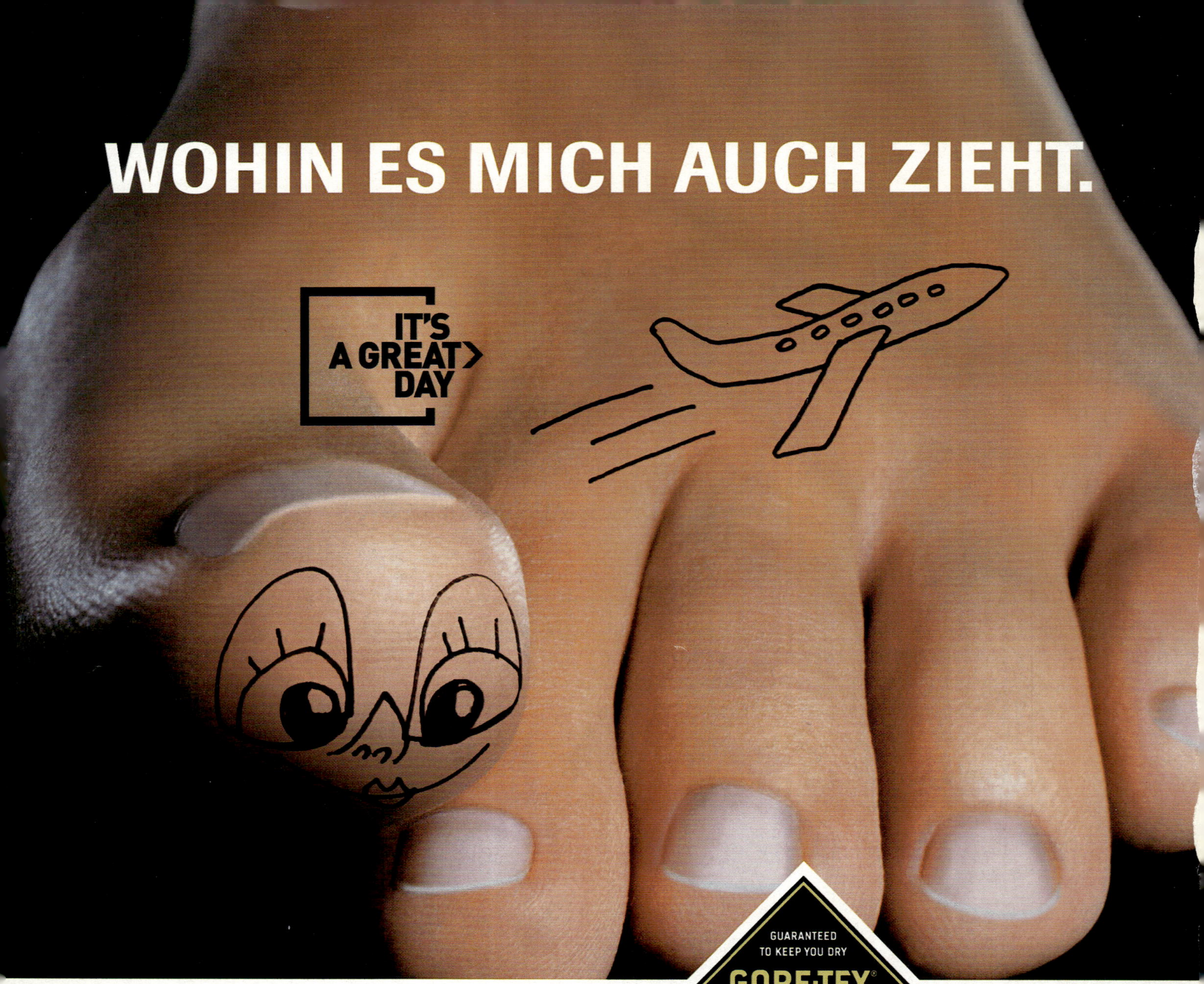

GUARANTEED TO KEEP YOU DRY
GORE-TEX® PRODUCTS

gore-tex.com

hanwag

www.hanwag.de

Performance Lady XCR®

GORE-TEX® XCR® Schuhe passen sich allen Bedingungen an und bieten so optimalen Klimakomfort. Drinnen und bei Wärme halten sie Ihre Füße angenehm temperiert, draußen sind sie geschützt und bleiben trocken. Denn – nur trockene Zehen sind wirklich glückliche Zehen.

GORE-TEX® XCR® Footwear. Klima Management für Schuhe.

© 2003, 2006 W. L. Gore & Associates GmbH. GORE-TEX®, GUARANTEED TO KEEP YOU DRY™, IT'S A GREAT DAY™, GORE-TEX® XCR®, GORE® und Bildzeichen sind Marken von W. L. Gore & Associates.

Im Rausch der Superlative: GEO-Special-Redakteur Markus Wolff hat seine Nacht im Burj Al Arab nachhaltig geprägt: Sein Autorenfoto im Atrium des Hotels hält er für »das beste aller Zeiten«

Liebe Leserin, lieber Leser,

„DIE ERDE HAT EIN NEUES ZENTRUM", ist auf einem der riesigen Plakate zu lesen, die Dubais breite Straßen säumen. Das mag sehr vermessen wirken für einen Stadtstaat, der es mit seinen sechs Geschwistern in den Vereinigten Arabischen Emiraten auf ein Bruttoinlandsprodukt wie Italien bringt und auf einen Lebensstandard seiner Bewohner, der nach dem „Human Development Index" jenem Kubas entspricht.

Aber wer in Dubai landet, wo der neue Flughafen „World Central International" heißen soll, und wer einige Tage Gelegenheit hat, sich in den Emiraten umzusehen, der wird Zeuge einer der rasantesten Wachstumsgeschichten, die auf der Welt je geschrieben worden sind.

Willkommen also in einem berauschenden und mitunter auch irritierenden Experiment: dem Versuch, eine Art Idealwelt im Zeitraffer zu schaffen, genährt vom Vertrauen in die Magnetkraft des Superlativs, bezahlt mit dem Verdrängen aller Zweifel. Machbar, so scheint es, ist an dieser Goldküste alles, fast jeder Traum erfüllbar, erst recht der Wunsch des Reisenden, einmal nur die eigene Wirklichkeit gegen ein Märchen zu tauschen.

Zum Staunen bieten die Emirate tatsächlich beinahe täglich neuen Anlass, nach Weihrauch und Wüste aber duftet das Nachbarland Oman. Beides, die von Kosmopoliten geschaffenen Erlebniswelten der Emirate wie das Arabien-Erlebnis Oman, haben wir im vorliegenden GEO Special für Sie erkundet. Auf dass Sie informiert und mit der passenden Vorfreude wählen können, in welcher Richtung Sie die Zeitmaschine buchen.

Herzlichst Ihr

PETER-MATTHIAS GAEDE

▸ REDAKTEURIN DIESER AUSGABE

Meike Kirsch lernte die arabische Gastfreundschaft lieben. Allerdings wird sie bis zu ihrem Lebensende keine Datteln mehr essen – ihr wurden zu oft welche angeboten

„Neue Welten, fremde Kulturen, ungewöhnliche Perspektiven – das weckt unsere Neugier." Wenn Sie auf Reisen noch das Besondere suchen, dann erleben Sie die Welt von Dr. Tigges in zwei spannenden Studienreisekatalogen und einem Sprachreisekatalog. Jetzt bestellen:

Telefon **0431/5 44 60** oder **www.DrTigges.de**
Beratung und Buchung in Ihrem Reisebüro.

72

DER ALTE ZAUBER DES ORIENTS ist in Oman noch zu spüren: in der Wüste, den Bergen, den Palmenhainen der Oasen. Ein GEO-Team hat das Land erkundet – und sich betören lassen

50

IM ZENTRUM DER MACHT ragen zwei steinerne Ausrufezeichen empor: die Emirates Towers. Vom höheren der beiden Türme aus lenkt Dubais Herrscher sein Übermorgenland. Fest gewillt, hier Silicon Valley und Wall Street, Hollywood und Hongkong zu vereinen. Eine Vision, die wahr werden kann?

88

GESICHT ZEIGEN, den Schleier ablegen. Fatema hat sich dazu entschlossen. Das Porträt einer selbstbewussten Rebellin

16

VON EINER SERVICE-WÜSTE kann im Burj Al Arab wahrlich keine Rede sein. Und nicht nur in der Ikone der neuen Hotels am Golf wird ein geradezu märchenhafter Luxus zelebriert

100

GEWALTIGER BOGEN: Die Einkaufszentren der Emirate sind Paläste der Illusion, Themenpark – und Wohnzimmer der Einheimischen

66

DER NAHBARE HERRSCHER: Private Erinnerungen an Scheich Zayed Al Nahyan

THEMEN

RUBRIKEN

118

NASENWEISE zu sein, ist in Dhofar, der Dufthochburg Omans, von Vorteil

service

dossier

TITELBILD: BURJ AL ARAB **FOTOGRAF:** PETER GINTER

Von kleinen und grossen Pfeifen

RAUCHENDE KÖPFE

ES DUFTET BETÖREND, wenn der Rauch einer Wasserpfeife Schlieren in den Nachthimmel zeichnet. Die meisten Besucher glauben, die *shisha* sei heimisch – dabei ist sie in den Emiraten genauso fremd wie Schnee. Traditionell rauchen Männer hier ein schlichtes Holzpfeifchen namens *ghalliun*. Es ist etwa zehn Zentimeter lang, und sein Pfeifenkopf ist so klein, dass der Tabak nur für zwei, drei Züge reicht. Dann klopft der Besitzer die Pfeife aus und lässt sie in einer Gewandtasche verschwinden. Eine Ghalliun wird nicht weitergereicht, mit dem Rauchen ist also kein Ritual verbunden – anders bei der Shisha. Das Prinzip der Wasserpfeifen stammt wohl aus Indien, wo ausgehöhlte Kokosnüsse mit einem Bambusrohr versehen wurden. Einigen Forschern gilt auch Persien als Wiege. Über das Osmanische Reich breitete sich die Wasserpfeife aus und wurde vor allem in Ägypten, der Türkei und dem Iran heimisch. Verwendet wird durch Glyzerin angefeuchteter und aromatisierter Tabak, besonders beliebt ist Apfelgeschmack. Durch einen Zug am Mundstück entsteht Unterdruck; der Rauch wird durch das Wasser gezogen, gefiltert und gekühlt. In den Emiraten ist das Shisharauchen seit etwa 15 Jahren ein Trend, wie inzwischen auch in Manhattan und Berlin. Die Einheimischen schätzen die Geselligkeit des gemeinsamen Rauchens, für den schnellen Nikotinkick zwischendurch hingegen stecken sie sich meist eine Zigarette an. Die Ghalliun hat ausgedient.

Hier kommt jeder zum Zug: Männerrunde mit Wasserpfeife

FUNDSTÜCKE

FLIEGENDER TEPPICH

MIT MAGISCHEN TEPPICHEN sollte man fliegen, nicht surfen. Aber bei diesem Mousepad passt die Kombination. Schließlich ist auch das Internet ein unendlicher Raum, durch den man rast. Und: In den Emiraten werden an jeder Straßenecke Traditionen und High-Tech verknüpft. Die Scheichs von heute fahren Ferrari, aber ich wette, dass sie als Kinder von fliegenden Teppichen geträumt haben. Oder noch träumen? Es ist unglaublich, wie viele Erwachsene an die Flugtauglichkeit orientalischer Auslegeware glauben. Für ein Magazin habe ich die „Geheime Geschichte des fliegenden Teppichs" geschrieben – wie eine wissenschaftliche Studie. Angeblich hatte ein französischer Gelehrter Manuskripte gefunden, die belegen, dass noch im 13. Jahrhundert fliegende Teppiche verbreitet waren. Ihre Wolle wurde mit einer geheimen Lehmtinktur behandelt, sodass sie sich antimagnetisch auflud – und die Teppiche, durch Erdmagnetismus abgestoßen, schwebten. Irgendwie ist mein Text im Internet gelandet; er klang wohl so glaubwürdig, dass er weltweit diskutiert wurde. Ich bin interviewt und von einem Literaturagenten entdeckt worden. Jetzt habe ich meinen ersten Roman veröffentlicht. Mir haben fliegende Teppiche also Glück gebracht, und auf diesem Mousepad werde ich es hoffentlich fortschreiben können.

***Azhar Abidi** ist Schriftsteller, beschäftigt sich aber nicht nur mit abgehobenen Themen wie diesem.*

MEIN DUBAI

VON THOMAS GSELLA

Hier feiern sich im Siebenstern-
Hotel die Superreichen.
Just darum hab' ich Dubai gern:
Hier trifft sich meinesgleichen.

Hier ist kein Neider, der mir grollt,
Hier spreizt sich kein Zylinder.
Die Straßen sind aus schlichtem Gold
Und meine Diener Inder.

Hier liegt das Öl der Welt im Sand,
Hier wächst am Baum Geschmeide.
Putztücher sind aus Diamant,
Brokat und Silberseide.

Türkis umplätschert thront mein Bett
Am schönsten aller Orte.
Mir leisten kann ich's freilich net,
Drum hört auf meine Worte:

Wohl dem, der kostenlos logiert –
Hier bin ich Mensch, hier bleib' ich!
Und wer mir das Hotel spendiert,
Des' Lobeshymne schreib' ich!

Arabischer Dreiklang: Reich, Scheich und Teich

Elegante Verhüllung: Traditionelle Gewänder sind in den Emiraten längst nicht mehr nur zweckmäßig

EIN KLASSIKER KOMMT IN MODE

EIGENTLICH SOLL EINE schwarze *abaya* Frauen bescheiden verhüllen, wenn diese das Haus verlassen. Doch immer häufiger werden die traditionellen Gewänder modisch veredelt. Mit üppigen Blumenstickereien, glitzernden Swarovski-Steinen oder Pailletten. Markenbewusste Frauen lassen sich gar Tücher von Chanel oder Prada aufnähen. Besonders beliebt ist auch der neue „Butterfly"-Schnitt mit extra weiten Ärmeln. Zum guten Outfit gehört immer eine *shayla*, der rechteckige Schleier. Streng religiöse Frauen bedecken ihr Gesicht zusätzlich mit der *niqab*, zwei aneinander gehefteten Stoffstreifen, hinter denen nur noch die Augen zu sehen sind. Beduinen-Frauen in Oman tragen oft schnabelartige Gesichtsmasken. Was unter den Gewändern verborgen ist? Je nach Anlass Jeans, ein Kleid namens *jalabya* – aber auch teure westliche Designerkleidung, wie die Schuhe manchmal schon verraten. Das traditionelle Gewand der Männer heißt *khandoura* oder *dischdascha*. Mit Rundhals-Ausschnitt wirkt es sportlich – Stehkragen mit Knopf hingegen gelten als formell. Bei eleganten Anlässen ruht zudem über den Schultern ein goldumrandeter Mantel, die *bisht*. Auf dem Kopf tragen die Männer – unsichtbar – eine kleine Kappe namens *taqiyah*. Sie sorgt dafür, dass die *ghutra* besser sitzt, ein meist weißes, zum Dreieck gefaltetes Tuch aus Baumwolle. Für zuverlässigen Halt sorgt zudem ein doppelter Kordelring namens *iqal*. Männer in Oman tragen die *kumma*, kunstvoll bestickte Kappen. Was die Schuhe angeht, schwören fast alle auf Ledersandalen – Sultan Qabus trägt sie selbst bei hohen Staatsempfängen.

10

GRÜNDE FÜR …

DIE EMIRATE UND OMAN

WARUM SIE UNBEDINGT BALD REISEN SOLLTEN

1

5

Erleuchtung: Unter dem 14-Meter-Lüster der Sultan Qabus Moschee in Maskat können bis zu 20 000 Gläubige beten

1 … weil die Vereinigten Arabischen Emirate und Oman in der arabischen Welt herausragen: als **SICHERE REISELÄNDER** ohne Fundamentalismus und Krieg.

2 … um mitzuerleben, wie ein Glücklicher in nur zwei Minuten sechs Millionen US-Dollar reicher wird: beim **DUBAI WORLD CUP** am 31. März, dem höchstdotierten Pferderennen der Welt. Während die Vollblüter anmutig galoppieren, sollten auch Zuschauer eine gute Figur machen: Die Dame mit dem ausgefallensten Hut gewinnt 3000 Dollar, www.dubaiworldcup.com

3 … weil die **BESTE REISEZEIT** für beide Länder Oktober bis April ist und weil man dann in nur sechs Stunden der europäischen Winterdepression entfliehen kann.

4 … um sich einmal als Scheich zu fühlen: Die **JAGDAUSSTELLUNG** in Abu Dhabi, www.adihex.com, bietet alles, was Emiratis lieben: Waffen, Falken, Kamele und edle Pferde. Auch für Ausländer ist Anfassen erlaubt. Sobald allerdings Preise genannt werden, merken Sie schnell, dass Sie doch nicht in der Nähe einer Ölquelle geboren worden sind.

5 … weil die atemraubende **SHEIKH ZAYED GRAND MOSQUE** von Abu Dhabi im September 2007, nach elf Jahren Bauzeit, vollendet sein wird. Schon jetzt stehen zwei Moscheen auch Nicht-Muslimen offen: die Jumeirah Moschee in Dubai (Do und So, Tour um 10 Uhr) und die Sultan Qabus Moschee in Maskat (Sa bis Mi, 8–11 Uhr).

6 … um sich endlich den Traum einer Zeitreise zu erfüllen. Eine Landung im Jahr 1428 ist garantiert. Möglich macht das die muslimische Zeitrechnung, die im Jahr 622 n. Chr. beginnt. Ein Tipp: Die **SHARJAH BIENNALE** vom 4. April bis 4. Juni beschäftigt sich kritisch mit Zeitenwandel, www.sharjahbiennial.org

7 … weil nirgendwo die Chance, zum Millionär zu werden, größer ist als am Flughafen von Dubai: Die Teilnahme an der **LOTTERIE** kostet zwar 1000 Dirham, rund 200 Euro, doch es werden nur 5000 Lose verkauft. Schlaue sparen sich das Flugticket und platzieren ihren Lottoschein via www.dubaidutyfree.com

8 … um sich wie in Tausendundeiner Nacht zu fühlen – obwohl es nur um einen Tag geht: Wer Dubais **BRIDE SHOW** (10. bis 13. April, www.thebrideshow.com) besucht, der ahnt, warum Emiratis im Durchschnitt spielend 300 000 Dirham, umgerechnet rund 62 000 Euro, für ihre Hochzeit ausgeben.

9 … weil sie miterleben können, wie Arabien swingt, und zwar drei Nächte lang beim **DUBAI INTERNATIONAL JAZZ FESTIVAL** vom 8. bis 10. März 2007. Auf der Bühne in der Media City treten Jazz-Stars wie Jamie Cullum und Freddy Cole auf, daneben auch lokale Gruppen. Tickets unter Tel. +971-4/391 11 96, www.dubaijazzfest.com

10 … um in Oman sofort eine konsequente **DATTELDIÄT** zu beginnen. Die verhalf angeblich einem Bewohner der Oase Samail zu sagenhaftem Alter. Laut „Oman Daily Observer" starb der Mann mit 147 Jahren.

10

2

3

4

6

7

8

9

300 internationale Auszeichnungen und über 80 Flugziele weltweit. Weitere Informationen in Ihrem Reisebüro oder bei Emirates unter Telefon 01805 425652 (0,14 Euro/Min.). Es gelten unsere allgemeinen Geschäftsbedingungen, die Sie unter emirates.de einsehen können. Entdecken Sie auch unser Vielfliegerprogramm unter skywards.com

Drei Fragen an …

▸ **APRIL FETESIO**

Mixerin der alkoholfreien „Mocktails“ in der Bahri Bar, Madinat Jumeirah, Dubai

GEO SPECIAL: Warum ist gerade in den Emiraten die Liebe zu Mocktails so groß?

APRIL FETESIO: Gläubige Muslime trinken keinen Alkohol. Außerdem sorgt Hochprozentiges bei der Hitze leicht für einen Brummschädel, die nicht alkoholischen Mocktails sind bekömmlicher.

GS: Gibt es einen Klassiker?

AF: Eigentlich nicht – und genau das finde ich toll. Jede gute Bar ist stolz auf eigene Kreationen. Bei uns ist Erfrischendes besonders beliebt, wie „Kiwi Cooler“ mit Kiwisaft, Zitrone, Minze und Holunderblüte. Damen mögen cremige Longdrinks mit Schokoladengeschmack, Männer eher Minz-Zitrone auf Eis. Und Europäer sollten unbedingt Mocktails mit Dattelsaft probieren – den gibt's schließlich nur hier.

GS: Haben Sie Tricks beim Mixen?

AF: Natürlich! Wenn ich im Glas bunte Saftschichten will, ist die Reihenfolge entscheidend: Nach unten kommt zum Beispiel schweres Erdbeerpüree, dann cremiger Kiwisaft und erst ganz oben dünnflüssige Orange. Zwischen die Schichten streue ich fein gecrushtes Eis, dann verläuft nichts. Vor allem aber muss ich wissen, was ich kombinieren darf. Bitterer Grapefruitsaft zum Beispiel ist heikel. Wir kombinieren ihn mit Passionsfrucht-Sirup und ein wenig Ingwer. Kommen Sie da erst einmal drauf! *Mocktail-Rezepte finden Sie unter www.geo.de/mocktails*

VERHALTENSREGELN: SEIEN SIE HÖFLICH –

KOMMEN SIE ZU SPÄT!

KOMMEN & GEHEN

Begrüßungen werden zelebriert, was die Geduld westlicher Besucher nicht selten strapaziert. Wer mit „Salam aleikum“ („Friede sei mit dir“) begrüßt wird, antwortet mit der umgedrehten Wortfolge, „aleikum Salam“. Alternativen sind „Sabah Al Kheir“ („Guten Morgen“) und „Masaa Al Kheir“ („Guten Abend“). Eng befreundete Emiratis begrüßen sich mit einem Nasenkuss, bei dem sich ihre Nasen kurz berühren. Weiter verbreitet und weniger intim ist der Handschlag, zum Teil auch mit Wangenküssen. Gegenüber Frauen ist nichts von dem angebracht – ebenso wenig, wie ihnen in den Mantel zu helfen, da man sie dabei berühren könnte.

ESSEN & TRINKEN

Ein guter Gast kommt mit einer Viertelstunde Verspätung, und er isst nicht alles auf – was auch kaum zu schaffen wäre, da ein guter Gastgeber ständig nachreicht. Während des Essens sollte man es vermeiden, private Dinge des Gastgebers zu bewundern: Er könnte sich genötigt fühlen, sie als Geschenk zu überreichen. Gegessen wird mit der rechten Hand, die linke gilt als unrein. Wer einmal eine arabische Toilette besucht hat, weiß, warum. Meist leert sich das große Tablett, von dem alle gemeinsam essen, schnell. Nicht über das abrupte Ende der Mahlzeit wundern, gemütlich wird es erst beim anschließenden Kaffee.

WISSEN & ACHTEN

Auch wenn die Vereinigten Arabischen Emirate und Oman vergleichsweise tolerant sind, darf man nicht vergessen, dass es sich um muslimische Länder handelt. Außerhalb touristischer Resorts sollten Arme, Schultern und Beine bedeckt sein; auch Männershorts gelten als geschmacklos. Zwar wird niemand wegen unangemessener Kleidung zurechtgewiesen werden, respektvoller aber gehen Emiratis und Omaner mit Besuchern um, die ihnen ebenfalls Respekt entgegenbringen. Westliche Frauen können sich, auch ohne Schleier, nahezu unbeschränkt bewegen. Ein einfaches Tuch mitzunehmen und bei Bedarf umzulegen, kann aber nie schaden. Insbesondere in Situationen, die eigentlich Männern vorbehalten sind, wird man die Geste zu schätzen wissen. Und: Paare sollten sich nicht öffentlich küssen oder Händchen halten. Männer jedoch spazieren durchaus freundschaftlich Hand in Hand.

Samsonite
BLACK LABEL
Life's a Journey
LEICHT SEIN
STARK SEIN
FREI SEIN
Joaquin Cortés, Flamencotänzer.
Er reist mit X'Lite, dem leichtesten
und stärksten Samsonite aller Zeiten.
Friedrichstrasse, Berlin samsoniteblacklabel.com Info zu weiteren Bezugsadressen: Tel. 0221/9216410

EMIRATE UND OMAN FÜR DAHEIM

DIE FAVORITEN DER GEO-SPECIAL-REDAKTION: Was Sie gehört, gesehen und auf der Reise bei sich haben sollten

1

■ **Buch: Tausendundeine Nacht, übers. von C. Ott, Verlag C.H. Beck, 685 Seiten, 29,90 €**
Die tausendunderste Fassung der arabischen Kindermärchen mit Ali Baba und den 40 Räubern? Mitnichten. Von „Sesam, öffne dich" ist in der ersten deutschen Übersetzung des Originals gar nicht die Rede; der Schatzsucher wurde erst in einer späteren Variante eingefügt. Die Orientalistin Claudia Ott bleibt besonders nah an der ältesten, arabischen Handschrift. So hört Schahrasad zwar schon in der 282. Nacht auf zu erzählen, ihre Geschichten aber sind kunstvoller denn je.

2

■ **Reisebegleiter: OhneWörterBuch, Langenscheidt, 31 Seiten, 4,95 €**
Was heißt „Bügeleisen" auf Arabisch? Und was „keine Sojasprossen"? Wenn Hände, Füße und dürftige Sprachkenntnisse nicht mehr ausreichen – einfach das Buch mit den 500 Zeichnungen herausholen und auf das betreffende Objekt zeigen. Praktisch vor allem etwa in Dubai, wo man nie weiß, ob das Gegenüber Arabisch, Hindi, Urdu oder Finnisch spricht.

3

■ **CD: Al Tarab, Muscat Ūd Festival, Enja, vier CDs, ca. 46 €**
Zu Ehren des ältesten arabischen Instruments, der Laute, lud Sultan Qabus Al Said die besten Ud-Virtuosen in die omanische Hauptstadt Maskat ein. Das Festival kann in arabischer Opulenz nachempfunden werden: Der ein Kilogramm schwere Schuber mit vier CDs und einem 230 Seiten starken, viersprachigen Begleitbuch ist im September 2006 erschienen. Auf den CDs spielt auch das Symphonieorchester des Sultans auf.

4

■ **DVD: Syriana, Warner Home Video, 123 Minuten, ca. 10 €**
„Syriana" ist nicht nur ein komplexer Politthriller mit Oscar-prämierter Besetzung wie George Clooney und Matt Damon, der von Öl, islamischem Fanatismus und Streitigkeiten arabischer Scheichs erzählt. Der Film führt seine Zuschauer auch spannend und realistisch in die Emirate: Vier Wochen lang drehte Regisseur Stephen Gaghan unter anderem in Dubai und bannte eindrucksvolle Wüstenlandschaften, Falken und flirrende Hitze auf Zelluloid.

Think big! Modell des neuen Dubaier Flughafens

LEBEN IN SUPERLATIVEN

WENN ES EINEN REKORD im Rekordemachen gibt – dann halten ihn die Emirate. Im aktuellen Guinness-Buch der Rekorde haben sie die Nase vorn. Dass hier der höchste Wolkenkratzer, der größte Flughafen und die riesigste Shopping-Mall der Welt im Bau sind, ist längst bekannt.

Andere Superlative fallen weniger schnell ins Auge – und sagen doch viel mehr aus. Nicht einmal jeder zehnte Werktätige ist ein gebürtiger Emirati. Die Ausländerquote liegt bei 71,4 Prozent – so hoch wie nirgendwo sonst auf der Welt. Und weil die meisten Gastarbeiter männlich sind, führt das zur schiefsten Geschlechterstatistik weltweit: Auf eine Frau kommen mehr als zwei Männer, in Dubai liegt das Verhältnis gar bei fast eins zu drei. Dass trotzdem bis vor kurzem junge Frauen häufig keinen Heiratspartner fanden, lag an rekordverdächtigen Brautpreisen – inzwischen ist es bei Strafe verboten, mehr als 10 000 Euro zu fordern.

Ein weiteres Problem müssen die Emirate noch lösen: Kein anderes Land geht verschwenderischer mit seinen Ressourcen um. Eine Maßeinheit dafür ist der „Ökologische Fußabdruck". Würde man die Erde aufteilen, stünden jedem Menschen 1,8 Hektar zu, die reichen müssten, um Essen, Kleidung, Energie für ihn zu produzieren. Bei jetziger Lebensführung bräuchte ein Emirati aber fast 12 Hektar. Ein Weltrekord, auf den niemand stolz sein kann.

1000 Reisen und ein Ziel:
Intensiver*leben*
Studiosus-Reisen: Sehenswürdigkeiten, Kultur, Märkte, Strände und die Menschen. Fordern Sie jetzt kostenlos unsere aktuellen Kataloge an.
Per Telefon 00 800/24 01 24 01
(Gebührenfrei für D, A und CH)
Oder Internet www.studiosus.com
Studiosus

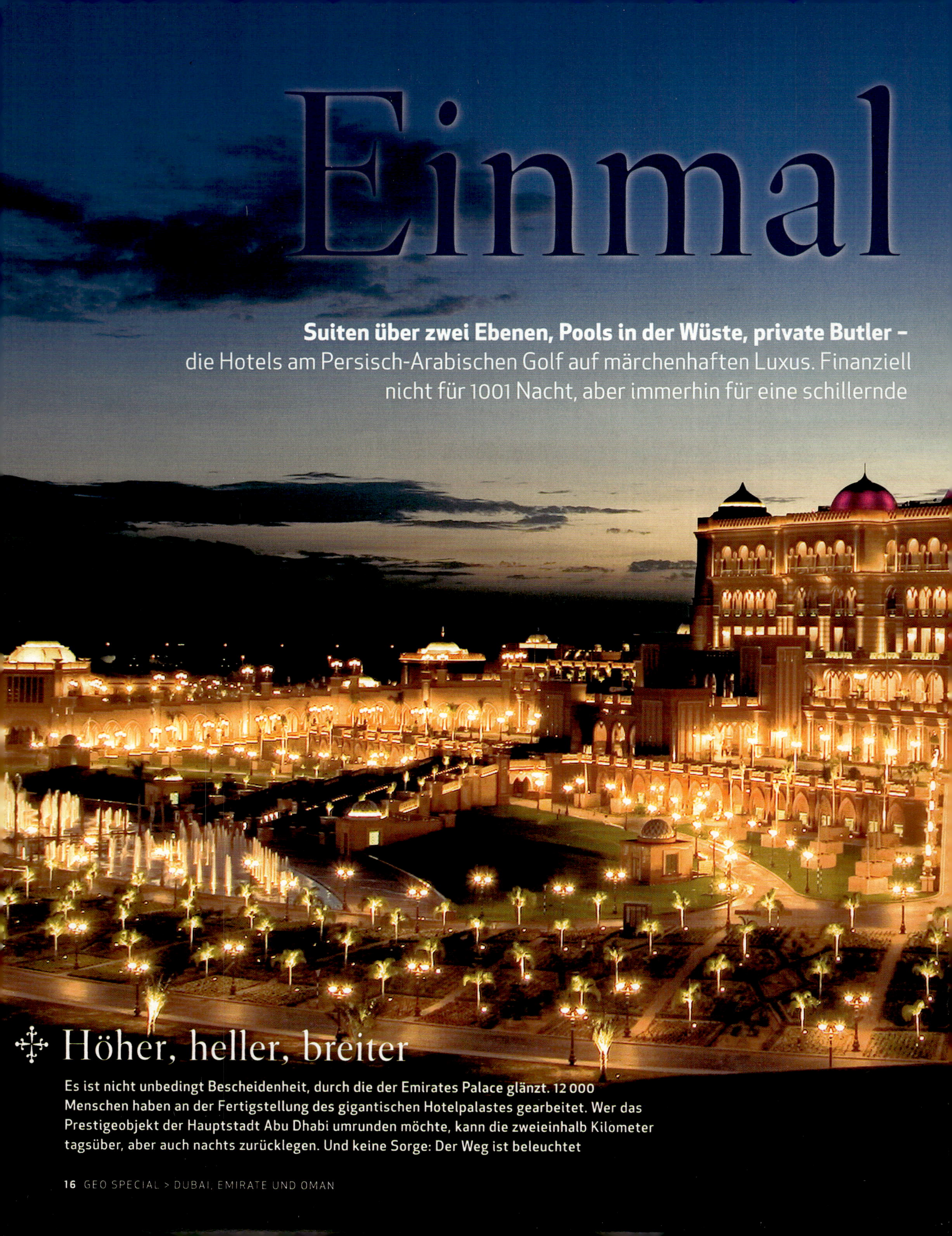

Einmal

Suiten über zwei Ebenen, Pools in der Wüste, private Butler –
die Hotels am Persisch-Arabischen Golf auf märchenhaften Luxus. Finanziell nicht für 1001 Nacht, aber immerhin für eine schillernde

Höher, heller, breiter

Es ist nicht unbedingt Bescheidenheit, durch die der Emirates Palace glänzt. 12 000 Menschen haben an der Fertigstellung des gigantischen Hotelpalastes gearbeitet. Wer das Prestigeobjekt der Hauptstadt Abu Dhabi umrunden möchte, kann die zweieinhalb Kilometer tagsüber, aber auch nachts zurücklegen. Und keine Sorge: Der Weg ist beleuchtet

träumen

in ihrem Bemühen um Gäste vertrauen
reichte es für GEO-Special-Redakteur Markus Wolff
Woche unter einem Fünf-Sterne-Himmel

Ganz klare Sache

Die Spiegelungen im Abendlicht lassen das nach dem Feng-Shui-Prinzip errichtete The Chedi in Oman gleich doppelt schön erscheinen. Tagsüber könnte die Harmonie des Designhotels einzig durch Strandgäste gestört werden, die nicht wissen, ob sie den Blick auf den kleinen Wassergarten hinter oder auf den ganz großen vor sich genießen sollen

Tunnelblick für Genießer

Im Anschluss an eine simulierte U-Boot-Fahrt betritt der Gast im Burj Al Arab in Dubai das Fischrestaurant Al Mahara, welches von Gourmet-Zeitschriften regelmäßig zu einem der besten der Welt gekürt wird. Feinschmecker können aus einem üppigen Angebot fast ausschließlich fangfrischer Speisen wählen. Nur die Bewohner der 265 000 Liter fassenden Aquarien sind tabu

Tierisch schön ✣

Der einst vom Aussterben bedrohten arabischen Oryx-Antilope verdankt das Luxusresort Al Maha seinen Namen. Übernachtet wird in Beduinen-Suiten, von denen jede einen Pool besitzt. Aber auch die rund 230 Spießböcke müssen nicht auf Komfort verzichten – die Wasserlöcher in dem 225 Quadratkilometer großen Naturschutzgebiet nahe Dubai sind künstlich angelegt

Gäste im Burj Al Arab genießen den Ausblick in das 180 Meter tiefe Atrium

BURJ AL ARAB AUF REISEN, FINDE ICH, SOLLTE MAN NICHT AM GELD hängen. Als ich auf dem Weg zum Burj Al Arab mit meinem Rolls-Royce im Stau stehe, wird mir zum Beispiel klar: Wer viel ausgibt, langweilt sich doch gleich auf ganz anderem Niveau. Vom Rücksitz aus kann ich zwischen fünf indischen Musik-CDs wählen, ein Wasserglas auf einem Ausklappbrettchen balancieren und alle 50 Meter meinen uniformierten Fahrer fragen, wie weit es denn noch sei. So vergeht die Zeit nicht gerade wie im Flug mit dem Helikopter-Shuttle (für alle, denen die Anreise in einer der 16 hoteleigenen Limousinen zu beschwerlich ist), aber doch relativ angenehm.

Rund 15 Kilometer später zeichnet sich dann in der Ferne die Silhouette des Burj Al Arab ab, des prunkvollsten, segelförmigsten Hotels der Welt. 321 Meter hoch, ausgestattet mit 24 000 Quadratmeter Marmor und 8000 Quadratmeter 22-karätigem Blattgold, mit 202 Suiten und 1600 Angestellten, die – im Verhältnis von 8:1 – dem Gast in mehr als 50 Sprachen jeden Wunsch von den Lippen ablesen können. Ein Turm gewordener Superlativ, gebaut für Menschen, denen das Geld gleichgültig ist. Entweder weil sie genug davon haben, oder weil sie im Kopf diese Liste führen, auf der oben „Was ich einmal erleben will" steht und direkt darunter „im Überfluss schwelgen". Zu Letzteren gehöre ich.

Der Rolls-Royce hält, der Fahrer weist den Weg in eine eher unspektakuläre Eingangshalle mit tief gehängter Decke. Etwas enttäuscht schlendere ich durch den Raum, da endet plötzlich die Decke und gibt den Blick frei auf ein gigantisches, nach oben nicht enden wollendes Atrium, an den Seiten begrenzt durch identisch gerundete Balkone, die sich wie Waben 28 Stockwerke übereinander türmen. Noch immer staunend, werde ich vom Concierge in den elften Stock geführt und an den Flurmanager übergeben. „Enjoy your stay", sagt dieser und drückt die Tür zu meiner Suite auf. Dann bin ich umgeben von der opulentesten Hotelzimmereinrichtung, die ich je gesehen habe. Auf 170 Quadratmetern besitze ich antike Säulen und blaue Ottomanen, Kristalllüster, Couchgarnituren und einen von einem klobigen Goldrahmen eingefassten Plasmabildschirm, in dem bei Türläuten das Gesicht des Besuchers erscheint. Ein bisschen ist es, als befände ich mich im Wohnzimmer von Siegfried und Roy, und jeden Moment könnte ein weißer Tiger um die Ecke biegen. Stattdessen klingelt es, und im Bildschirm erscheint ein Mann im Frack. Das ist Eddie, mein Butler.

Eddie führt mich durch den Rest der Suite. Zeigt im zweiten Stock das Bad mit Whirlpool und das Schlafzimmer, in dem man sich vermutlich häufiger sehen kann als im Spiegelsaal von Versailles. Den Nachmittag verbringe ich im Kampf gegen das Schuldgefühl, Suite und Hotel nicht auszunutzen. So wechsele ich unermüdlich zwischen den etwa 30 Sitzgelegenheiten (exklusive der WCs und Bidets der beiden Badezimmer) und eile dann durch beeindruckend konsequent mit Blattgold und Marmor überfrachtete Gänge in den Spa-Bereich. Dieser liegt im 18. Stock und bietet einen wundervollen Blick auf Dubai und den Hotelstrand. Selbst unter freiem Himmel, ist von dort zu sehen, bricht das Hotel nicht mit dem Prinzip, von allem stets zu viel zu bieten. Dank der Reflexion der Sonne in der Fiberglasfassade werfen die Menschen unten im Sand nicht einen, sondern gleich zwei Schatten. →

Aufragend

Das 321 Meter hohe Burj Al Arab zählt zu den exklusivsten Hoteladressen der Welt. Aufgeblasen gibt man sich hier aber nur der Form halber: 70 000 Kubikmeter Beton und 9000 Tonnen Stahl waren nötig, um die Anmutung eines mit Wind gefüllten Segels zu schaffen

✣ Wüstenschiff ahoi!

Insgesamt 3,7 Kilometer Kanäle verlaufen im Madinat Jumeirah in Dubai. Mit Abras, traditionellen Wassertaxis, können die Gäste kostenlos zwischen den drei Hotels der Anlage und einem Suk mit 75 Geschäften und 23 Bars, Cafés und Restaurants pendeln

Danach bekomme ich Hunger. Ich mache mich ausgehfertig, parfümiere mich mit der für jeden Hotelgast bereitstehenden Hermès-Kollektion und betrete kurz darauf einen mit sympathisch gleich riechenden Herren besetzten Aufzug. Neben drei im Brüllton telefonierenden Russen speise ich im obersten Stock mit Blick auf die im Meer angelegte Palmen-Insel. Ich wähle ebenso ausgezeichnetes wie unfassbar teures Kobe-Rind, Sorbet mit Rosé-Champagner und exquisites Fruchtdessert. Angenehm satt lege ich mich danach ins Bett. Eigentlich will ich noch ein bisschen fernsehen, öffne mit der Fernbedienung aber nur die Vorhänge. So betrachte ich einige Minuten das Standbild „Strand mit entfernten Lichtern", dann schlafe ich ein.

Ausgeruht tänzele ich am Morgen die Marmortreppe ins Wohnzimmer hinunter, wo mich Eddie mit „Good Morning, Sir!" erwartet, was ich mit einem selbstverständlichen „Good Morning, Eddie!" quittiere. Ich bitte ihn, den Whirlpool für ein Bad zu richten, und stelle bald darauf, im Wasser sitzend, fest, dass ich nicht genug Schaum habe. Kurz überlege ich, ob es sich dabei wohl um mein erstes Luxusproblem handeln könnte. Ich verneine und beschließe, noch heute ein Personalgespräch mit Eddie zu führen. Im Bademantel treffe ich allerdings auf Marvin, der sich als Eddies Nachfolger vorstellt (obwohl ich mich nicht erinnern kann, Eddie freigegeben zu haben). Marvin sagt, es sei gleich zwölf Uhr, und fragt, ob er mir beim Auschecken helfen könne.

Den Koffer in der Hand, blicke ich bald darauf vor dem Eingang noch einmal an der Fassade hinauf und fühle mich kurz wie ein vor die Tür gesetzter Hochstapler. Aber ist es nicht auch Luxus, tröste ich mich, nicht an einen Ort gebunden zu sein? Ich nehme auf dem Rücksitz meines wartenden Rolls-Royce Platz und fahre zufrieden zurück in den Stau.

EMIRATES PALACE WILL MAN EINEN EINDRUCK VON DEN DIMENSIONEN des Emirates Palace bekommen, fährt man am besten zu Ikea. Schwer zu sagen, wie breit die Bucht ist, die zwischen dem Möbelhaus und dem Palast liegt. Jedenfalls reicht der gute Kilometer, um das teuerste Hotel der Welt einmal in seiner

Oase der Sinne

Das Jumeirah Bab Al Shams Desert Resort & Spa liegt knapp 45 Minuten von Dubai entfernt in der Wüste. Gäste können hier Jagdfalken in Aktion oder spektakuläre Luftspiegelungen erleben. Beim idyllischen Innenhof mit Wasserstelle handelt es sich nicht um eine Fata Morgana

ganzen Breite zu sehen. Und wie es so mit seinen 115 Kuppeln in der Sonne liegt und rot und golden leuchtet und selbst als Miniatur den gesamten Horizont ausfüllt, könnte man meinen, dass Blattgold und Marmor für die Eleganz auch dieses Hauses sorgen. Aber der wahre Reichtum, mit dem der Emirates Palace beeindruckt, ist Platz.

Platz, so viel Platz, dass die Empfangsdame auf dem Weg zur Suite im Ostflügel rät, für einen Besuch des fast spiegelgleichen Westflügels einen Golf-Buggy zu nehmen. Es sei denn, man wolle – von Endpunkt zu Endpunkt – einen Kilometer laufen. Wer das möchte, geht durch nicht enden wollende, fast menschenleere Gänge, vorbei an edlen Rosenbouquets, verloren wirkenden Vitrinen und noch verlorener wirkenden Sicherheitskräften. Auf halbem Weg durchmisst man eine 175 Meter lange Lobby-Lounge mit Klaviermusik und ein 40 Meter hohes Atrium, das von einer der größten Kuppeln der Welt gekrönt wird. Dann folgen wieder hallende Gänge, die Rosenbouquets, die Sicherheitskräfte.

Den ganzen Tag ließe sich wahrscheinlich laufen, ohne einen Teil des Gebäudes ein zweites Mal zu betreten. Schlendernd könnte man überlegen, hinter welcher der 7000 Türen wohl die Suiten der Herrscherfamilien liegen, wo die 128 Küchen, wo Ballsaal und Auditorium für insgesamt 4000 Gäste.

Auf das leer wirkende Hotel angesprochen, macht Philippe De Meyer, Marketing- und Verkaufsdirektor, zunächst einmal klar, dass es für ihn in Verbindung mit dem Gebäude zwei Worte nicht gibt: „Hotel" und „leer". Weil es kein Hotel, sondern ein Palast sei, und Großzügigkeit nicht mit Leere verwechselt werden dürfe. Wie viele der 394 Zimmer und Suiten belegt sind, will der Belgier trotzdem nicht sagen. Aber vermutlich hat er Recht, dass der Palast selbst ausgebucht nicht voll wirken würde, ja, nicht voll wirken dürfte. Vielleicht ist es wirklich so, dass dies die Atmosphäre ist, die ein Haus braucht, wenn es sich nicht vorwiegend an Einzelreisende richtet, sondern für internationale Verhandlungen oder Konferenzen gemacht ist. Veranstaltungen, für die eine eindrucksvolle und doch diskrete und unverfängliche Atmosphäre nötig ist. Für Gespräche über Flugzeugbestellungen, Ölpreise, Waffenstillstandsabkommen. Worüber man so spricht in Häusern dieses Formats. Kaum ein nicht eingeladener Hotelgast merkt zum Beispiel, dass im Untergeschoss gerade George Bush senior beim „Abu Dhabi World Leadership Summit" auf der Bühne sitzt und über Führungsqualitäten spricht. Am Vormittag hat auch Gerhard Schröder dort unten einen Vortrag gehalten, ist aber schon wieder abgereist. Nach nur einer Nacht im Palast, in dem er schon einmal als Bundeskanzler geschlafen hatte. Da hatte er in der größten Suite gewohnt, einem 1200-Quadratmeter-Reich. Wie es ihm gefallen hat? „Dieses Haus", sagte er damals, „kann nur hier stehen."

AL MAHA IM GEGENSATZ ZU VIELEN FREUNDEN wollte ich noch nie in die Wüste. Schon Nordseeurlaube finde ich problematisch, weil anschließend über Monate hinweg immer wieder Sand aus Schuhen und Büchern rieselt und man – statt erholt auf dem Sofa zu liegen – ständig mit dem Staubsauger unterwegs ist. „Aber die Wüste macht etwas mit dir!", sagten meine Freunde immer. „Was macht sie denn?", habe ich gefragt. Das konnte keiner so recht beschreiben. Nun kann ich selber nachsehen.

Das Al Maha, knapp 50 Kilometer von Dubai entfernt, liegt auf einem zum Naturschutzgebiet erklärten Stück Sand, das mit 225 Quadratkilometer Größe eine für Neueinsteiger ausreichende

Entspannung in der Anlage oder raus in die Dünen – im Bab Al Shams liegen Ruhe und Erleben nur ein paar Sandkörner auseinander →

Menge Wüste verspricht. Zudem ist es eine mit höchstem Komfort ausgestattete Anlage, was mir die Sicherheit gibt, das Staubsaugen definitiv nicht selbst erledigen zu müssen.

Die Straße ins Resort führt durch ein endlos erscheinendes Dünenmeer. Knapp zehn Minuten, nachdem mein Auto das Eingangstor passiert hat, erreiche ich das von überraschend viel Grün umgebene Haupthaus. Von dort geht es mit einem Golf-Buggy zu meiner mit Zeltdach überspannten Beduinen-Suite mit eigenem Pool. „Wenn Sie mögen", sagt der indische Buggy-Fahrer und deutet auf Farben und Staffelei, „können Sie malen." Malen? Da lachen wir beide.

Mit einem Kaffee setze ich mich nach draußen. Dabei betrachte ich die Seiten zur Tier- und Pflanzenbestimmung im „Visitor's Guide" und lerne: dass die Anlage natürlich keine Safari-Lodge in Afrika ist und hier nicht die „Big Five" (Elefant, Nashorn, Büffel, Löwe, Leopard) die Stars sind. Eher die „Small Fifty" wie Antilope, Wüstenlerche und Sandfisch.

Zur ersten Naturerkundung steige ich mit dem bereitliegenden Fernglas in den Pool. Zwar sehe ich nicht viel, aber das wenige gefällt mir gut. Ganz rechts: ein Gazellenpärchen und ein imposanter Vogel ohne Namen. Ganz links: Haupthaus und Spa-Komplex. Manchmal vermischen sich Tier- und Menschenwelt aber auch: Kaum bin ich aus dem Pool gestiegen, macht es „Platsch!", und im Wasser schwimmt eine kleine Oryx. Als sie nach einigen Minuten immer noch ihre Runden dreht, während sich die Mutter desinteressiert an einer Palme reibt, werde ich stutzig. Was tun? Darf ich sie anfassen? Wie wird die Mutter reagieren? Man hat zu wenig Erfahrung im Umgang mit Antilopen; die Großstadtwüste ist eine gänzlich andere. In dringlichem Ton informiere ich die Rezeption. Schon Augenblicke später zieht ein Angestellter die Oryx entschlossen aus dem Pool und hält sie an den Hinterbeinen wie eine Gießkanne über ein trockenes Beet. Ich bin mir nicht ganz sicher, ob ich den Titel verdient habe, aber: Fortan gelte ich unter den Bediensteten nur als „The man who saved the oryx".

Ab jetzt verrinnt die Zeit, obwohl ich wenig tue. Ich sehe mir die Sturzflüge der Jagdfalken an und lasse mich an einem anderen Tag auf einem Kamel zum „Sundowner" schaukeln. Ansonsten spaziere ich stundenlang barfuß durch den feinsten Sand, den ich je berührt habe, und höre entspannt den Geschichten von Manager Arne Silvis zu, der von den Sandstürmen erzählt, die zehn- bis zwölfmal jährlich das Al Maha vom Erlebnis zum Abenteuer werden lassen. Neben Zufriedenheit klingt in der tiefen Stimme des Südafrikaners auch ein bisschen Stolz mit, als Einziger in den Emiraten erfolgreich einen Luxus zu bieten, auf den kein anderes Hotel vertraut: Natur.

Zeitig stehe ich am letzten Morgen auf meiner Veranda. Wenn meine Freunde fragen, was die Wüste mit mir gemacht hat – was werde ich sagen? Ich überlege. Lange. Als ich keine Antwort finde, schraube ich schließlich die Deckel auf die Farbtuben, nehme mein Bild von der Staffelei und gehe. ■

Markus Wolff, 36, ist GEO-Special-Redakteur. Dass ihn die Redaktion in die Wüste geschickt hat, nahm er nicht persönlich.

INFO

▶ **HOTELS**

Wenn ich einmal Scheich wär'

So kann sich jeder einen (Kurz-)Aufenthalt in einem der exklusiven Häuser leisten

Die günstigsten Tarife erhält meist, wer nicht direkt über die Hotels bucht. Preise nach Angaben deutscher Reisebüros:
> **Burj Al Arab,** Dubai, Tel. +971-4/301 77 77, *www.burj-al-arab.com*, Suite ab 964 € (Sommer) oder 982 € (Winter). Nicht öffentlich zugänglich. Der Trick, um dennoch hineinzukommen: eine Reservierung für den Afternoon Tea (47 € pro Person, Tel. +971-4/301 76 00)

Bad im Luxus: Pool im Burj Al Arab

> **Emirates Palace,** Abu Dhabi, Tel. +971-2/690 90 00, *www.emiratespalace.com*, DZ/F ab 258 € (S), ab 518 € (W). Die Chance, sich klein zu fühlen: einen Drink im Al Majlis bestellen und Leute anschauen
> **Al Maha,** Tel. +971-4/343 95 95, *www.al-maha.com*, Suite inkl. Vollpension und Aktivitäten wie Jeep-Safari oder Bogenschießen ab 632 € (S), ab 744 € (W)
> **The Chedi,** Maskat, Tel. +968-2/452 44 00, www.ghmhotels.com, DZ/F ab 288 € (S), ab 242 € (W)
> **Bab Al Shams,** Tel. +971-4/832 66 99, *www.jumeirahbabalshams.com*, DZ/F ab 180 € (S), ab 328 € (W). 45 Autominuten von Dubai entfernt; ein Ausflug lohnt, etwa für ein Abendessen im Al Hadheerah (arabische Küche, Buffet Sa–Mi 61 € p. P.)
> **Madinat Jumeirah,** Dubai, Tel. +971-4/366 88 88, *www.madinatjumeirah.com*, DZ/F im Mina A' Salam ab 234 € (S), ab 470 € (W); im Al Qasr ab 250 € (S), ab 488 € (W); im Dar Al Masyaf ab 304 € (S), ab 546 € (W). Empfehlenswert, auch wenn Sie nicht im Hotel wohnen: der Suk Madinat und die 23 Bars und Restaurants, z. B. The Noodle House (unbedingt reservieren, Tel. +971-4/366 67 30). Liebhaber teurer Autos sollten das Valet-Parking vor dem Al Qasr beobachten.

Nicht alle Inder sind höflich,
gastfreundlich und vegetarisch.
Der königliche bengalische Tiger ist der unbestrittene König von wildem Indien. Außerdem des Tigers, können Sie über 1,200 Vogelarten und mehr als 272 Tierarten in 84 Nationalparks von Indien und 447 Tierweltheiligtümern sehen. Ängstlich?
Incredible !ndia
www.incredibleindia.org

NISSAN

SHIFT_ capabilities

NISSAN 4x4. GRENZENLOSE MÖGLICHKEITEN.

NAVARA. X-TRAIL. PATHFINDER. PATROL. MURANO. DIE GRÖSSTE 4x4-MODELLVIELFALT.

Weitere Informationen unter 0 18 02/11 00 11 (0,06 €/Anruf) oder unter www.nissan.de

Aufgalopp eines

Wundertieres

Ata Allah, Gottes Geschenk, wurden Kamele einst genannt und waren den Menschen am Golf überlebenswichtige Gefährten. Bis der Allzweck-Vierrad-Antrieb den Allzweck-Vierbein-Antrieb ersetzte und sie in Vergessenheit gerieten. Erst jetzt besinnen sich die Scheichs wieder auf ihr Nationalsymbol – was auch an einem deutschen Doktor liegt

FOTOS ¬ **FLORIAN WAGNER** TEXT ¬ **MEIKE KIRSCH**

Al hejin, die edlen Rennkamele, sprinten los. Ihre Besitzer folgen ihnen in schweren Geländewagen um das kilometerlange Rund

Der Morgendunst liegt noch schwer über der Rennstrecke von Nad Al Sheba, eben erst hat sich die Sonne vom Horizont gelöst, da steuert Said Belarti seinen nagelneuen Lexus RX über den Sand. Die Augen des jungen Mannes, der das weiße Gewand der Golfaraber trägt, folgen einem Pulk zierlicher Kamele, die sich zwischen Hunderten anderer vor Dubais Skyline warm laufen. Welches von ihnen hat die beste Tagesform? Welches wirkt wach? Leichtfüßig genug?

Belarti macht sich Notizen, denn in wenigen Stunden wird sich zeigen, ob er gut gearbeitet hat: Am Nachmittag werden die schnellsten jungen Kamele der sieben Emirate gegeneinander antreten. Es sind die wichtigsten Rennen der frühen Saison. Vier Kilometer, die entscheiden, welche Tiere in den kommenden Monaten zwischen Abu Dhabi, Dubai, Qatar und Bahrain hin- und hergeflogen werden und im Namen ihrer Besitzer Ehre, Range Rover und Porsches gewinnen sollen.

Said Belarti kennt sich aus in diesem Geschäft, er steckte noch in den Windeln, als ihn ein Kamel bereits zum Millionär machte: 1,5 Millionen Dirham (rund 310 000 Euro) zahlte Scheich Zayed bin Sultan Al Nahyan, der langjährige Präsident der VAE, für ein Tier, das Belarti von seinem Vater zum ersten Geburtstag geschenkt bekommen hatte. Damals, Anfang der 1980er Jahre, die höchste Summe, die je für ein Kamel geflossen war. „Das änderte unser Leben", sagt Belarti, ohne den Blick von den Tieren zu nehmen. Und die Glückssträhne der Familie hielt an: Inzwischen trainieren Vater und Sohn einige der teuersten Stars, die der Herrscherfamilie von Dubai gehören. Einzelne von ihnen kosten dreimal so viel wie der Formel-1-Bolide von Michael Schumacher: zehn Millionen Euro.

Es sind zerbrechliche Tiere mit schmächtigen Körpern und langen, spinnenartigen Beinen. Die Hälse, an deren Enden zierliche Köpfe sitzen, haben sie weit nach vorn gereckt. Dick in Wolldecken gehüllt, fliegen sie über den tiefen Sand der Bahn; immer weiter getrieben, damit sie bloß ihr Gewicht halten. Denn in den Tagen vor dem Rennen hat jede ihrer Fütterungen einem Festbankett geglichen: Hafer, Weizen und Datteln wurden ihnen serviert, Eier und Ziegenmilch gemischt mit teurem wilden Honig sowie dicke Pfannkuchen aus dem Supermarkt. Die genaue Zusammensetzung des Futters hütet Said Belarti wie der Chef von Coca-Cola das Rezept seiner Brause.

Deshalb auch umgeben hohe Zäune, manchmal gar steinerne Mauern die zahllosen Kamelcamps, die sich östlich der Rennbahn kilometerweit in die Wüste erstrecken. Denn Fütterung und hartes, tägliches Training sind alles, was der Mensch zum Sieg beitragen kann. „Der Rest kommt von Allah", sagt Belarti. „Selbst wenn wir die beste Kamelstute mit dem besten Hengst kreuzen. Vergiss es! Wenn Allah nicht will, werden die Nachkommen wie Schnecken um die Bahn kriechen."

Diesen festen Glauben hat Belarti seit seinem Unfall auf der Rennstrecke: 120 km/h schnell raste er frontal in den Jeep eines anderen Trainers, lag zehn Wochen im Koma. Noch heute erinnern hässliche Narben an die Kollision, die ihn fast das Leben gekostet hätte. Beide Männer hatten nur auf ihre Kamele geachtet. Aber Allah gab dem jungen Emirati eine zweite Chance – und Belarti will sie nutzen. Gleich an diesem Nachmittag. Denn der Sohn eifert dem Vater nach, der mehr wichtige Trophäen als jeder andere Trainer im Land gewann. Von ihm hat sich Belarti viele Kniffe abgeschaut. Er weiß nun, welche Kamele er ins Rennen schicken muss.

»Behandelt eure Kamele gut, eines Tages werden sie Millionen wert sein«, riet Scheich Zayed Al Nahyan seinen Landsleuten. Der langjährige VAE-Präsident sollte Recht behalten: Auch Trainer Said Belarti (unten) haben die Tiere zum Millionär gemacht

AUCH ULRICH WERNERY LEBT FÜR KAMELE. Seit zwei Jahrzehnten widmet der Mikrobiologe ihnen fast jeden seiner Tage. „Sie sind sensationell toll", sagt er. Sensationell ist sein liebstes Wort für die Eigenschaften der Höckertiere. Diese nahezu kindliche Begeisterung für seine Forschungsobjekte hat den hageren, groß gewachsenen Norddeutschen zu einem der weltweit führenden Kamelexperten gemacht – und zum Chefveterinär des Herrscherhauses von Dubai. Nun will Wernery der ganzen

Die Kamelflüsterer: Männer, meist aus Pakistan oder Bangladesch, bringen die Tiere zum Startnetz – aber nicht dazu, auch schnell zu laufen. Das Antreiben während des Rennens übernehmen seit 2006 Roboter: umgebaute Bohrmaschinen in Trikots, die auf Fernsteuerung reagieren

Welt beweisen, dass in Kamelen weit mehr steckt als bisher angenommen.

Seinen Chef, Scheich Mohammed bin Rashid Al Maktoum, den treibenden Visionär und Machthaber von Dubai, hat Wernery in einem günstigen Moment bereits für die eigene Vision gewinnen können. Sie waren erst wenige Minuten in der Luft, noch hüllten Regenwolken den herrschaftlichen Privatjet ein, da wusste Wernery: jetzt oder nie. Zwar war der Anlass des Fluges ein trauriger. Das beste Rennpferd seiner Hoheit, Dubai Millennium, 23 Millionen Euro Versicherungswert, war am Vortag im britischen Newmarket elendig verendet. Auch Wernery, der herbeigerufene Experte, hatte den Champion nicht retten können. Gegen Equine Dysautonomie, die Graskrankheit, damals fast gänzlich unerforscht, hatte selbst er kein Mittel gefunden. Eine Katastrophe für das rennverrückte Herrscherhaus. Dennoch wollte Wernery nicht pietätvoll warten.

ALSO SETZTE ER SICH im großen Konferenzraum der Maschine in den Sessel neben Scheich Mohammed und erzählte dem mächtigen Mann von seiner Idee. Frankfurt rauschte unter ihnen vorbei, bald auch München. Eine volle Stunde sprudelten die Sätze aus Wernerys Mund. Der Scheich stellte keine einzige zweifelnde Frage, nickte nur wohlwollend. Allerdings meldete er sich dann 24 quälende Monate lang nicht. Erst 2003 rief er an: „Uli, we start! Gleich morgen beginnen wir mit dem Bau.“ →

Saubere Weltneuheit

Kameldamen sind Diven – an einem passenden Melkstand für sie mussten Experten jahrelang tüfteln. Erst seit wenigen Monaten ist die weltweit erste technisch ausgeklügelte Kamelmilchfarm in Betrieb. Von deren Verarbeitungshalle (rechts) soll die Milch bald auch nach Deutschland fließen

Die Idee, für die der Veterinär den Herrscher im Flugzeug erwärmen konnte, ist auf 150 Hektar Realität geworden: ein hoch umzäuntes Wüstengrundstück an der Autobahn Dubai–Al Ain. Gärtner bewässern den vor kurzem verlegten Rasen, kehren penibel die Wege. Alles soll perfekt sein, wann immer Scheich Mohammed seinen neuesten Coup in Augenschein nehmen möchte: die erste vollautomatische Kamelmilchfarm der Welt.

Weil der Herrscher geklagt hatte, der Genuss unpasteurisierter Kamelmilch verursache bei ihm Diarrhö, erfüllt die Anlage selbst die strengen Hygienestandards der Europäischen Union. Mehrere blitzblanke Hallen, ausgerüstet mit aufwendiger Technologie, gehören zu ihr, meterlange Melkstände aus rostfreiem Stahl, eine tierärztliche Klinik samt Verwaltungsgebäuden, Villen für Manager, Wohnkomplexe für Arbeiter, eine Moschee – und 250 Kamele.

Im Melkstand massiert ein pakistanischer Arbeiter mit weißen Gummihandschuhen das Euter von Kameldame Nummer 90, tupft Desinfektionsmittel auf die prallen Zitzen und setzt vier Melkbecher an. Nummer 90 bleibt gelassen, dreht lediglich ihre kleinen Ohren in Richtung Geräuschquelle: Gurgelnd verschwindet ihre Milch in durchsichtigen Schläuchen, fließt in einen gekühlten Edelstahltank und von dort in die Produktionshalle. Auf der Computeranzeige leuchtet „7,85 Liter“, eine beachtliche Quote. „Sensationell toll“, ruft Wernery, den die Arbeiter nur „Doktor Uli“ nennen, und reibt der Kameldame über die Schnauze. „Du hast schön Milch produziert!“

An dem komplizierten Vorgang, der so einfach aussieht, hat der Doktor mit Mitarbeitern seines Instituts jahrelang getüftelt. Denn Dromedare, die einhöckrigen Vertreter aus der Familie der Kamele, unterscheiden sich fundamental von Kühen: Sobald ihnen eine Winzigkeit nicht passt, halten sie mit Schließmuskeln die Milch zurück. Und weil gerade beim maschinellen Melken im großen Stil unzählige Winzigkeiten stören können, ist das Kunststück, aus Kamelen effiziente Milchkamele zu machen, bisher niemandem außer Wernery und seinem Team gelungen. Nur anderthalb Stunden brauchen sie, die Tiere morgens und abends zu melken.

Aber der Scheich und sein Chefveterinär haben noch größere Pläne: Bald sollen 1000 Melkkamele und ebenso viele Kälber zur Farm gehören, knapp 100 Tiere auf einmal an die Maschinen angeschlossen werden können. Die Milch wird im Burj Al Arab und in fast allen anderen Luxushotels zum Frühstück serviert. Seit Oktober 2006 ist „Camelicious“ auch in den Supermärkten des Emirats zu kaufen, sogar mit Dattel- und Safrangeschmack. Drei Dirham, 60 Cent, kostet der Viertelliter; Buttermilch, Weichkäse, Pralinen, Arzneimittelzusätze oder gar Gesichtscremes aus Kamelmilch sollen folgen.

Je mehr über die Inhaltsstoffe der Milch bekannt wird, desto euphorischer schätzen die Experten der Welternährungsorganisation FAO deren weltweites Potenzial ein: Kamelmilch enthält fünfmal mehr Vitamin C als Kuhmilch, aber nur etwa halb so viel Fett. Kein Beta-Lactoglobulin, das Protein-Allergien auslöst. Keine schwer verdaulichen Anteile, die zu Laktose-Unverträglichkeit führen. Aber, und das ist der Clou, wesentlich mehr langkettige Fettsäuren, die angeblich sogar gefährliches Cholesterin reduzieren können.

Ebenso könnte die Kamelmilch dazu beitragen, die Ernährung zu verbessern und damit das Risiko von Diabetes zu mindern. Eine Krankheit, an der inzwischen fast jeder dritte Emirati leidet. „Kein Wunder“, kommentiert Wernery. „Die haben ihr früheres Hauptnahrungsmittel völlig vergessen und sitzen nur noch in ihren Ferraris.“ Unverzeihlich in seinen Augen. Der Doktor selbst trinkt jeden Tag einen halben Liter Kamelmilch zum Frühstück.

Und an einer weiteren „Sensation“ tüftelt Wernery bereits. Er erprobt sie mithilfe jener Tiere, die er in Ausläufen hinter dem Institut hält. Der Doktor hat Nadel, Schlauch, Glasbehälter und Desinfektionsspray dabei, wird den Kamelen Blut abnehmen. Sechs Liter pro Tier, um Kamel-Antikörper, so genannte Nanobodies, zu gewinnen. Zehnfach kleiner als herkömmliche Antikörper, haben sie ungeahnte Fähigkeiten: Aus ihnen soll ein Serum gegen hochgefährliche Schlangenbisse, etwa von Speikobras und Puffottern, entstehen, das in Afrika und anderswo Leben retten wird.

Der Doktor hat den Tieren Blutspende-Mohrrüben mitgebracht, wirft sie als Belohnung in jedes Maul, das sich ihm gierig entgegenstreckt. Die Kamele schnauben, malmen, schmatzen, sie recken die Nasen zu Wernery, beriechen ihn. Wernery tätschelt sie, liebkost und krault. Dann schaut er auf die Uhr: das Rennen!

Nur selten allerdings stellt sich Wernery selber an die staubige Strecke; er kennt den Sieger meist schon vor dem Start, weil er die Blutproben jener Kamele untersucht, die gegeneinander antreten werden. Je mehr rote Blutkörperchen, desto höher die Chance, dass ein Kamel gewinnt.

Dass der Rennsport dem Kamel in den Emiraten zu neuer Popularität verhilft, die Tiere gar wieder zu Symbolen des Nationalstolzes macht, merkt Wernery beim Blick in seine Kartei: Das Institut untersucht mittlerweile bis zu 400 Blutproben am Tag, doppelt so viele wie noch sechs Monate zuvor. „Sensationell", sagt Wernery.

SECHS STUNDEN sind seit dem Morgentraining vergangen, die Sonne sticht aus stahlblauem Himmel, ein Sandsturm wirbelt. Da rollen die ersten wuchtigen Geländewagen in die Mitte des Rennkurses von Nad Al Sheba: Land Cruiser, Range Rover, Porsche, BMW, fast ausschließlich die neuesten Modelle. Das Schauspiel ähnelt der Verkaufsvorführung bei einer Automesse – bis aus jedem der Wagen bis zu fünf Emiratis in wallenden, wehenden Gewändern steigen und einander mit einer kurzen Berührung ihrer Nasen respektvoll begrüßen. Said Belarti, der ehrgeizige junge Trainer, ist auch unter ihnen.

KNISTERN ERFÜLLT DIE LUFT. Elektrische Spannung. Direkt über der Rennstrecke verlaufen die Lebensadern der immer gieriger werdenden Stadt: ein Gewirr aus faustdicken Hochspannungsleitungen, chaotisch, apokalyptisch, tollkühn. Das Renngericht versammelt sich neben einem turmhohen Strommast, der Starter nimmt seine Position ein, ein Fernsehteam ist bereit, das Spektakel in alle Wohnzimmer des Landes zu übertragen. Kamele sind noch nicht zu sehen.

Eine Stunde vergeht.

Eine weitere halbe.

Endlich – der Autokonvoi, auf den alle warten: die Herrscherfamilie. An der Spitze Scheich Mohammed im weißen Mercedes G 500 mit der Eins auf dem Nummernschild. Im schwarzen Wagen dahinter sein Sohn, Scheich Hamdan, der wohl künftige Herrscher des Emirats. Dann der Finanz- und Industrieminister und weitere hochrangige Scheichs.

Keine Minute später sprinten die Kamele los. Elf schlanke, windhundartige Tiere. Sie werfen ihre tellergroßen Füße, strecken ihre Beine, bald haben sie Schaumflocken vor dem Maul, keuchen schwer. In zehnfacher Überzahl folgen ihnen die monströsen Geländewagen der Scheichs und Beduinen um das riesige Oval. Denn: Nur aus dem Auto lässt es sich standesgemäß mitfiebern, von der Tribüne ist drei Viertel des Rennens nicht zu überblicken. Staub, den der allradgetriebene Pulk aufwirbelt, hüllt die gesamte Szenerie ein.

Knapp 45 km/h sind die Kamele jetzt schnell, Scheich Hamad Al Ghuwais deutet auf den Tacho seines Range Rovers. Der vollbärtige Mann mit den buschigen dunklen Augenbrauen, dem Trainingscamps mit Golf- →

Forschungsobjekt Camelus

Ein Bad macht die Wüstenschiffe auf der Rennbahn schneller. Der Veterinär Ulrich Wernery hat in seinem Institut noch weit mehr herausgefunden: Seit zwei Jahrzehnten erforscht er die Fähigkeiten von *Camelus dromedarius* – unter anderem auch als Blutspender für ein Serum gegen Schlangengift

rasen und Schwimmanlage gehören, Dutzende Autos und noch mehr Vollblutaraber für Distanzritte, sitzt nicht selbst am Lenkrad aus Walnussholz. Er instruiert einen Freund, um die Hände frei zu haben: für ein Bündel umfunktionierter Autoschlüssel.

Mit diesen steuert der Scheich jene Roboter, die seit 2006 hinter die Höcker seiner Kamele geschnürt werden. Wobei Roboter zu groß klingt für das, was nach weltweiten Protesten die sechs- oder siebenjährigen Kinderjockeys aus Pakistan oder Bangladesch, die früher auf die Kamele mussten, ersetzt: Die Tiere werden von umgebauten Bohrmaschinen getrieben. Im Bohrfutter steckt eine Peitsche, in der Verkleidung manchmal ein Funkgerät. Lenken kann der knapp zwei Kilogramm schwere Kasten nicht. Sein angedeuteter Kopf ist hohl.

Ob jung oder ausgewachsen – Kamele sind ganz groß im Wassersparen. Sie brauchen bis zu drei Wochen lang nicht zu trinken: Anpassung an ein Biotop, das keinen Schatten zu verschenken hat

Nach fünfeinhalb Minuten ständiger Positionskämpfe biegen die Kamele in die Zielgerade ein. Scheich Hamads Kamel liegt gut, der Roboterjockey mit dem weißen Kreuz auf rotem Trikot – Hamads Farben – wippt an Position zwei. Davor sind nur die weißen Punkte auf blauem Grund zu sehen, die Farben von Herrschersohn Hamdan. Direkt dahinter: weiße Streifen auf blauem Grund, die Farben des Herrscherbruders, für den Said Belarti trainiert.

Im Auto spitzer Jubel. Scheich Hamads Fahrer packt blitzartig die Keksschachtel weg, seine Flasche Oranamin-Energiedrink, und versucht, noch dichter an die sprintenden Tiere zu kommen. Dazu drängt er ein anderes Auto recht unsanft ab. Ohrenbetäubendes Hupen.

Scheich Hamad hält derweil seine Schlüssel mit gestrecktem Arm aus dem Fenster, um sein Kamel anzutreiben. Wenn er auf das Kofferraum-öffnen-Symbol drückt, soll eigentlich die Peitsche des Roboters losgehen, die das Tier an der Flanke trifft. Tut sie aber nicht. Ein zweiter Schlüssel. Nichts. Ein dritter. Wieder nichts.

Zu spät: Die Tiere galoppieren über die Ziellinie, Scheich Hamads Kamel ist weit abgeschlagen, auch Said Belarti gewinnt nicht.

Scheich Hamad flucht. Dann lacht er: „Alles nur ein Spiel, noch einen Keks?" ■

Als einziger Frau beim Rennen war **Meike Kirsch,** 28, Aufmerksamkeit sicher. Fotograf **Florian Wagner,** 40, musste dazu erst baden gehen – im Kamelgraben.

INFO

▸ KAMELE

Den Schwielensohlern auf der Spur

DER KAMELRENNKURS Nad Al Sheba liegt an der Oud Metha Road, zehn Autominuten von Dubais Stadtzentrum entfernt. In unmittelbarer Nähe befindet sich die weitaus bekanntere gleichnamige Pferderennbahn, Austragungsort des Dubai World Cups, des höchstdotierten Pferderennens der Welt, *www.dubai worldcup.com*. Das Training der Kamele beginnt Sa bis Do noch vor Sonnenaufgang, Hunderte Tiere kommen, also früh aufstehen! Schon ab acht Uhr wird es leerer. Bitten Sie den Taxifahrer, direkt in die Bahn zu fahren und auf Sie zu warten. Die Distanzen sind sehr groß, und Sie können nicht damit rechnen, an der Oud Metha Road ein Taxi anhalten zu können. Sollten Sie länger an der Bahn bleiben wollen, notieren Sie sich die Nummer eines Taxiunternehmens, z. B. Metro Taxi Tel. +971-4/267 32 22. Jenseits der Straße können Sie in etwa 20 Geschäften Kamel-Maulkörbe, Roboterjockeys, Tierfutter entdecken – aber auch Getränke. **Rennen** finden während der Saison (Oktober–April) meist am Wochenende und an Feiertagen statt. Fragen Sie am besten direkt einen der Trainer. Zeitungen oder Internetseiten informieren selten zuverlässig. **Weitere Rennstrecken** sind Al Wathba (30 km östlich von Abu Dhabi), Digdagga (10 km südlich von Ras Al Khaimah) und As Seeb (50 Kilometer westlich von Maskat). Ebenso spannend wie Rennen sind **Kamel-Auktionen** – besonders bei der International Hunting and Equestrian Exhibition in Abu Dhabi, *www. adihex.com*. Höchstpreise im vergangenen Jahr lagen bei rund 500 000 Euro. Sollten Sie selbst reiten wollen, haben Sie zahlreiche Möglichkeiten. **Für einen kurzen Ritt:** Mushrif Park, an der Al Khawanij Road (tgl. 8–23 Uhr, Tel. +971-4/288 36 24. Für mehr Wüstengefühl: Reitsafaris werden in den Emiraten von vielen Veranstaltern angeboten, z. B. von Arabian Adventures, *www.arabian-adventures. com*. Oder in Oman: Nomadic Desert Camp, *www.nomadicdesertcamp.com*

Zypern. Hier wärmt nicht nur die Sonne.
Herzlichst, Zypern
Kommen Sie auf eine Insel, wo die Gastfreundschaft der Einwohner das ganze Jahr über wärmt.
Mit einem freundlichen "kopiaste" laden wir Sie ein: zum Essen, zu einem Glas Wein, zum Plaudern... Abgelegene Bergdörfer oder pulsierendes Stadtleben - Zypern heißt Sie herzlich willkommen!
Erleben Sie einen Vorgeschmack auf die Wärme:
www.visitcyprus.com
Die Insel für alle Jahreszeiten
Fremdenverkehrszentrale Zypern, Zeil 127, 60313 Frankfurt/Main.
Tel: 069-25 19 19, E-mail: info@cto-fra.de

ÜBERBLICK FÜR GOLFLIEBHABER

ABU DHABI

BEKANNT FÜR: Hauptstadt und gleichzeitig größtes Emirat, das mit seinem unermesslichen Reichtum alle anderen Emirate subventioniert. Abu Dhabi besitzt mehr als 90 Prozent der VAE-Ölreserven und das höchste Pro-Kopf-Einkommen der Welt (35 300 € im Jahr 2005), übt sich aber in Understatement.

HERRSCHENDE FAMILIE: Al Nahyan, Scheich Khalifa bin Zayed Al Nahyan seit 3. November 2004.

FLÄCHE: 67 340 km², also 86,7 Prozent der VAE-Fläche.

POPULATION: 1 700 000 Einwohner, davon rund 200 000 Einheimische.

ÖL: 92 Mrd. Barrel, reicht voraussichtlich bis zum Jahr 2136.

GAS: 70,5 Trillionen Kubikmeter, die fünftgrößten Vorkommen weltweit.

STOLZ: Üppige Begrünung, sogar entlang der Autobahnen.

HOTELS: 67, darunter das Emirates Palace (Palace Suite 460 m², 7000 €; siehe Seite 16).

MALLS: 8, darunter die Abu Dhabi Mall mit Deutscher Botschaft.

TYPISCHES AUTO: Range Rover Supercharged, bevorzugt in Weiß.

NIEDERSCHLAG PRO JAHR: 72,6 mm

TEMPERATUR IM AUGUST: 43,3° C

DUBAI

BEKANNT FÜR: Hervorragendes Marketing in eigener Sache; wird deshalb oft fälschlicherweise für die Hauptstadt gehalten. Wirtschaftlich ist Dubai auch jenseits der viel gepriesenen Superlative erfolgreich: Es bildet die Drehscheibe innerhalb der arabischen Halbinsel.

HERRSCHENDE FAMILIE: Al Maktoum, Scheich Mohammed bin Rashid Al Maktoum seit 4. Januar 2006.

FLÄCHE: 3900 km²

POPULATION: 1 288 000 Einwohner, davon rund 130 000 Einheimische.

ÖL: Wann geht das Öl aus? Seit zehn Jahren heißt die Antwort „in zehn Jahren“. Fakt ist: Das Emirat ist vom einst wichtigsten Rohstoff nicht mehr abhängig.

STOLZ: Alles, was Aufnahme im Guinness-Buch findet.

HOTELS: 302, darunter das Burj Al Arab (Royal Suite mit Privatkino 780 m², 10 000 €; siehe Seite 16).

MALLS: 42, darunter bald auch die Dubai Mall, die 2007 als größte Mall der Welt eröffnet und 2008 von der noch größeren Mall of Arabia übertrumpft werden wird.

TYPISCHES AUTO: Ferrari.

TEMPERATUR: 41,4° C, bei über 44° C darf auf Dubais Baustellen nicht mehr gearbeitet werden. Offiziell ist es deshalb selten heißer.

SHARJAH

BEKANNT FÜR: Konservativstes Emirat, in dem seit 1985 ein striktes Alkoholverbot gilt – auch für Touristen. Für einen Rausch sollen allein Kunst und Kultur sorgen. Sharjah hat mehr Museen als Abu Dhabi und Dubai zusammen.

HERRSCHENDE FAMILIE: Al Qawasim, Scheich Sultan bin Mohammed Al Qassimi seit 1972. Er spendete vor fast drei Jahrzehnten der Deutschen Schule in Sharjah ein Grundstück und bezahlt seither die Wasser- und Stromrechnung.

FLÄCHE: 2590 km²

POPULATION: 725 000 Einwohner.

ÖL: 1,5 Mrd. Barrel.

GAS: 10 000 Mrd. Kubikmeter.

STOLZ: Sharjah Biennale, die internationale Künstler und Tausende Besucher anzieht.

HOTELS: Rund 30, darunter das Millennium Hotel (Presidential Suite 220m², 2400 €).

MALLS: 6, darunter der „Blauer Suk“ genannte Hauptmarkt Al Arkazi mit über 600 Lädchen.

TYPISCHES AUTO: Nissan Patrol.

NIEDERSCHLAG: 101 mm

TEMPERATUR: 47,5° C

AJMAN

BEKANNT FÜR: Die Lebenshaltungskosten im kleinsten und ärmsten Emirat gehören zu den niedrigsten der VAE. An Lebensqualität hat das Scheichtum mit dem nur 16 Kilometer langen Küstenstreifen dennoch einiges zu bieten: etwa einen der schönsten Strände, den Ajman Beach.

HERRSCHENDE FAMILIE: Al Nuaimi, Scheich Humaid bin Rashid Al Nuaimi seit 1981.

FLÄCHE: 259 km², so groß wie Bielefeld.

POPULATION: 190 000 Einwohner.

ÖL: Fehlanzeige.

STOLZ: Dau-Werft, in der die traditionellen Holzschiffe noch wie eh und je gefertigt werden.

HOTELS: 5, darunter das Kempinski Hotel Ajman (Royal Suite 170 m², 1800 €).

MALLS: 3, außerdem ein für die kleine Stadt überdimensional großer Goldsuk.

TYPISCHES AUTO: Land Cruiser Baujahr 2002.

NIEDERSCHLAG: Keine Messung.

TEMPERATUR: Keine Messung.

Dubai? Klar! Aber wer hat schon von Ajman und Umm Al Quwain gehört? Oder von Ras Al Khaimah, das die Nachbarn beneiden – weil es dort am häufigsten regnet? Sieben Emirate und ein Sultanat in der Zusammenschau

ILLUSTRATIONEN ¬ **JUTTA DREWES** TEXT ¬ **SUSANNE HÖRR** UND **ANNIKA REICHARDT**

UMM AL QUWAIN

BEKANNT FÜR: Umm Al Quwain bedeutet „Mutter der Macht", ein Name, der sich auf die lange Seefahrertradition bezieht. Heute ist das Scheichtum mit seiner beschaulichen Hauptstadt das architektonisch ursprünglichste der Emirate.
HERRSCHENDE FAMILIE: Al Mu'alla, Scheich Rashid bin Ahmed Al Mu'alla seit 1981.
FLÄCHE: 777 km^2
POPULATION: 46 000 Einwohner, bevölkerungsärmstes der sieben Emirate.
ÖL: Kaum.
STOLZ: Dreamland Aqua Park (www.dreamlanduae.com), einer der größten Wasserparks der Welt. Genauso schön wie Wild Wadi (www.wildwadi.com) in Dubai, nur nicht so voll und so teuer.
HOTELS: 5, darunter das Umm Al Quwain Beach Hotel (Ambassador Suite 55m^2, 215 €).
MALLS: 1
TYPISCHES AUTO: Ford Explorer Baujahr 2000.
NIEDERSCHLAG: 162,4 mm
TEMPERATUR: 41° C

RAS AL KHAIMAH

BEKANNT FÜR: Früher als Piratennest verrufen, mittlerweile eher für Gemüse bekannt. Versorgt die übrigen Scheichtümer mit allerlei Nahrhaftem, außerdem mit Zement. Der Name bedeutet „Spitze des Zeltes", denn Ras Al Khaimah ist das nördlichste Emirat.
HERRSCHENDE FAMILIE: Al Qawasim wie in Sharjah, Scheich Saqr bin Mohammed Al Qassimi seit 1948. Er ist damit der am längsten regierende Herrscher der Golfregion.
FLÄCHE: 1684 km^2
POPULATION: 198 000 Einwohner.
ÖL: 100–400 Mio. Barrel.
STOLZ: Julfar, eine Hafenstadt in der Ahmed bin Majid 1432 geboren sein soll. Er war der berühmte Navigator, der Vasco Da Gama den Seeweg nach Indien wies.
HOTELS: 6, darunter das Al Hamra Fort Hotel und Beach Resort (Royal Suite 120 m^2, 1450 €).
MALLS: 0, aber unzählige kleine Läden kurz vor der omanischen Grenze.
TYPISCHES AUTO: Mitsubishi Galant.
NIEDERSCHLAG: 166,7 mm
TEMPERATUR: 42,6° C

FUJAIRAH

BEKANNT FÜR: Liegt als einziges Emirat nicht am Persisch-Arabischen Golf, sondern am Golf von Oman. Obwohl 170 Kilometer von Dubai entfernt, von Reiseveranstaltern gern mit „in unmittelbarer Nähe" beworben. Eine Werbeaussage mit weit höherem Wahrheitsgehalt: Fujairah hat die besten Tauchgebiete der Emirate.
HERRSCHENDE FAMILIE: Al Sharqi, Scheich Hamad bin Mohammed Al Sharqi seit 1974.
FLÄCHE: 1165 km^2
POPULATION: 118 000 Einwohner.
ÖL: Keine Ölvorkommen, Öltanker stauen sich allerdings vor der Küste – um in die Straße von Hormuz einzulaufen und das Öl der anderen Emirate zu laden.
STOLZ: Al Badiyah Moschee, die älteste der VAE. Für ihr Alter gibt es höchst unterschiedliche Schätzungen, die von 800 bis 1300 Jahre reichen.
HOTELS: 8, darunter das neue Le Méridien Al Aqah (Corner Suiten 97m^2, 450 €).
MALLS: 0
TYPISCHES AUTO: Toyota Pickup Baujahr 1999.
NIEDERSCHLAG: 162,4 mm
TEMPERATUR: 35,8° C, Wassertemperatur des Indischen Ozeans bis zu 34° C.

OMAN

BEKANNT FÜR: Sultanat, das vor landschaftlich reizvoller Kulisse Tradition und Moderne miteinander verbindet.
HERRSCHENDE FAMILIE: Al Bu Said, Sultan Qabus bin Said bin Taimur Al Said seit 23. Juli 1970.
FLÄCHE: 309 500 km^2 mit 1700 Kilometer Küstenlinie, fast so groß wie Deutschland.
POPULATION: Rund 2 500 000 Einwohner; davon 1 870 000 Einheimische, ausschließlich sie dürfen etwa als Taxifahrer arbeiten.
ÖL: 4,8 Mrd. Barrel, reicht voraussichtlich bis zum Jahr 2026.
GAS: 1000 Mrd. Kubikmeter.
STOLZ: Seine Majestät, Sultan Qabus, dessen Geburtstag gleichzeitig Nationalfeiertag ist.
HOTELS: 159, darunter das Grand Hyatt Muscat (Royal Suite 336 m^2, 2400 €).
MALLS: 13
TYPISCHES AUTO: Alle Modelle von Toyota.
NIEDERSCHLAG: 106 mm
TEMPERATUR: 33° C, die Höchsttemperaturen erreichen bis zu 57° C im Landesinneren.

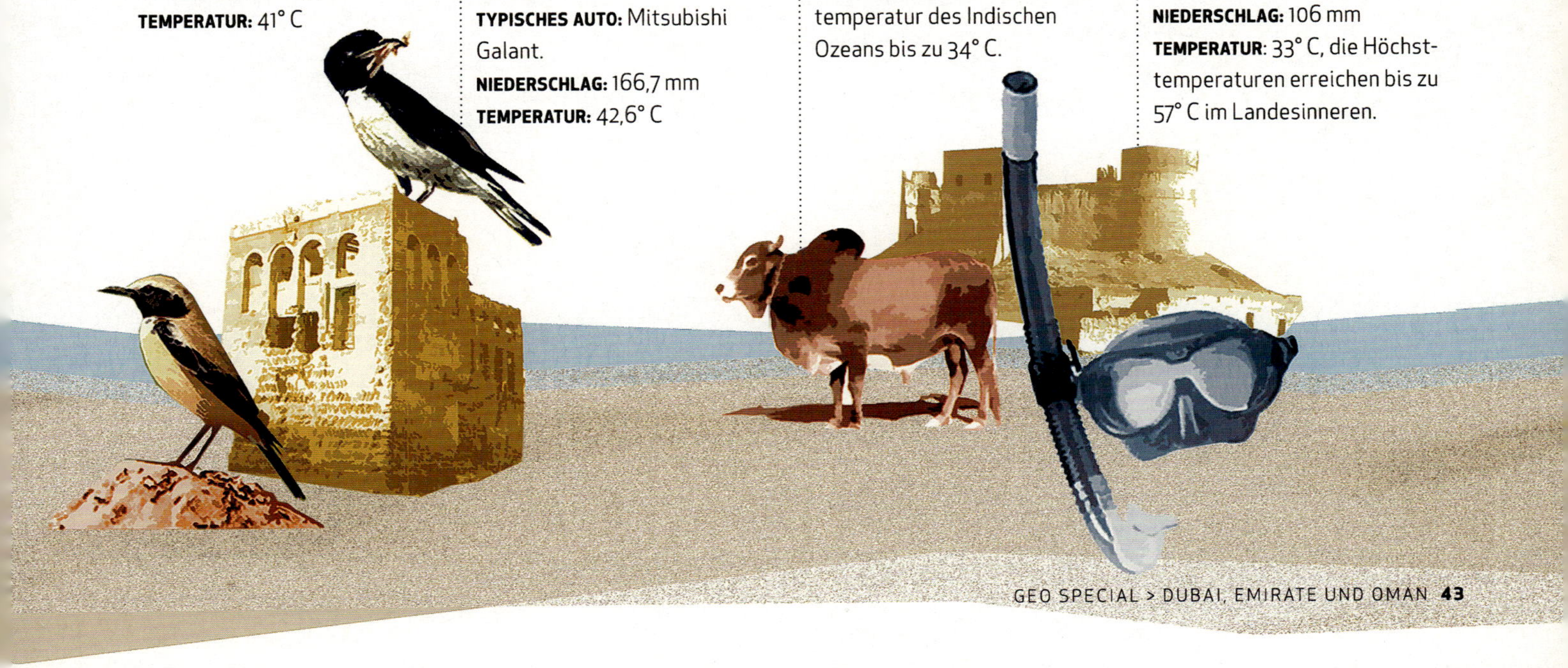

GLÜCK IST

JAOUAD MAKHLOUF, 27, Skilehrer im Ski Dubai, aus Ifrane, Marokko

„**ICH HÄTTE ES INS NATIONALTEAM GESCHAFFT,** ganz bestimmt. Vielleicht wäre ich sogar der erste marokkanische Weltmeister geworden. Aber um richtig trainieren zu können, hätte ich nach Frankreich oder in die Schweiz ziehen müssen, und das wollte ich nicht. Also habe ich Datenverarbeitung studiert. Vielleicht, um nicht mehr ständig an Schnee und Tempo denken zu müssen. Sie merken: Beides hat mich nie losgelassen, sonst wäre ich nicht hier. Als ich vor 18 Monaten die Anzeige von Ski Dubai las, dachte ich: Schnee in der Wüste, das ist ja abgefahren! Da will ich hin! Die Piste ist 400 Meter lang. Wenn ich schnell fahre, brauche ich 50 Sekunden. In dieser Halle habe ich auch meine Freundin Anna kennen gelernt. Eine Naturwissenschaftlerin aus Russland, die wie ich in den Mannschaftsquartieren wohnt – leider im Frauengebäude. Wir müssen zueinander schleichen wie bei einem Schulausflug. Anders wäre es, wenn wir heiraten würden. Anna war schon bei meiner Familie in Marokko, in ein paar Wochen fahre ich zu ihrer nach Sibirien. Sie hat mir viel Schnee versprochen. Mehr als ich je gesehen habe. Ich bin gespannt, wie die Pisten dort sind. Jetzt muss ich los. Sehen Sie die Kinder da vorn? Die warten auf ihren Skilehrer. Wir fahren gleich alle hintereinander die Piste im Schneepflug hinunter. Wie die Enten.“

→

SANDFARBEN

Nur jeder fünfte Bewohner der Emirate stammt von dort. Alle anderen sind Gäste auf Zeit; Arbeiter, Kulturimporteure, Goldgräber, Zukunftssucher. Sechs von ihnen erzählen, weshalb sie gekommen sind – und was sie hält

FOTOS ¬ **TINA HAGER** TEXT ¬ **SUSANNE FRÖMEL**

Ein Alpiner in der Hitze – seinen Skiunterricht gibt Jaouad Makhlouf allerdings in der auf minus ein Grad Celsius heruntergekühlten Halle Ski Dubai

CELIA PETERSON, 32, Fotoagentin und Besitzerin der Agentur »Arabian Eye«, aus London, England

ES IST FREITAG, FEIERTAG ALSO, und im Lime Tree Café laufen die Menschen in T-Shirt und Shorts herum. Früher war das Lime Tree eine Insel für heimwehkranke Ausländer in Dubai, heute ist es eine Legende. Celia Peterson kommt oft hierher, vor allem wegen des guten Frühstücks. Sie trägt ein Top mit Spaghettiträgern und einen kurzen Rock, und sie sieht gar nicht wie eine Geschäftsfrau aus, denkt man, eher wie eine Kunststudentin. „Dubai ist ein bisschen wie der Wilde Westen. Cowboyland, wenn man so will", sagt sie und wälzt ein riesiges Omelett auf ihren Teller. „Du hast eine Idee? Tu es! So läuft das hier. Zu scheitern ist nicht schlimm, wir sind alle Goldgräber. Ich habe das große Potenzial dieser Gegend gleich gespürt. Im künstlerischen Bereich, also auch in der Fotografie, sind die Emirate unterentwickelt, ein unerforschtes Gebiet. Die wenigen Werbeagenturen, die es hier gibt, sind in einer Hand. Wenn es keine Konkurrenz gibt, entwickelt sich auch nichts, das ist ja klar. Ich versuche, das Geschäft jetzt ein wenig professioneller zu gestalten. Dubai war nie ein Ort, der mich angezogen hat, aber ich wollte in London nicht weiter als Modefotografin arbeiten. Ich wollte etwas ganz Neues beginnen. Und, keine Frage: Man kann hier ein gutes Leben haben, wenn man auf der richtigen Seite steht. Was mich abstößt, ist, dass Dubai keine Seele hat. Ich habe es sofort gespürt, als ich aus dem Flugzeug gestiegen bin. Alles ist neu und prunkvoll, aber es hat kein Herz. Die Menschen kommen einzig hierher, um Geld zu machen. Das darf man nicht vergessen, sonst ist man nur enttäuscht."

Hier gibt es mehr abzulichten als das Burj Al Arab! Die Britin Celia Peterson prägt das neue Bild der Emirate – mit 20 Fotografen, die für ihre Agentur unterwegs sind

YOLANDA MELLOMIDA, 51, Haushälterin, aus Davao City, Philippinen

„**WENN ICH EINE SACHE** im Leben anders machen könnte, wäre es vielleicht die mit meinem jüngsten Sohn. Ich kann seinen Namen nicht aussprechen, sonst muss ich gleich wieder weinen. Es war so, dass ich während eines Besuchs in meiner Heimat schwanger geworden bin, aber ich konnte nicht bleiben, ich musste schließlich Geld verdienen. Für die Geburt durfte ich dann auf die Philippinen. Er war so schön, ein süßes Baby. Vier Monate später musste ich ihn zurücklassen, so war es ausgemacht. Meine Schwester hat ihn genommen, sie ist gut zu ihm. Er ist jetzt acht Jahre alt, und ich habe ihn nur zweimal im Leben gesehen. Ich tröste mich damit, dass ich hier wenigstens Geld verdiene, mit dem ich ihn auf die Schule schicken kann. Er soll etwas lernen! Mein Sohn sagt nicht Mama zu mir, trotzdem rufe ich jeden Tag an. Wenn man so weit weg ist, tut Heimweh körperlich weh. Ich habe einer Vermittlungsagentur Geld gezahlt, um nach Dubai zu kommen. Das war 1997. Und, bin ich glücklich? Nein. Aber ich bin froh, Arbeit zu haben. In Dubai schuften die Menschen so viel, dass sie Hilfen im Haushalt brauchen, sonst schaffen sie es nicht. Die Familie, bei der ich arbeite, ist nett zu mir. Ich habe im Haus eine Einliegerwohnung; dort leben auch mein ältester Sohn und meine älteste Tochter. Jeden Tag darf ich drei Stunden für andere Leute putzen, so verdiene ich etwas nebenher. Und jeder Cent, den ich habe, nützt meinen Kindern. Also arbeite ich, soviel ich kann. Ich könnte meine Kinder nicht in Armut aufwachsen sehen.“ →

Yolanda Mellomida putzt, damit ihre Kinder nicht in Armut aufwachsen. Den jüngsten Sohn auf den Philippinen hat sie in ihrem Leben nur zweimal gesehen

Wer nur an Geld denkt, dem fehlt etwas! Hoda Kanoo, hier in ihrem Wohnzimmer, hat schon das Deutsche Symphonieorchester nach Abu Dhabi gebracht

HODA KANOO, 42, Kunstförderin und Gründerin der Stiftung »Abu Dhabi Music & Arts Foundation«, aus Beirut, Libanon

DER AUFZUG ZOCKELT NACH OBEN, bleibt im dritten Stock mit krächzendem Geräusch stehen. Dahinter liegt ein kleiner Flur, ein Angestellter geleitet in ein winziges Büro. Kein Marmor oder Gold wie auf dem Anwesen der Kanoos, deren Wohnhaus Ähnlichkeiten mit einem Palast hat. Nur ein kleiner Raum mit einem Schreibtisch. Dabei ist Hoda Kanoo die vielleicht wichtigste Person im Kulturbetrieb von Abu Dhabi. Und die Kanoo Group ein großes Unternehmen: Schiffe, Frachtlogistik, Öl. Endlich kommt sie, in Jeans und hohen Schuhen von Chanel. Sie macht einen freundlichen, leicht zerstreuten Eindruck und ruft per Funktelefon nach Getränken. José Carreras wird nach Abu Dhabi kommen, das Deutsche Symphonieorchester aus Berlin war bereits da. Das ist ihr Verdienst, sie ist stolz, etwas geschafft zu haben. Seit mehr als zehn Jahren widmet sie sich der Förderung von Kultur in Abu Dhabi, es ist eine Lebensaufgabe geworden. „Die Menschen übersehen vor lauter Geschäftsleben, was wichtig ist", sagt sie. Es ist das Anliegen einer Privilegierten, das ist ihr klar. „Aber wenn ich es nicht tue, tut es möglicherweise niemand. Und in so einer Welt möchte ich meine Kinder nicht großziehen."

Pferdeflüsterer am Hof des Scheichs: Satish Seemar trainiert Vierbeiner, die Millionen Euro wert sind

SHARUK KHAN, 27, Bauarbeiter, aus Peshawar, Pakistan

„**WIR MÜSSEN UNS BEEILEN,** sehen Sie den Busfahrer dort? Er wird wütend, wenn ich nicht pünktlich einsteige. Nach der Schicht habe ich zehn Minuten, bis alle Arbeiter unten sind. Wer dann nicht im Bus sitzt, hat Pech gehabt. Ein Taxi kann ich mir nicht leisten. Mein Bett in Sharja ist zwei Fahrstunden entfernt. Es kostet nur 30 Euro im Monat, weil ich das Zimmer mit vier anderen Arbeitern teile. Eigentlich stehe ich immer unter Druck. Morgens um vier klingelt der Wecker, ich wasche mich und bete. Um fünf kommt der Bus, dessen Fahrer ungeduldig hupt. Um sieben werden wir auf der Baustelle ausgeladen und müssen sofort funktionieren wie Maschinen. Um 16 Uhr ist Schichtwechsel. Ich renne runter, wische mir das Gesicht sauber und setze mich in den Bus. So geht es seit fast zweieinhalb Jahren jeden Tag, außer freitags. Arbeit, schlafen, Arbeit, das ist mein Leben. Manchmal ist mir nach Weinen zumute. Ich fühle mich leer, nur Allah gibt mir noch Kraft. Ich will mich nicht beklagen. Wenigstens werde ich bezahlt, viele Arbeiter sehen nichts von ihren rund 130 Euro im Monat. Aber es ist nicht das, wovon ich geträumt habe. Ich hatte mir vorgestellt, dass ich hier gut bezahlte Arbeit habe und jeden Monat Geld nach Hause schicken kann. Ich dachte, ich könnte ein Auto besitzen und ein Haus bauen, wenn ich in meine Heimat zurückkehre. Nun wächst Dubai, aber ich gewinne nichts dabei. Auf dem Plakat dort steht: ‚The heartbeat of a new city.' Ich sage Ihnen, der Herzschlag dieser Stadt ist pakistanisch und indisch."

Sharuk Khan ist einer von Zehntausenden Indern und Pakistanern, die auf den Baustellen von Dubai schuften – für wenig Lohn und ohne Rechte. Wer aufbegehrt, wird schnell abgeschoben. In die Heimat. In die Armut

SATISH SEEMAR, 45, Cheftrainer der »Zabeel Stables« und der »Millennium Stables«, aus Abohar, Indien

„**LEIDENSCHAFT IST VORAUSSETZUNG** für gute Arbeit, und die Herrscherfamilie ist äußerst leidenschaftlich mit dem Rennsport verbunden. Einen besseren Arbeitgeber kann ich mir nicht vorstellen. Unser Heu kommt aus Washington State, es ist das beste Heu der Welt. Unser Schwimmbecken ist 100 Meter lang, jedes Pferd geht täglich baden. Aber so etwas darf nicht den Blick verstellen: Wer nicht mit dem Herzen arbeitet, überlebt hier nicht. Ich liebe die Pferde, bin jeden Tag um vier Uhr in den Ställen, denn nach Sonnenaufgang wird es für die Tiere schnell zu heiß. Ein Stallbursche versorgt drei Pferde, jeder Reiter trainiert fünf. Wären es mehr, würde die Qualität der Arbeit leiden. Damit sind wir erfolgreich. Sehr erfolgreich sogar. Wir gewinnen viele Rennen und sind auf dem besten Weg, Dubai zu einer ganz großen Nummer im Rennsport zu machen. Sehen Sie den Vollblutaraber? Das ist Big Easy, ein wahrer Champion. Vielleicht der Beste, den es gibt: 30 Starts, 23 Siege. Zwei Siege fehlen ihm noch zum Weltrekord. Er ist jetzt ein bisschen aus der Form geraten, weil ich ihm eine Pause gönne. Aber wenn man in seine Augen blickt, dann sieht man: Er weiß genau, wie gut er ist." ■

Autorin **Susanne Frömel**, 32, war nach einer Woche total erschöpft – sechs Leben, sechs Welten und dazwischen meistens: Stau.

DIE WACHSTUMS

MASCHINE

Wie im Zeitraffer wächst ein Wald aus Wolkenkratzern, wo vor 50 Jahren nur ein einziges Haus aus Beton war. Mit aller Macht und noch mehr Geld versucht Scheich Mohammed, der Herrscher von Dubai, seine Stadt zur Drehscheibe der Globalisierung zu machen – und gar New York zu überflügeln. Es ist eine gigantische Vision. Aber wird sie wahr werden?

TEXT ¬ **HARALD WILLENBROCK**

DAS NEUE FIRMAMENT DES ORIENTS

EIN GEWALTIGER BAUBOOM TREIBT DIE WIRTSCHAFT DUBAIS VORAN. AUSLÄNDER, DIE EIN APARTMENT KAUFEN, ERHALTEN AUTOMATISCH DAS AUFENTHALTSRECHT – IN EINER OASE DER STABILITÄT UND SICHERHEIT IM ARABISCHEN RAUM

GRÖSSENWAHN IM MASTERPLAN

DIE TÜRME DES DESERT GATE HOTELS AND TOWERS MARKIEREN DEN EINGANG VON BAWADI, EINEM ZEHN KILOMETER LANGEN STRIP MIT 35 THEMENHOTELS UND 30 000 BETTEN. 21 MILLIARDEN EURO SOLL DAS PROJEKT DER TATWEER-GRUPPE KOSTEN

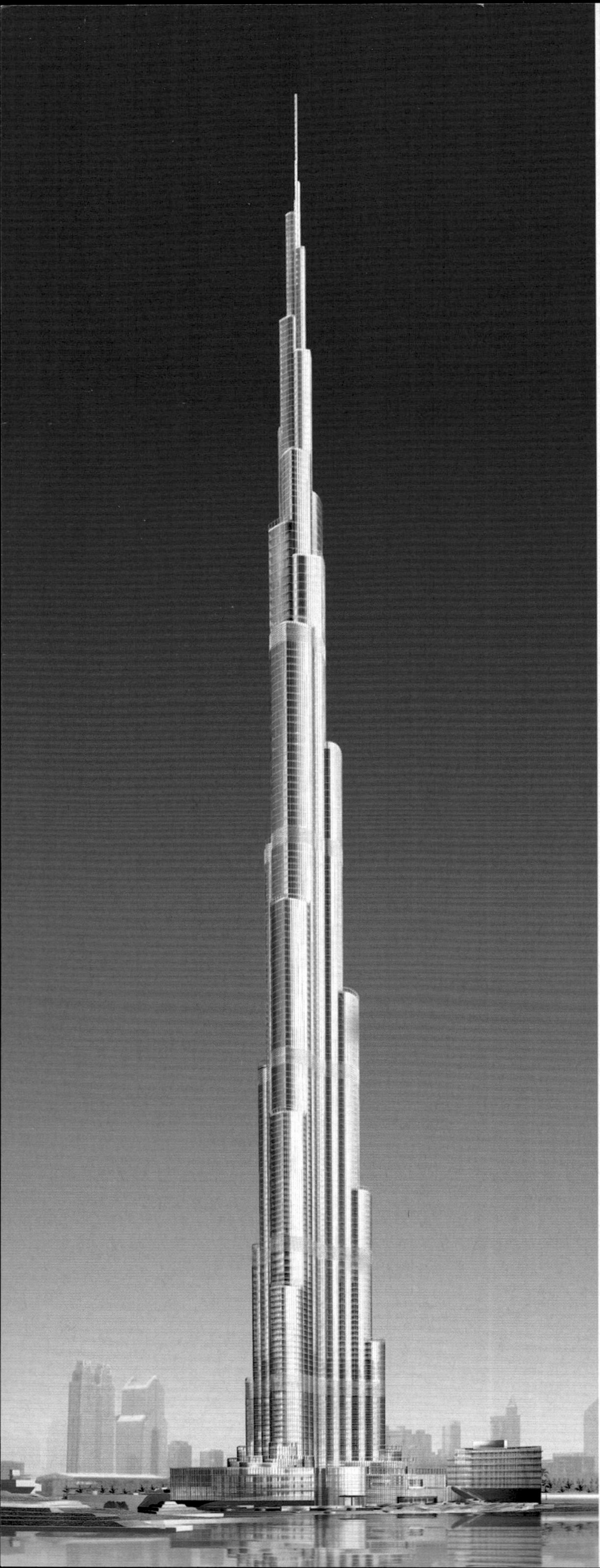

KONSUM VON KULTUR IN EINER KULTUR DES KONSUMS

DAS VON ARCHITEKTUR-PROFESSOR GEORGE KATODRYTIS GEPLANTE KULTURZENTRUM AN DER SHEIKH ZAYED ROAD SOLL SO OFFEN SEIN WIE EINE SHOPPING-MALL, UM SCHWELLENANGST ABZUBAUEN – UND DIE MENSCHEN VON DER STRASSE GLEICHSAM AUFZUSAUGEN

VOM MEER AUS GESEHEN, führt die vierspurige, menschenleere, perfekt asphaltierte Al Quadr Road schnurstracks in die Wüste. Zunächst passiert sie eine jener nagelneuen, mit identischen Mini-Villen gefluteten *gated communities*, die Fantasienamen wie Emirates Hills, Arabian Ranches oder Meadows tragen, dann ein paar wellblechbedeckte Kamelfarmen, bis nur noch Sand, Geröll und Gestrüpp den Straßenrand säumen. Nach ein paar Kilometern erscheint am Horizont plötzlich die Silhouette der Petronas Towers. Es folgen der Fernsehturm von Shanghai und der Potala-Palast des Dalai Lama, ein afrikanisches Dorf, die malerisch geschwungenen Hügel einer andalusischen Landschaft, eine Westernstadt inklusive Saloon, Fort und Gefängnis, Westminster Abbey, die Pyramiden von Gizeh und der Sphinx: alle auf großformatige Werbefolie gedruckt und auf Sperrholztafeln gezogen, mit wattstarken Halogenscheinwerfern davor – und dahinter nichts als Wüste.

Es ist eine absurde Szenerie, aber im Dubai des Jahres 2007 gehören solche Erscheinungen zum Alltag. Megaprojekte tauchen hier scheinbar aus dem Nichts auf, erst als computergenerierte Animationen in Hochglanzbroschüren, dann auf Werbetafeln am Straßenrand →

DAS HÖCHSTE GEBÄUDE DER WELT: NACH DEM BURJ AL ARAB WÄCHST DER BURJ DUBAI ZUM NÄCHSTEN WAHRZEICHEN DER STADT HERAN. ZWEI WOCHEN HATTEN DIE ARCHITEKTEN FÜR IHREN ENTWURF, ENDE 2008 SOLL DER TURM FERTIG SEIN

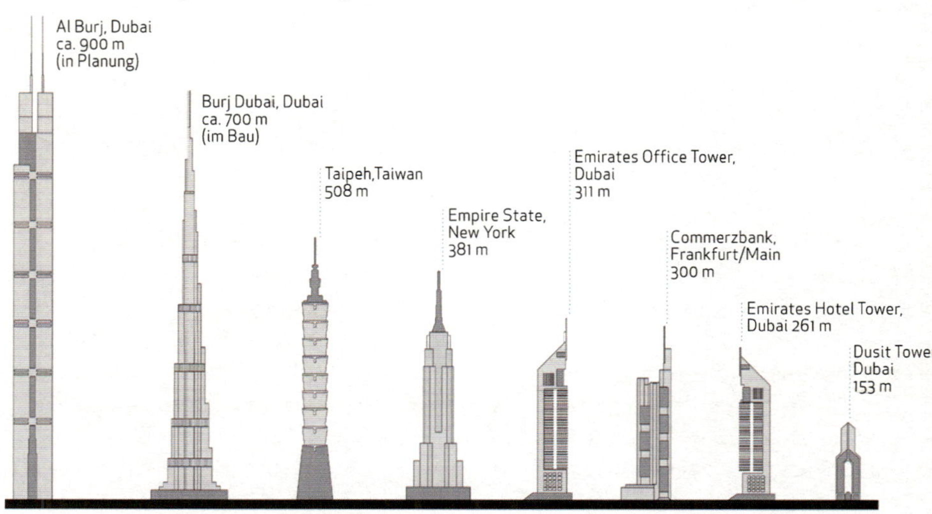

BESCHWINGTE AUFGABE FÜR STATIKER: DER BISLANG ORIGINELLSTE ENTWURF FÜR DUBAI STAMMT VOM TEAM DER LONDONER ARCHITEKTIN ZAHA HADID UND TRÄGT DEN SPITZNAMEN »TANZENDE TÜRME«

PYRAMIDEN, PLANETEN – KOPIERT WIRD, WAS GEFÄLLT

IM ZENTRUM DES UNIVERSUMS WERDEN SICH BESUCHER DES STARGATE EDUTAINMENT PARKS FÜHLEN, DESSEN ATTRAKTIONEN IN DEN VIER HIMMELSKÖRPERN ERDE, MOND, MARS UND SATURN UND IN EINEM RAUMSCHIFF UNTERGEBRACHT WERDEN

MIT EINER BREITE VON 230 METERN UND EINER HÖHE VON 140 METERN SOLL DIE GRAND DUBAI PYRAMID DIE AUSMASSE DER CHEOPS-PYRAMIDE ERHALTEN. ABER EINEN ANDEREN INHALT. EIN DREISTÖCKIGES EINKAUFSZENTRUM

und begleitet von aberwitzig anmutenden Ankündigungen. Und wenig später rücken meist die Kräne an. Nach dem größten von Menschenhand gebauten Hafen, dem höchsten Hotel, den größten künstlichen Inseln der Erde, dem gewaltigsten Wolkenkratzer und der tropischsten Skipiste der Welt, die wiederum Teil des weltgrößten Einkaufszentrums ist, wird nun mit dem längsten Hotelstrip der Welt der nächste Superlativ in Angriff genommen. Als eine Art arabisches Las Vegas soll die 21 Milliarden Euro teure Kunststadt Bawadi entlang der Al Quadr Road knapp 30 000 Betten versammeln, was auf einen Schlag Dubais touristische Saugkraft um die Hälfte erhöhen würde. Geht es nach den Tourismusplanern, dann sollen Urlauber künftig im Old Asia Hotel, im Wild Wild West Hotel, beim Africa World Hotel oder einem anderen jener 31 Themenhotels einchecken, die Sehenswürdigkeiten der Erde nachbilden und wie eine zehn Kilometer lange Perlenkette in der Wüste liegen werden.

Das klingt größenwahnsinnig, ist es auch, doch in Dubai hat der Wahnsinn dieser Tage Methode. Erstaunlich ist, dass viele dieser großspurig geplanten Superprojekte auch tatsächlich realisiert werden. Noch überraschender ist die Geschwindigkeit, in der dies geschieht.

George Efstathiou kann sich noch genau an jenen Samstag im März 2003 erinnern, an dem er mit ein paar Kollegen im Chicagoer Büro von Skidmore, Owings & Merrill einem Immobilienmanager aus Dubai gegenübersaß. SOM (wie das renommierte Büro abgekürzt wird) hat in den 70 Jahren seines Bestehens etwa den Sears Tower in Chicago, Shanghais Jin Mao Tower und das AOL Time Warner Center in Manhattan in die Höhe gezogen; derzeit betreuen die Planer den New Yorker Freedom Tower und den Pearl River Tower im chinesischen Guangzhou. Efstathiou und seine Kollegen sind die Veteranen des Wolkenkratzerbaus.

DENNOCH WAR DAS ANSINNEN, das der Emissär der dubaischen Baugesellschaft Emaar ihnen antrug, auch für die SOM-Architekten ungewöhnlich. Zum einen ging es nicht um irgendein neues Hochhaus, sondern um das definitiv höchste, das Menschen je gebaut haben. Und für ihren Entwurf, fügte der Besucher aus Dubai hinzu, hätten die Planer genau zwei Wochen Zeit. „Da waren wir", erinnert sich Efstathiou, ein untersetzter 54-Jähriger mit perfekt getrimmtem Dreitagebart, „wirklich ziemlich platt."

Seither sind nicht einmal vier Jahre vergangen, und von seinem klimatisierten Bürocontainer aus kann der Architekt aus Chicago dem Rekordversuch täglich beim Wachsen zusehen. Lastenaufzüge surren die mit grünen Fangnetzen geschützte Betonfassade hinauf, aus deren Krone gelbe Kräne wie Stängel aus einer Blumenvase in den stahlblauen Himmel ragen. 82 Stockwerke misst der Burj Dubai bereits, alle drei Tage kommt momentan ein weiteres hinzu; und wenn Ende 2008 die letzte Betonplatte versiegelt sein wird, wird der Turm nahezu doppelt so hoch sein wie das Empire State Building. Wie viele Etagen er letztlich auftürmen wird, will Efstathiou genauso wenig verraten wie die exakte

Höhe („Wir haben uns vertraglich zu Stillschweigen verpflichtet"). Fest steht, dass der Burj Dubai am Ende auf mehr als 700 Höhenmeter kommen wird: mit 31 Etagen Büros, 900 Luxusapartments sowie einem 16-stöckigen Giorgio-Armani-Hotel. Rund 60 Aufzüge werden die rund 8000 Bewohner und deren Personal nach oben bringen, es wird diverse *sky lobbies* sowie für den Notfall besonders gesicherte *refuge areas* geben, die einem Feuer für mindestens drei Stunden standhalten. Im Sommer, wenn es in Dubai fast 50 Grad heiß wird und die Hotels ihre Pools zu kühlen beginnen, werden die Klimaaggregate des Burj Dubai stündlich eine Energie herauspowern, die man benötigt, um 10 000 Kubikmeter Eis zu schmelzen. „Damit ein solches Projekt funktioniert", sagt Efstathiou, „muss man unzählige Spezialisten zur richtigen Zeit zum Einsatz bringen. Das, was Sie da draußen sehen, ist ein perfekt aufeinander abgestimmtes Orchester. Und wir sind die Dirigenten."

Mehr als 20-mal sind die Architekten vorab mit Modellen des Turms in den Windkanal gestiegen und haben seine Gestalt immer wieder so verändert, dass sie dem Wind möglichst wenig Angriffsfläche bietet. Am Schluss entschied sich Burj-Chefplaner Adrian Smith für eine wendeltreppenartige Kontur, deren umlaufende Stufen den Druck des Windes brechen und Turbulenzen reduzieren sollen. Bei einem Bauwerk dieser Größenordnung sei der Wind naturgemäß der größte Feind, sagt Efstathiou. Dank der Struktur dürfte die Spitze des Burj selbst bei stärkstem Wind maximal um 1,2 Meter schwanken. „Das sagen jedenfalls unsere Berechnungen."

DIE ANKÜNDIGUNGEN KLINGEN ABERWITZIG. KURZ DARAUF RÜCKEN DIE KRÄNE AN

DRAUSSEN, AUF DER BAUSTELLE, kämpfen die Männer gegen einen anderen Gegner. Bei knapp 40 Grad Celsius schuften mehr als 4100 Arbeiter aus Indien, Pakistan, Jemen und anderen Ländern am Burj. Viele haben sich Handtücher als Sonnenschutz unter die Helme geklemmt, was sie aus der Ferne wie eine Armee orientalischer Imker aussehen lässt. Eine Flotte von Schulbussen, mit denen sie nach ihren Zwölfstundenschichten in die Massenunterkünfte vor der Stadt zurücktransportiert werden, parkt im Schatten →

MIT DEM WASSERTAXI NACH TAHITI

NICHT NUR IN DUBAI, AUCH IN ABU DHABI SETZEN DIE BAUFIRMEN AUF KÜNSTLICHE WELTEN. DAS AL GURM RESORT WIRD EINEM PAZIFISCHEN STELZENDORF NACHEMPFUNDEN – ERGÄNZT UM TIEFGARAGEN UND BUSINESS-CENTER

eines riesiges Werbebanners. Auf dem Plakat deutet der fertige Burj wie eine glitzernde Nadel in den Himmel, um ihn herum ein komplettes Stadtviertel inklusive künstlicher Lagune, Apartmenthäusern, Bürotürmen und Shopping-Mall. „The most prestigious square kilometer on earth" steht darunter, der prestigeträchtigste Quadratkilometer der Erde.

ES GIBT EINE BERÜHMTE LUFTAUFNAHME aus dem Jahr 1990, die genau diesen Quadratkilometer zeigt. Auf dem Foto ist am Rande einer schmalen Piste, der Sheikh Zayed Road, eine Handvoll Hochhäuser auszumachen, ansonsten nur nackte, von Jeepspuren durchfurchte Wüste. Es bedarf extremer Visionskraft, sich an diesem sonnenverbrannten Flecken Sand eine blühende Wirtschaftsmetropole vorzustellen, aber Scheich Mohammed bin Rashid Al Maktoum verfügt offenbar über ein außergewöhnliches Maß solcher Weitsicht. Dubais Herrscher hat seinen 60 Kilometer kleinen Streifen Land, in dem 1956 das erste Betongebäude errichtet wurde und noch in den 1970er Jahren 80 Prozent Analphabeten lebten, in Rekordtempo zu einer Wachstumsmaschine umgebaut, zu einem Singapur des Nahen Ostens und künftigen Luxus-Shopping-Urlaubsziel für jene 2,3 Milliarden Inder und Chinesen, die sich gerade aufmachen, ihren Teil des kapitalistischen Traums einzufordern.

Wer zum ersten Mal nach Dubai kommt (oder zum ersten Mal seit mehr als fünf Jahren, was auf dasselbe hinausläuft), fühlt sich wie ein Hinterwäldler aus Pennsylvania, den es nach Manhattan verschlagen hat. Er trifft auf einen komplett klimatisierten Hyper-Organismus, der so künstlich wie eine Raumstation und ebenso aufwendig in der Unterhaltung ist. Verliert sich in einer endlosen Kette von Baustellen, Entwicklungsprojekten und neuen Stadtvierteln, mit denen dieser Organismus in alle Richtungen erweitert wird, wobei ein städtebaulicher Zusammenhang – wenn es ihn denn gibt – nicht zu erkennen ist. Höchstwahrscheinlich aber bleibt er erst einmal stecken, denn im krassen Gegensatz zu den privaten Hochgeschwindigkeits-Projekten ist Dubais staatliche Verkehrsplanung so träge wie der Verkehr auf den mittlerweile chronisch verstopften Hauptverkehrsstraßen. Diese verbinden, mehr schlecht als recht, Projekte mit einem Volumen von derzeit 76 Milliarden Euro – ungefähr das Doppelte dessen, was nach Schätzung der Weltbank der Wiederaufbau des Irak kosten wird.

DER SCHEICH REGIERT – UND KASSIERT ALS OBERSTER BAUHERR UND LANDBESITZER

„Es gibt hier einen unbedingten Willen, das Land binnen kürzester Zeit umzubauen", sagt George Katodrytis, Architekturprofessor an der Amerikanischen Universität von Sharjah. „Und da Geld keine Rolle spielt, folgen den Willensbekundungen in beängstigendem Tempo Taten." Die Entscheidungswege sind kurz, größere Projekte werden offiziell vom staatlichen Executive Council mit einem Sohn des Scheichs an der Spitze, inoffiziell vom *madschlis*, der traditionellen Versammlung arabischer Honoratioren, beschieden. Als Quasi-Vorstandsvorsitzender, Aufsichtsratschef und größter Anteilseigner der Wirtschaftsmacht Dubai aber trifft Scheich Mohammed die wichtigsten strategischen Entscheidungen letztendlich selbst.

„Die Aufgabe einer Regierung ist es, Möglichkeiten zu schaffen", wird der 56-Jährige zitiert, dessen persönliches Vermögen sich auf 14 Milliarden Dollar belaufen soll. Möglichkeiten kreiert Dubais freundlicher Feudalherr, indem er Stücke seines Landes an eine der drei großen Bauholdings Emaar, Nakheel oder Dubai Holding vergibt, die praktischerweise größtenteils ihm selbst gehören. Diese Unternehmen wiederum entwickeln für den ihnen zugeteilten Bereich einen Masterplan und laden Architekten, Projektentwickler und vor allem Investoren ein, sich an dessen Umsetzung zu beteiligen. Und Geldgeber kommen gern, denn Dubai lockt mit einem konsequent wirtschaftsfreundlichen Umfeld: keine Gewerkschaften, keine Einkommens- oder Mehrwertsteuer, wenig Kriminalität, kaum Korruption (auf dem Korruptions-Index von „Transparency International" schneiden die Emirate besser ab als etwa Israel, Italien und Griechenland), keine kritische Presse, die Bauvorhaben durchkreuzt, und keine Opposition, die sie verschleppen könnte. Dafür aber finden Investoren hier viel verfügbares Land, einen vergleichsweise westlich-liberalen Lebensstil sowie eine unerschöpfliche, derzeit gut 300 000 Mann starke Reservearmee vor allem indischer und pakistanischer Aufbauhelfer, die für rund 130 Euro im Monat und eine Pritsche die harte Arbeit erledigen. Von außen betrachtet, wirkt Dubai wie der Wirklichkeit gewordene Traum neoliberaler Ökonomen.

Wie aber bugsiert man einen Flecken Sand überhaupt auf die Radarschirme internationaler Investoren? Für dieses Kunststück musste das kleine Land zuallererst einmal große Aufmerksamkeit erzeugen, sprich: ein paar Superlative in den Sand setzen. Nummer eins war das 1999 fertiggestellte, spektakuläre Hotel Burj Al Arab, das sich nach Ansicht von Experten selbst bei hundertprozentiger Auslastung erst in 50 Jahren rechnen kann, sich als Werbemaßnahme jedoch längst bezahlt gemacht hat. Auch die fünf unter enormem Aufwand aufgeschütteten Inselprojekte dienen nicht nur der Vervielfachung von Dubais Küstenlinie, sondern vor allem seiner Vermarktung als „Alles ist hier möglich, sofern es Geld bringt"-Paradies. Diese Signale konnten weltweit nur schwerlich übersehen werden. Schließlich zählten sie, wie ein Nakheel-Marketingmanager stolz erklärt, zu den wenigen menschlichen Bauwerken, die sich vom Weltraum aus erkennen lassen.

„Alles hier ist Marketing", sagt George Efstathiou. „Es gibt keinen Grund, in einem Land mit genügend Fläche extrem in die Höhe zu bauen, außer: Marketing. Der *big splash*, die große Welle, ist in Dubai enorm wichtig."

WIE GEWALTIG EINE SOLCHE WELLE ausrollen und alles mitreißen kann, lässt sich in einer Villenanlage am Fuße der „Palm Jumeirah" beobachten. Auf ihrem Vorplatz kämpfen die Fahrer von Humvees, Cayennes und Touaregs hupend um Parkplätze, während vor dem Eingang des Nakheel Sales Centers Dutzende Interessenten auf Einlass warten. Nakheel bedeutet „Palmen", und tatsächlich sind die künstlichen Palmen-Inseln, die gerade vor der Küste aufgeschüttet werden, drei der vielen Projekte des staatseigenen Unternehmens, die es unter enormem Marketingdruck auf den Markt wirft.

An diesem Morgen wird im Nakheel Sales Center das Projekt Jumeirah Park auf den Weg gebracht. Dem Verkaufsprospekt ist zu entnehmen, dass es sich dabei um einen künstlich angelegten Wohnpark handelt, der „ausgedehnte Parks, ökologische Grünflächen und familienorientierte Einrichtungen" umfassen wird. Noch ist kein einziger Grashalm gepflanzt, aber in der Lobby des Sales Centers drängeln sich Russen, Briten, Libanesen, Inder und Japaner um das Privileg, für 500 000 Euro und mehr eine der geplanten pseudomediterranen Villen erwerben zu dürfen. Nakheel-Verkaufsberater führen sie im Zehnminutentakt in gläserne Beratungsboxen, wo sie ihre Personalien hinterlassen und Verkaufsunterlagen in Empfang nehmen dürfen. Viele haben beim Hinausgehen einen ähnlichen Gesichtsausdruck wie frischgebackene AOL-Aktionäre zur besten Zeit der New Economy.

„Die Leute kaufen hier Häuser wie anderswo Autos", staunt ein erschöpfter Brite, und tatsächlich ist der Immobilienerwerb in Dubai zu einer Art Volkssport avanciert. Seit Ausländer sich mit Immobilieneigentum eine unbegrenzte Aufenthaltsgenehmigung erkaufen, gilt das Eigentumszertifikat als eine Art Dauerkarte für das Paradies. „Manche Kunden bezahlen hier komplette Villen cash, und niemand fragt nach, wo das Geld herkommt", berichtet ein ortsansässiger Immobilienmakler, der auch künftig am Boom mitverdienen und deshalb namentlich nicht genannt werden möchte. Offiziell ist, dass sich bereits mehr als 100 000 Briten eine Zweitwohnung in Dubai zugelegt haben, und wenn die Tageszeitung „Gulf News" am Samstag ihren Immobilienteil beilegt, quillt das Blatt von etwa 30 auf mehr als 250 Seiten auf. →

»INSEL DES GLÜCKS«, SAADIYAT ISLAND, HEISST ABU DHABIS VORZEIGEPROJEKT. IM JAHR 2018 SOLLEN 150 000 MENSCHEN AUF DER 27 QUADRATKILOMETER GROSSEN INSEL LEBEN

Die Nachfrage nach Apartments und Villen ist so gewaltig, dass die meisten Neubauprojekte den Entwicklern bereits bei so genannten *off plan sales* aus den Händen gerissen werden, also nur aufgrund des Bauplans und bevor nur eine einzige Schaufel Sand bewegt wurde. Die 1350 Villen der Palm Jumeirah etwa – binnen zwei Tagen ausverkauft. Für die Zeichnung der bis zu 3,3 Millionen Euro teuren Apartments des Burj Dubai wiederum reichten zwei Verkaufsabende – obwohl Projektentwickler Emaar zu den Präsentationen nur seine besten Kunden aus der Golfregion geladen hatte (Einladungen zu den Verkaufsveranstaltungen sollen unter der Hand für bis zu 11 000 Euro gehandelt worden sein). Im Nakheel Sales Center gehen an diesem ersten, furiosen Verkaufstag sagenhafte 900 Villen der Anlage Jumeirah Park weg.

DUBAIS WACHSTUM NÄHRT SICH WIE EIN BUSCHFEUER AUS DEN EIGENEN FLAMMEN

Tatsächlich einziehen in ihre Immobilien werden wohl nur die wenigsten Neubesitzer. „Über 80 Prozent der Immobilienkäufer sind Investoren, die teilweise während der Bauphase wieder verkaufen", sagt Sebastian Wels, Geschäftsführer der örtlichen Engel-&-Völkers-Niederlassung. „Wer bei der ersten Palme zugegriffen hat und später wieder verkauft, macht mindestens 100 Prozent, mitunter sogar 200 Prozent Gewinn binnen zwei Jahren. Es gibt keinen anderen Immobilienmarkt auf der Welt, der für Investoren solche Chancen bietet."

Auf diese Weise zieht das Wachstum Dubais ständig neues Wachstum an – wie eines jener gewaltigen Buschfeuer, die ihre Kraft immer wieder aus den eigenen Flammen saugen. Angefeuert wird es von Dubais Nachbarstaaten, die nach Anlagemöglichkeiten für ihre Öleinnahmen suchen. Unfreiwillig hat auch al-Qaida den Boom des ganz und gar unfundamentalistischen Dubai beflügelt: Als nach den Anschlägen des 11. September 2001 Terrorermittler in den USA und Westeuropa reihenweise Konten durchleuchteten, zogen arabische Investoren geschätzte 70 Milliarden Euro aus dem Westen ab und parkten sie in Dubai.

SCHON JETZT BILDET DIESE OASE die – nach Shanghai mit etwa zehnmal so vielen Einwohnern – größte Baugrube der Welt. Doch Dubai wäre nicht Dubai, wenn es nicht auch die eigenen Rekorde brechen würde. „Die Frage aller Fragen", glaubt Eric Tomich, ein hagerer Bauplaner aus San Francisco und SOM-Statthalter auf der Burj-Baustelle, „lautet doch: Wie lange kann eine Stadt ein solches Tempo durchhalten? Wohin will sie noch wachsen? Und was kann nach dem Burj überhaupt noch kommen?"

Zumindest auf die letzte Frage gibt es neuerdings eine Antwort. Sie entsteht gerade vor der Südküste Dubais, wo Schaufelbagger unweit des Freihafens Jebel Ali eine Kette von Inseln namens Dubai Waterfront aufschütten. Auf einer Fläche von 440 Quadratkilometern – in etwa die Stadtfläche Kölns – planen die Projektentwickler von Nakheel neben Woh-

FÜR DEN GLOBALEN JET-SET: DIE GANZE ERDE IN DELUXE-VERSION

EINE WELT IST NICHT GENUG. DESHALB ERSCHAFFT DIE BAUFIRMA NAKHEEL EINE ZWEITE: IHRE INSELN BILDEN DIE KONTINENTE NACH. DER DURCHSCHNITTLICHE VERKAUFSPREIS PRO EILAND: 23 MILLIONEN EURO

THE PALM JUMEIRAH: DIE ERSTE PALMEN-INSEL, DIE VOR DUBAIS KÜSTE AUFGESCHÜTTET WURDE. WER SOFORT EIN HAUS ERWARB, KONNTE ES SPÄTER FÜR DAS DOPPELTE ODER DREIFACHE VERKAUFEN

nungen für 750 000 Menschen, Hotels und Veranstaltungszentren einen Wolkenkratzer namens Al Burj, der mit 900 Meter Höhe den Burj Dubai zum lediglich zweithöchsten Bauwerk der Welt degradieren würde. Sollte der Mega-Turm tatsächlich wie geplant 2010 vollendet werden, würden seine Bewohner einen privilegierten Blick auf den Arabian Canal genießen, einen 75 Kilometer langen (und damit weltgrößten) künstlichen Wasserweg, der u-förmig in die Wüste geschnitten und vom üblichen Mix aus Wohnungen, Restaurants und Boutiquen gesäumt werden soll. Wieder ins Meer münden wird er auf Höhe der Dubai Marina, dem fortgeschrittensten der Projekte. In diesem neuen Stadtviertel gruppieren sich bereits 124 nagelneue Hochhäuser für 60 000 Menschen um eine künstliche Lagune und bilden eine Art Sub-Zentrum für die Stadt, deren Einwohner schon längst nicht mehr wissen, wo sich eigentlich deren Mitte befindet.

Importiert wurde das Konzept der Marina aus Kanada von Mohammed Al Abbar, dem Emaar-Vorstandsvorsitzenden. Nachdem er auf dem Rückweg von einer Geschäftsreise in Vancouver die dortige Marina entdeckt und lieb gewonnen hatte, warb der Emaar-Chef kurzerhand den dafür verantwortlichen Architekten ab. Wenige Wochen später planten die beiden bereits die Marina für Dubai.

„Photocopy Urbanity" nennt Architekturprofessor Katodrytis diese Methode der Stadtentwicklung, bei der sich die Planer so ungeniert an globalen Vorbildern bedienen wie Pauschaltouristen am Frühstücksbuffet. „Überlegen Sie mal", meint Katodrytis, „Ägypten bringt es mit den echten Pyramiden auf etwa 4,2 Millionen Touristen im Jahr. Dubai aber wird mit einem Nachbau prognostizierte →

DIE GEPLANTE PALM DEIRA (OBERHALB DES CREEKS RECHTS) WIRD EINMAL AUF DIE GRÖSSE MANHATTANS ANWACHSEN. IM BAU BEREITS DEUTLICH WEITER (VON LINKS NACH RECHTS): PALM JEBEL ALI, PALM JUMEIRAH UND DIE INSELN VON THE WORLD

DURCH DEN BAURAUSCH WIRD SAND ZUR MANGELWARE

DREI EINHEIMISCHE BEOBACHTEN AUFSCHÜTTUNGSARBEITEN. FAST DER GESAMTE MEERESBODEN DES EMIRATS IST BEREITS ABGESAUGT, DENN WÜSTENSAND EIGNET SICH NICHT ALS BAUGRUND

sechs Millionen anziehen." Mitunter reicht den Dubaier Bauherren eine bloße Kopie nicht aus. Dubailand beispielsweise, Dubais fünf Milliarden Euro teure, 279 Quadratkilometer große Antwort auf Disneyland, wird neben drei Sportstadien, animierten Dinosauriern und dem weltgrößten Riesenrad auch Klone des Eiffelturms, des Schiefen Turms von Pisa sowie des Taj Mahals umfassen. Einziger Unterschied: Dubais Kopien werden größer sein als das jeweilige Original.

Bremsen, so scheint es, kann den Höhenflug dieses in Beton gegossenen Guinness-Buchs höchstens noch der eigene Erfolg. Die Mieten legen Jahr für Jahr um bis zu 37 Prozent zu, was dazu führt, dass Familien und Normalverdiener in die Nachbaremirate Sharjah und Abu Dhabi ausweichen müssen, von wo aus sie als Pendler wiederum den täglichen Stau in und aus der Stadt verschlimmern. Denn auch die Zahl der Autos ist rekordverdächtig – während sich in Hongkong 57 und in Singapur 100 von 1000 Einwohnern einen Wagen leisten, sind es in Dubai 547. Öffentliche Nahverkehrsmittel gibt es kaum. Zudem wird die Metropole selbst so hastig hochgezogen, dass mittlerweile die einfachsten Baumaterialien teuer und knapp sind.

WÄHREND VOR DER KÜSTE The World, die Dubai Waterfront und die drei künstlichen Palmen-Inseln langsam Gestalt annehmen, droht dem Wüstenstaat tatsächlich der Sand auszugehen. Bis zu 25 Kilometer müssen die Saugbagger der belgischen und niederländischen Spezialfirmen mittlerweile aufs Meer hinausfahren, um Material für die gigantischen Aufschüttungsprojekte heranzuschaffen. Weil der feinere, vom Wind rundgeschliffene Wüstensand sich nicht fürs Inselbauen eignet, ist Dubais Unterwasserwelt bereits bis hart an die Grenze zu den internationalen Gewässern leergesaugt. Wenn die Schwimmbagger weg sind, bleiben nach Recherchen des World Wide Fund for Nature schwere Schäden an Korallenriffen zurück: dem Lebensraum für Schildkröten, Delfine und andere Meeresbewohner. Ohnehin ist der „ökologische Fußabdruck", den die boomenden Emirate hinterlassen – eine Art ökologische Gesamtbilanz, die den Ressourcenverbrauch pro Einwohner bemisst – der mit Abstand größte und schädlichste der Welt.

DUBAI WILL SILICON VALLEY UND WALL STREET, HOLLYWOOD UND HONGKONG SEIN

„Die Menschen hier sind trunken von den Möglichkeiten", sagt Fadi Tohme, ein junger libanesischer Innenarchitekt, der wie die meisten der fast eine Million *expatriats* im Eiltempo an Dubais Wirtschaftswunder mitbaut, „sie wollen ihre Rendite realisieren, solange der Boom anhält. Darüber vergessen sie alles andere." In Dubai mit Investoren und Projektmanagern über nachhaltige Entwicklung diskutieren zu wollen, ist daher etwa so aussichtsreich wie der Versuch, in einer Cigar Lounge über die Nebenwirkungen des Rauchens zu diskutieren. Dass Dubais Rekordbauten zum größten Teil architektonisch uninspiriert, handwerklich zweitklassig und energetisch katastrophal sind, scheint hier niemanden zu stören – die Dynamik wirkt derart berauschend, dass Kollateralschäden schlicht im Baulärm untergehen.

„Ich glaube nicht, dass ich in meinem Leben noch einmal solche Möglichkeiten haben werde", schwärmt Martin Berlin. Von seinem Büro im 24. Stock des Emirates Office Towers hat er einen fantastischen Ausblick. Berlin stammt aus Mülheim an der Ruhr, er hat in Heidelberg im Fach Molekularbiologie promoviert, als Unternehmensberater von McKinsey geholfen, den Pharmariesen Novartis zusammenzuschweißen, und anschließend Großprojekte in Kuala Lumpur betreut – alles Kleinigkeiten gegen das, was er in Dubai bewegen kann.

Als Chief Operating Officer des Unternehmens Tatweer steuert er 600 Mitarbeiter und Megaprojekte wie Bawadi und Dubailand; er war aber auch Chefstratege des Scheichs und Manager in der staatlichen Dubai Holding. Berlins aktuelle Visitenkarte ist seine sechste in fünf Jahren. „Wer in Dubai erfolgreich sein will", sagt der 43-Jährige, „muss extrem flexibel und offen für die Tatsache sein, dass sich die Dinge sehr schnell sehr drastisch ändern können."

Es war im Sommer 2001, als sich bei Berlin in Kuala Lumpur ein Headhunter meldete. „Wir suchen jemanden für Dubai", erklärte der Mann, der im Auftrag des Scheichs unterwegs war, „jemanden mit internationaler Erfahrung, der sich in Healthcare auskennt."

Healthcare? In Dubai?

Früher, lächelt Berlin und ruckelt an seinem roten Brillengestell, früher habe die Antwort auf die Frage nach Dubais bestem Krankenhaus spöttisch geheißen: „der Flughafen". In Zukunft dürfte sie Dubai Healthcare City lauten. Berlin kann deren Silhouette bereits durch sein blank geputztes Bürofenster sehen: eine mauerumfriedete, schnell wachsende Stadt in der Stadt mit Universitätskrankenhaus, Laboren, Arztpraxen, bis zu 40 Kliniken, Niederlassungen von Siemens Medical Solutions, Johnson & Johnson und anderen Pharmagrößen, Forschungseinrichtungen, einem Wohnheim für Ärzte und Schwestern, einem Viersternehotel für die Angehörigen der Patienten und Arbeitsplätzen für 16 000 Menschen. Die legendäre Mayo-Klinik aus Minnesota hat eine Zweigstelle eröffnet.

GLEICH NEBENAN LIEGT DIE BAUSTELLE der Harvard Medical School, Berlins ganzem Stolz, in der künftig unter Leitung eines Harvard-Professors Ärzte ausgebildet und all die Reichen und Mächtigen des Nahen und Fernen Ostens operiert werden sollen, die bislang noch zur Behandlung nach Boston, London oder München fliegen müssen. Zu Anfang, erinnert sich Berlin, habe er seinen Gesprächspartnern in Harvard erst einmal ausführlich erklären müssen, wo Dubai eigentlich liege – doch als diese das Potenzial erkannt hatten, sei alles sehr, sehr schnell gegangen.

Die Klinik unter Palmen ist Berlins Kind; er hat die Strategie für sie erdacht und ihre Planung bis zur Auswahl von Ärzten, Mobiliar und Straßenlaternen begleitet. Dubai Healthcare City ist ein 4,6 Milliarden Euro teures Megaprojekt, mehr als doppelt so groß wie der Potsdamer Platz – und doch nur ein kleiner Teil einer großen Vision namens „Dubai 2010". Dieses Strategiepapier, das im Executive Office Scheich Mohammeds entwickelt wurde, birgt den Schlüssel zu allem, was heute in Dubai geschieht. Berlin, damals Chefstratege des Scheichs, hat es mitverfasst. Es ist die Blaupause für Dubais Zukunft, und natürlich sind die Details geheim. Klar ist aber: All das, was Besucher Dubais staunen und die Medien in der Welt berichten lässt, ist nur das leise Vorgrummeln für den ganz großen Umbruch. Scheich Mohammeds eigentliches Ziel ist der großformatige Umbau des Scheichtums vom einstigen Ölproduzenten zu einer diversifizierten Dienstleistungs-, Wissens- und Industrieökonomie, die als zentraler Umschlagplatz zwischen den alten Ökonomien des Westens und den aufstrebenden des Ostens prächtig von der Globalisierung profitiert. Tatsächlich hat Scheich Mohammed kürzlich erklärt, von seiner Vision für Dubai seien bislang „erst zehn Prozent verwirklicht".

Deshalb entstehen neben der Healthcare City eine Internet City, Knowledge Village, Dubai Media City, Biotech City, das Dubai International Financial Centre und zig weitere *freezones*, in denen sich ausländische Unternehmen ohne den sonst obligatorischen einheimischen Mehrheitspartner ansiedeln können. Deshalb wachsen allerorts teure Wohnparks, in denen die hoch bezahlten Wissensarbeiter und ihre Familien künftig unterkommen sollen. Deshalb sind Bawadi und The World, Dubailand und all die touristischen Großprojekte zwar geniale Marketinginstrumente und willkommene Einnahmequellen, aber wohl nur ein bescheidener Zwischenstopp auf dem Weg in Dubais Zukunft.

„Mit Tourismus sind irgendwann die Grenzen des Wachstums erreicht, genau wie beim Öl", sagt Berlin. „Wir aber müssen ein Wachstum generieren, das aus sich selbst heraus wieder neues Wachstum erzeugt." Mit anderen Worten: Dubai will Silicon Valley und Wall Street, Hongkong und Hollywood, Martinsried und Bangalore in einem sein. In zehn Jahren, prophezeit der Ex-Berater, „wird es immer noch Tourismus geben, aber das wird nur ein Standbein unter vielen sein. Dubai wird über eine starke Industrie verfügen und über Unternehmen, die weltweit erfolgreich sind."

Wenn aber die Stadt sich beständig neu erfindet, was bleibt dann von Dubai? Welche Identität hat es? Woran wird man sich einst bei der Abreise vom neuen, natürlich weltgrößten Flughafen World Central International Airport erinnern, außer an ein Patchwork glitzernder, spektakulärer, aber zusammengewürfelter „Best of"-Zitate aus aller Welt?

Identität, meint George Katodrytis, der Architekturprofessor, „lässt sich nicht erzeugen – sie entsteht". Als eine Metropole, die aus dem Nichts und nach einer konsequent kommerziellen Logik entwickelt werde, erinnere ihn Dubai frappierend an das New York zu Beginn des 20. Jahrhunderts. Hier wie dort seien es Immigranten, welche die Stadt formten. Hier wie dort brächten sie ihre Identität aus der alten mit in ihre neue Heimat und setzten daraus eine frische zusammen. „Dubai ist das neue New York." ■

Harald Willenbrock, 39, hat zuletzt über eine Stadt geschrieben, in der spitzer kalkuliert wird: Hamburg (GEO Special 2/06).

INFO

▶ DUBAI

Spuren im Sand

DUBAI ENTWICKELT SICH so schnell, dass die gedruckten Stadtpläne der Dubai Municipality bei Erscheinen schon veraltet sind. Unter *www.gis.gov.ae* lässt sich immerhin ein annäherungsweise aktueller Überblick über den Stand der Projekte gewinnen.

INDIVIDUELLE STADTTOUREN zu Architektur und Städtebau in Dubai organisieren die Architekten von ticket-dXb, die alle selbst in der Stadt planen und bauen.
Die Kosten für eine Tour richten sich nach Programm, Dauer und Teilnehmerzahl.
> **Kontakt:** Dominic Wanders, Tel. +971-4/288 45 05, *www.ticket-dXb.com*

DER VATER DER NATION

Er war einer der reichsten Männer der Welt, speiste mit den Staatsoberhäuptern seiner Zeit. Am wohlsten aber fühlte sich Scheich Zayed beim nächtelangen Palaver im Wüstenzelt – wo auch die Historikerin Frauke Heard-Bey oft mit ihm lachte

FOTOS ¬ **NOOR ALI RASHID** UND **RAMESH SHUKLA** TEXT ¬ **FRAUKE HEARD-BEY**

I

UNTER GEMEINSAMER FLAGGE:
Nach drei Jahren oft chaotischer Verhandlungen sind 1971 zunächst sechs der später sieben Emirate in einer Föderation vereint. Abu Dhabi ist der mit Abstand größte und reichste Partner im neuen Staat. Deshalb treibt die Herrscher der kleineren Emirate anfangs eine Sorge um: Sind sie zu Befehlsempfängern des Präsidenten degradiert? Scheich Zayed beweist diplomatisches Gespür. Und sichert auch finanzielle Unterstützung zu

***

ER STAND ALS ERSTER vom Feuer auf, behende, eine kräftig gebaute Gestalt in braunem Umhang, und begrüßte uns mit warmen Worten. Im Schein der Flammen funkelten seine Augen unter seinen dichten Brauen. Die vermummten Gestalten am Feuer öffneten ihren Kreis, sodass auch wir uns auf den Decken aus Ziegenhaar niederlassen konnten. Man reichte uns *qahwah*, Kaffee mit Kardamom, und Datteln, und Scheich Zayed hieß uns noch einmal willkommen. Es war das erste Mal, dass ich ihm begegnete: am Abend vor Weihnachten 1970.

Die Männer am Feuer schienen eng miteinander vertraut zu sein. Sie erzählten Geschichten, über die der Scheich schallend lachte; wir sprachen noch zu wenig Arabisch, um den Grund für die Heiterkeit zu verstehen, doch sie steckte uns an.

Ich war 1967 nach Abu Dhabi gekommen – in einen unbedeutenden Wüstenstaat, in dem es nur 14 Kilometer asphaltierte Straße gab, drei einheimische Universitätsabsolventen und so wenige Autos, dass man deren Insassen kannte. Der Großteil der Bevölkerung lebte in Häusern aus Akazienstämmen und Palmwedeln, ohne fließendes Wasser. An der Spitze des Staates stand Scheich Zayed seit einem Jahr. Die Menschen erhofften sich viel von ihm. Er hatte die Stadt in eine Baustelle verwandelt; ständig fiel der Strom aus, weil Bulldozer versehentlich die Leitungen kappten. Moderne Häuser wurden errichtet, Schulen, Krankenhäuser. In alle Richtungen walzte man Straßen aus. Nach Jahren der Ungewissheit floss das Öl nun in beträchtlichen Mengen.

Die politische Lage war offen, nachdem die Briten 1968 ihren Rückzug als Schutzmacht angekündigt hatten. Zayed schwebte eine Föderation mit den anderen Emiraten vor – doch deren Herrscher musste er noch überzeugen. Ein großer Druck lastete auf →

2

OBERSTER ENTWICKLUNGSHELFER: Als Scheich Zayed 1966 die Macht übernimmt, jubeln die Menschen. Die Regentschaft seines Bruders und Vorgängers Scheich Shakhbut war von Stillstand geprägt. Nun, da man sich der Ölreserven des Emirats sicherer ist, will die Bevölkerung einen Staatschef, der entschlossen in die Zukunft blickt. Und der mutig handelt

ihm. Die Nächte unter dem Sternenhimmel der Wüste, umgeben von Freunden, waren ihm offenbar willkommene Entspannung.

***

FÜHRUNGSQUALITÄTEN hatte Zayed zuerst in der Oase Al Ain bewiesen, als Statthalter seines Bruders, des damaligen Herrschers von Abu Dhabi. Es waren die 1940er und 1950er Jahre, eine schwierige Zeit: Die Japaner hatten die Kunstperle entdeckt, der Markt für echte Perlen aus Abu Dhabi brach zusammen, und das Ölgeschäft war vorerst nur eine vage Hoffnung. Doch Zayed setzte seine begrenzten Mittel überlegt ein; für eine gerechtere Verteilung der Wasserrechte trat er als Erstes die seiner Familie ab. Er ließ die unterirdischen Bewässerungskanäle sanieren – und man erzählte bewundernd, wie der athletische Scheich sich selbst mit der Schaufel an die Arbeit machte.

Als Herrscher von Abu Dhabi und Präsident der neu gegründeten Vereinigten Arabischen Emirate war er dann zwei Jahrzehnte später vollends in seinem Element. Sein Tatendrang respektierte keine Bürozeiten. Die Berater nannten es eine „Nacht der Skorpione", wenn er sie wieder einmal bis zum Morgengrauen über Plänen und Projekten festhielt.

Dabei blieb er immer ein nahbarer Herrscher. Ich erinnere mich an ein Mittagessen im Palast, bei dem ich als einzige Frau unter einheimischen Graubärten saß. Mein Arabisch war noch immer dürftig. Zayed bat mich an seine Seite und wählte rücksichtsvoll Themen, die ich sprachlich bewältigen konnte. So unterhielten wir uns über Gazellen: Er wusste, dass wir welche in unserem Garten hatten.

An religiösen Feiertagen wie dem Fest zum Ende des Ramadan schüttelte er Tausende Hände. Im al-

DIALOG AUF AUGENHÖHE: »Lieber Großvater Zayed« nennen die Kinder den Präsidenten. Er lässt im ganzen Land Schulen bauen. Begegnungen mit jungen Leuten nutzt er, um ihnen ins Gewissen zu reden: Sie mögen nicht so schnell Auto fahren. Schlägt einer seiner eigenen 19 Söhne über die Stränge, muss er den Vater eine Zeit lang bei allen Verpflichtungen begleiten 4

3

GESCHENK DES HIMMELS:
Am ersten Geburtstag der Föderation kommen die Menschen in allen Emiraten zu Feierlichkeiten zusammen. Über der Parade in Abu Dhabi werden Wolken aufziehen, und schließlich tatsächlich die ersten Tropfen fallen. In diesem Moment wird neben dem Außenminister ein alter Mann aufspringen und verkünden, jetzt glaube auch er, die Föderation sei eine gute Sache. Denn mit diesem Regen habe Allah sie für jeden sichtbar gesegnet

ten Fort, wo ich arbeitete, tauchten häufig aus der Wüste kommende Beduinen auf und verlangten selbstverständlich, Scheich Zayed zu sprechen. Man schickte sie weiter zum Palast.

***

SEINE ART ZU REDEN hatte mit der üblichen Sprachakrobatik arabischer Politiker nichts gemein; ich glaube, er wollte die Kunst elegant gedrechselter Sätze gar nicht beherrschen. Er überzeugte mit einfachen Worten. Einmal, da war mein Arabisch reif dafür, unterhielten wir uns über die Aufgaben des Regenten. Ich muss hören, was die Menschen auf dem Herzen haben, sagte er – doch ich darf nicht allen ihren Wünschen folgen. Er sprach von seiner Sorge, dass der neue Wohlstand die junge Generation die Weisheiten der Vorfahren vergessen lassen könnte. Denn er hielt viel auf Traditionen: Für sein Land wünschte er sich zwar moderne Entwicklung – doch innerhalb der Familien sollte das Leben weitergehen wie eh und je. Er selbst hatte nach dem Brauch der Stammesführer mehrere Ehefrauen, wenn auch nie mehr als vier gleichzeitig.

Jenes Gespräch über das Regieren hatte einen ungewöhnlichen Anlass: Zayed richtete ein Picknick für den Kronprinzen von Bahrain aus, in das ich mit →

5

IM TAKT DER TRADITION:
Die Kamelstöcke wirbeln blitzschnell über den Köpfen bei diesem traditionellen Tanz, der zu jeder einheimischen Hochzeit gehört. Heiratet jemand aus Zayeds Familie, ist der Scheich einer der stattlichsten Tänzer. Auf dem Platz neben dem Gästepalast, wo die dreitägigen Feiern stattfinden, wird jeder sehen, wie er sein Schwert in die Luft wirft und wieder auffängt

6

KURZER VERWANDLUNGSPROZESS:
Ein Spiegel und eine Petroleumlampe am Baum neben der Hütte dienen der jungen Frau als improvisierte Garderobe. Bald wird sie nicht mehr in einem *barasti* aus Palmwedeln leben, sondern ein Haus mit Elektrizität haben. Diese auch in die entferntesten Dörfer zu bringen, ist in den frühen 1970er Jahren das vorrangige Ziel der Regierung

einer Gruppe Wanderer hineinplatzte. Wir mühten uns gerade einen Geröllhang hinauf, als von oben weiß gewandete Gestalten winkten. Sie empfingen uns mit frisch gepresstem Orangensaft in Kristallgläsern. Man hatte uns schon von weitem erkannt und mit dem Essen gewartet. Heißes Wasser in Kupferkannen, Seife und Handtücher wurden für unsere staubigen Hände bereitgehalten. Während des Essens häuften Diener immer wieder duftenden Safranreis, zartestes Kamel- oder Ziegenfleisch, Gemüse, Obst und natürlich Datteln auf unsere Teller. Zayed sprach mit Nachdruck und mithilfe seiner Hände. Er lehnte sich weit nach vorn, um auch auf der anderen Seite der Tafel verstanden zu werden.

* * *

ZAYEDS TOD wurde am Abend des 2. November 2004 bekannt gegeben. Am nächsten Tag strömten die Menschen zu Abertausenden nach Abu Dhabi. Dicht gedrängt säumten sie die zehn Kilometer lange Straße zu seiner Grabstelle, harrten, weil Ramadan war, ohne einen Schluck Wasser aus; nicht nur Araber; jeder indische oder pakistanische Gastarbeiter schien gekommen zu sein. Und aus aller Welt trafen politische Würdenträger ein.

Ich hatte Zayed zum letzten Mal wenige Monate vor seinem Tod gesehen. Im Palast nahm er die Glückwünsche zum Ende des Ramadan entgegen. Er war etwa 90 Jahre alt und schon schwach, der lange Besucherzug strengte ihn sichtlich an. Zwischendurch musste er sich häufig setzen. Doch für jeden, der ihm die Hand gab, stand er wieder auf. ■

Über die Geschichte der VAE weiß **Frauke Heard-Bey**, 65, wahrscheinlich mehr als in allen Büchern steht – denn die Historikerin hat sie als Augenzeugin erlebt. **Noor Ali Rashid**, 78, und **Ramesh Shukla**, 65, waren seine persönlichen Fotografen.

8

VISIONÄR MIT BODENHAFTUNG: Seine Passion für die Landwirtschaft lässt Scheich Zayed (3. v. r.) immer wieder die Hauptstadt verlassen. Zu dieser Farm in Digdagga ist er 250 Kilometer auf großteils ungepflasterter Straße gefahren. Das Treffen ist nach heutigen Maßstäben verblüffend informell, es gibt keine Sicherheitsmaßnahmen

7

EIN ESSBARER ERFOLG: Das Schicksal dieser Ziege ist nicht schwer zu erraten. Sie wird auf einem Berg safrangelben Reises enden – als Festtagsschmaus. Der Großvater hat das Tier auf dem Markt sorgfältig ausgewählt und um den Preis gefeilscht. Er erinnert sich, wie selten es früher Fleisch gab. Hauptnahrung waren Datteln, Kamelmilch und Fisch

SCHEICH ZAYED BIN SULTAN AL NAHYAN

Als Scheich Zayed am 2. November 2004 starb, verloren die Emirate Staatsgründer, Vaterfigur und geistigen Führer. Geboren um das Jahr 1918 in Al Ain, verlebte der Scheich eine unruhige Kindheit. Als Racheakt in einer Serie von ähnlichen Morden wurde sein Vater Sultan, der damalige Herrscher von Abu Dhabi, 1927 von seinem Halbbruder Saqr erschossen. Die Familie floh nach Saudi-Arabien, der Legende nach mit einem als Mädchen verkleideten Zayed. 1966 wurde Zayed nach einem Putsch gegen seinen Bruder Shakhbut selbst zum Emir von Abu Dhabi. Ab 1968 führte er die Verhandlungen zur Bildung der VAE, für die er als Präsident ab 1971 unermüdlich warb. Am Tag seiner Beerdigung übernahm der älteste seiner 19 Söhne, Scheich Khalifa, die Staatsgeschäfte.

Oman,
ein Reisemärchen

Schöne der Wüste: *Al shams*, die Sonne, geht in der Ramlat Al Wahibah auf. Sie wärmt die Beduinen, die mit ihren Reittieren die Nacht in den Dünen verbracht haben

Einst eines der rückständigsten Länder der Welt, hat sich das Sultanat zum arabischen Musterland gewandelt. Noch immer fehlt ihm alles Anmaßende und Laute – aber nichts an Zauber. Eine Tour zwischen Orient und Okzident

Sanierungsfall Bahla: Hunderte von Jahren hielten die Mauern aus Lehm, zuletzt stürzten nach jedem Regen große Teile der Festung ein. Jetzt wird das Weltkulturerbe aufwendig restauriert

Moderne Malerei: Am Strand des Fischerortes Ras Al Hadd streicht eine Familie ihre Dau. Früher wurden die traditionellen Holzschiffe mit Fischöl imprägniert, inzwischen mit Farben aus dem Baumarkt

Steine auf dem Weg: **In Oman sind sie erwünscht. Der Wadi Bani Awf ist, wie ein großer Teil des Landes, geologisch interessantes Gebiet. Wertvolle Metalle und Erze, Mineralien und Edelsteine – das Sultanat verfügt über alle Schätze**

Stillhalten mit Damen: Geduldig ertragen die Tiere auf dem Markt von Nizwa, dass Beduinenfrauen sie genau in Augenschein nehmen – um ihren Kaufwert zu schätzen

FOTOS ¬ IAN BERRY UND FLORIAN WAGNER TEXT ¬ MEIKE KIRSCH

VERÄNDERUNG? Der Alte schaut uns lange an, dann lächelt er zahnlos – und springt auf. So flink, dass wir ihm kaum folgen können, eilt Ali bin Salem Al Abri in seinen Plastiksandalen eine steile, in den nackten Fels gehauene Treppe nach unten. Hinein in die schattigen Gärten des Dorfes, in ein immer ohrenbetäubender werdendes Strudeln und Wirbeln – bis zu einer steinernen Rinne, in der Wasser fließt. Nun geht es – Tempo, Tempo, Tempo! Unglaublich, wie schnell ein 70-Jähriger laufen kann! – auf dem nur handbreiten Rand des Wasserlaufs weiter in die Schlucht. Rechts ein jäher Abgrund, tief unten üppig grüne Bananenstauden, Mangobäume, Frangipani in voller Blüte, Mais, Buchweizen und Limonen, nur nicht hinschauen!

Ali Al Abri stoppt abrupt. Er bückt sich. Wuchtet, in der Hocke balancierend, einen kiloschweren Stein herum. Verschließt mit ihm ein Loch, durch das eben noch Wasser schoss.

„Deine Zeit ist abgelaufen“, sagt er, der Wasserwächter des Dorfes Misfat Al Abri, zu einem der Bäume, in deren mächtigen Kronen melonenartige Papayas hängen. Irgendwann in seinem langen Leben hat es sich der Alte zur Gewohnheit gemacht, mit Pflanzen und Tieren zu sprechen. „Nun du!“, ruft er. Eine andere Gartenparzelle soll geflutet werden. Welche und wie lange, bestimmt noch heute ein uraltes System, das den Tag in halbstündige Fließintervalle teilt.

Zwar kommt das Trinkwasser für die 300 Bewohner von Misfat mittlerweile aus dem Hahn. Eine makellose Asphaltstraße führt zum Dorf, dessen Lehmhäuser wie Adlerhorste am Abhang kleben. Und Kinder im nahen Gebirge werden jede Woche mit Helikoptern zur Schule geflogen. Aber verändert all das wirklich das Leben des Ali Al Abri? Der Alte läuft weiter, klettert flink wie ein Junge über große Steine, zwängt sich durch enge Stellen – bis hin zur Quelle. Einem Ort, an dem man glaubt, das eigene Herz schlagen hören zu können.

Beinahe lautlos sickert das klare, kühle Wasser hier aus dem Kies. Frösche baden in ihm. Der Herr der Rinne setzt sich auf den Stein, auf dem er schon als Kind die Stille genoss. Auch Libellen ruhen sich hier aus, sie strecken ihr Hinterteil der Sonne entgegen, spreizen ihre durchscheinenden Flügel. „Seht!“, ruft der Alte, und es ist nicht klar, ob er die Insekten oder uns meint. „Alles wie immer.“ Er summt zufrieden, das Echo der nahen Felswand stimmt sofort ein.

ALI AL ABRIS HEIMAT, dem Sultanat am Horn von Arabien, fehlt alles Anmaßende und Laute. Mit den artifiziellen Wunderwelten, die jenseits seiner Grenzen in den Vereinigten Arabischen Emiraten entstehen, mit der bizarren Rekordjagd des kleineren Nachbarn hat das noch immer geheimnisvoll anmutende Land so wenig gemein wie feiner Pulverschnee mit seinem in tiefgekühlten Luxusmalls erzeugten Imitat. Oman ist der Gegenentwurf zur Künstlichkeit. Das Anti-Dubai. Authentisch, ursprünglich – und trotzdem modern.

Dabei galt das Sultanat, das fast so groß wie Deutschland ist, noch vor drei Jahrzehnten als eines der rückständigs- →

Größter Luxus: Gastfreundschaft. Ali bin Salem Al Abri (rechts im Bild) macht selbst in seiner kleinen Hütte für Fremde Platz. Wie sein Name verrät, ist der Alte in Misfat Al Abri geboren. **Das Bergdorf** im Jebel Akhdar-Gebirge klebt wie ein Adlerhorst am Abhang

Guter Fang: Der Strand von Sur ist am Ende der Nacht von Tunfischen übersät. Nur omanische Staatsbürger dürfen als Fischer arbeiten und am Fang verdienen. Die Dau-Werften der Stadt dagegen sind fest in indischer Hand. Omaner halten hier höchstens den Hobel, wenn der Sultan aus der fernen Haupstadt zu Besuch kommt. Eines der Prunkstücke im Land: die stets frisch polierte Promenade des Stadtteils Mutrah

ten Länder der Welt. Unter dem Regime von Said bin Taimur Al Said, dem ängstlichen, engstirnigen Vater des jetzigen Sultans, gab es weder Radio noch Telefon, gerade einmal drei Knabenschulen mit 909 Schülern und zehn Kilometer asphaltierte Straße. Die Menschen wohnten in Lehmhütten ohne Wasser und Strom. Sie durften weder Bücher noch Sonnenbrillen besitzen. Erst der 1940 geborene Qabus bin Taimur, der 1970 den Vater stürzte, führte seine jetzt 2,6 Millionen Untertanen in die Neuzeit – und, anders als die Herrscher von Dubai, behutsam.

Bei Ali bin Salem Al Abri, dem Wasserwächter, hängt das Bild des milde lächelnden Sultans, der seinem Land Universitäten, Krankenhäuser sowie internationales Ansehen brachte, direkt neben der Tür. Ein Ehrenplatz, der außer dem Potentaten nur einigen Koransuren und der fotografierten Enkelschar gebührt. Mit großer Wärme hat uns der Alte nach dem Gang zur Quelle noch in die Kühle seines schiefen Hauses gebeten. „Sofort gehen? Aber nicht doch! Allah hat doch reichlich Zeit erschaffen", hatte er gesagt und keinen Widerspruch geduldet. Was könnte es Wichtigeres geben als einen Plausch unter Freunden? Also sitzen wir wie in einem fernen Jahrhundert im Schneidersitz auf den Teppichen seines Empfangsraumes, den Rücken von Kissen gestützt, von Weihrauch umnebelt. Unser Gastgeber schneidet Orangen auf, reicht Datteln mit Anis und bitteren Kaffee mit Kardamom. Immer wieder füllt er die Tassen. „Verzeiht, dass ich nicht mehr bieten kann", sagt er. „Würde meine Frau noch leben, hättet ihr selbstverständlich ein Essen bekommen."

ALS WIR ABFAHREN, winkt Ali Al Abri uns lange nach. Wir lachen: Noch am Morgen kamen wir uns wie Eindringlinge vor. In den entlegenen, von tiefen Schluchten durchfurchten Gebirgsregionen des Jebel Akhdar begegneten uns bärtige Männer, die Esel auf die Straße trieben. Tief verschleierte Frauen, auf deren Köpfen Schüsseln und Wäschekörbe zu kleben schienen. Niemand beachtete uns. Wir vermuteten eine Welt imprägniert mit Misstrauen vor jeglichem Fremden. Doch nichts davon. Wo auch immer wir schüchtern nach dem Weg fragen – große Herzlichkeit.

Auf den perfekt ausgebauten, oft mehrspurigen Straßen Richtung Wüste rauscht unser Jeep wie auf einer Autobahn dahin. Bald schon passieren wir Dörfer, deren Zinnen und Türmchen aus ausgedehnten Palmenhainen ragen. Die Häuser sind traditionell weiß oder erdfarben verputzt. Sultan Qabus wünscht es so – angeblich, seit er vor Jahrzehnten an eine bayerische Baubehörde geraten ist. Er wollte sich ein Hotel bei Garmisch nach seinem Geschmack umbauen lassen, aber die Beamten ließen es nicht zu. Die Außenfassade mit Holzbalkonen und Geranien müsse bleiben, wie sie ist, gaben sie dem ihnen unbekannten Sultan zu verstehen.

Der Sultan ärgerte sich zunächst maßlos über die strengen Bauvorschriften, entschied dann aber, es in seinem Land ähnlich zu machen: Seither sehen Wohnhäuser, Bushaltestellen, gar Telefonzellen in Oman oft wie kleine Forts aus. Auch ihre großen Ebenbilder, die Jahrhunderte alten Lehmfestungen von Bahla, Nizwa und Birkat Al Mawz säumen unseren Weg. Sie wurden oder werden gerade aufwendig saniert.

AM NÄCHSTEN MORGEN wähnen wir uns erneut von einer Zeitmaschine in die Vergangenheit geworfen: Auf dem Marktplatz der Oase Sinaw feilschen Frauen um Sardinen, Limonen, Dattelsirup, Rosenwasser und lebende Ziegen. In wehende Gewänder bunt wie Papageiengefieder gehüllt, wedeln sie mit Geldscheinen, auf denen das Konterfei des Sultans prangt. Männer bieten Krummdolche in fein ziselierten Silberscheiden feil. Nicht als Souvenir, denn außer uns streifen keine Fremden über den Suk, sondern für den täglichen Gebrauch: „70 Rial, 60 Rial? Na gut, mein Freund, weil dein Vater mir Kamelmilch brachte. Allah wird es mir danken."

Auch wir werden schnell Teil dieses Trubels: „Getrockneter Hai hilft jedem Mann", flüstert ein Händler dem Fotografen zu. Als der Alte merkt, dass auch ich – die vermeintliche Ehefrau – es gehört habe, ist er bestürzt. Er fragt, ob er mich ansprechen dürfe und entschuldigt sich, tief verbeugt, Dutzende Male. Kurz darauf treibt die stechende Sonne die Menschen in ihre Häuser – und uns ins Auto zurück. Nur die Tönung der Sonnenbrille verleiht der fahlen, fast vegetationslosen Ebene, durch die wir nun gen Osten fahren, einige Konturen. Ohne Brille blendet das Geröll so sehr, dass wir die Augen schließen.

Erst am Rande der nahen Wüste enden die Straßen. Feiner Sand weht hier in goldenen Schlieren über die letzten Meter Asphalt. Minutenlang lassen wir Luft aus den Reifen, damit sie breit aufliegen und der Jeep nicht sofort stecken bleibt. Dann wagen wir uns in die sonnendurchglühte Ramlat Al Wahibah. Tausende Quadratkilometer ist sie groß – und doch wenig mehr als ein Sandkasten →

im Vergleich zur Rub Al Khali, dem Leeren Viertel, dessen unermessliche Sandmassen den Südwesten Omans und weite Teile Saudi-Arabiens bedecken.

Auf dem pulverigen Untergrund ist unser Jeep schwer zu kontrollieren, immer wieder schlingert er wie von einer kraftvollen Böe erfasst. Wir haben das Gefühl, auf das offene Meer hinauszutreiben. Wie Wogen eines rostroten Ozeans fließen die Dünen bis zum Horizont.

In einem Camp aus Palmenmatten, 40 Kilometer vom Rand des Sandmeeres entfernt, sind wir mit Rashid Al Mighairy verabredet. Der Beduine, der die Wüste wie eine Landkarte zu lesen vermag, soll uns tiefer in die Wahibah führen. Rashid rafft sein Gewand hoch und springt auf den Fahrersitz.

ES IST, ALS HÄTTEN WIR DAS AUTO gewechselt. Ohne zu schleudern jagt der Jeep los, quert feinsten Sand, rutscht Abhänge hinunter, schnellt Steilhänge hinauf – bis Rashid auf die Bremse tritt. Wir stehen auf der höchsten Düne der Umgebung. Um uns: Stille. Tief wie ein Brunnen.

Noch wärmt der aufgeheizte Boden, doch bald schon sind wir froh, dass unser Begleiter ein Lagerfeuer entfacht. Die Kühle der Nacht kriecht heran. Bis auf 15 Grad sinken die Temperaturen – 30 Grad Unterschied zum glutheißen Tag.

Alle paar Wochen peitschen zudem Stürme den Sand auf, manchmal verdunkeln sie für Stunden die Sonne. Erst vor kurzem hat das Sandstrahlgebläse der Wüste Rashids Familiencamp zerlegt, die Palmenmatten flogen kilometerweit. „Macht nichts", sagt Rashid. „Die drei Hütten bauen wir wieder auf." In ihnen lebt er mit Vater, Mutter, Schwestern, Schwägern und deren Kindern zusammen. Für das Fernsehgerät der Großfamilie muss eine Batterie herhalten, für den Herd eine Gaskartusche. Der wichtigste Besitz ist das Auto. „Unsere Lebensversicherung", sagt Rashid. Mit dem Jeep, erzählt er, transportiere die Familie Wasser, bringe die Kinder zur kostenlosen Behandlung ins Krankenhaus und hole Lebensmittel aus der Stadt. Die Reise in die Hauptstadt Maskat, mit dem Kamel beschwerliche zwei Wochen lang, ist so zum Tagesausflug geschmolzen. Dem Sultan und seinen Straßen sei Dank. „Wir haben das Beste von allem", sagt Rashid. „Die Wüste unserer Vorfahren und das, was das Leben in ihr erleichtert."

In aller Ruhe kocht er Kaffee, lässt die Zungen des lodernden Feuers eine Schnabelkanne umschlingen – bis das Wasser in ihr zu dampfen beginnt. Wir lernen: Ein Gastgeber schenkt nur dann nicht mehr nach, wenn der Gast seine Tasse schwenkt und an ihn zurückgibt. Wer sie einfach abstellt, sagen die Beduinen, habe ein Kamel auf dem Gewissen.

RASHIDS DROMEDARE zupfen in einiger Entfernung an sperrigem Gestrüpp. Die meisten Nächte verbringt er in ihrer Nähe. Auf einem Dünenkamm. In einer Senke. Irgendwo unter dem Sternenhimmel. Auch sein Cousin und zwei Freunde, die uns nachgefahren sind, graben sich nun Mulden in den Sand. Neben ihnen ziehen schwarz glänzende Pillendreher-Käfer filigrane Muster, während der Vollmond einmal über das nächtliche Firmament wandert.

Am Morgen darauf klopfen die Männer die Wüste vom Gewand, knoten ihr Tuch – schon sind sie fertig. Ihr erster Blick gilt dann üblicherweise den Kamelen. Die Tiere entfernen sich bei der Futtersuche oft weit vom Lager, an diesem Morgen aber hocken sie ganz in der Nähe und kauen stoisch. Erst nach einem Ruck am Strick stemmen sie sich in die Höhe, gehen die ersten, noch steifen Schritte in den neuen Tag. Im Gegensatz zu uns, die

barfuß neben ihnen laufen, sinken sie nicht ein. Laut platschen ihre Schwielen auf den Sand. Dann, endlich: *shoruk el shams*, Sonnenaufgang. Die wärmende Scheibe schiebt sich hinter den Dünen empor. Sofort steigt die Temperatur.

Wir fahren monotone Stunden über glatten Asphalt, vorbei an schläfrig wirkenden Dörfern, Tankstellen, von Palmen gesäumten Flussläufen, Minaretten – immer Richtung Meer. Unser Ziel: Sur, die Fischerei-Hochburg an der östlichen Spitze der Küste.

NOCH IST DIE RUHE DER WÜSTE in uns. Am Golf von Oman angekommen, meinen wir gar, die Zeit stünde endgültig still, denn in der Hitze des frühen Nachmittags liegen die Gassen der Stadt wie ausgestorben vor uns. Nur die Stimme der Muezzine, ein schräger Kanon aus Dutzenden Kehlen, weht über die Bucht: „*Aschhadu an la 'ilaha 'illallah.*“ Ich bezeuge, dass es keinen anderen Gott gibt außer Allah.

„*Inshallah*“, ruft auch Suleiman Al Hechi, gebräunt, groß gewachsen und stark, Fischer wie seine Vorfahren, als wir ihn bitten, uns eine Nacht mit auf sein Boot zu nehmen. Inshallah! So Allah will. Mit anderen Worten: Suleiman ist grundsätzlich bereit, weiß aber nicht, welche Pläne der Allmächtige in den nächsten Stunden mit ihm hat. In uns keimt ein Verdacht – Suleiman baut sich eine wasserdichte Ausrede im Voraus.

Trotzdem suchen wir nach einer Apotheke, um ein Mittel gegen Seekrankheit zu kaufen. Für etwas weniger als einen Euro bekommen wir bittere Tabletten in die Hand gedrückt, ohne Beipackzettel, ohne Verpackung – und sind skeptisch. Ob uns die Pillen für die Nacht auf See rüsten werden? Der Apotheker nickt entschieden. Dizinil sei das Mittel, das er mit Abstand am häufigsten verkaufe. Als wir uns umschauen, bemerken wir: In seinen Regalen liegt kaum etwas anderes.

Am Strand rennen Jungen in gebückter Haltung in die Gischt. In den Händen dicke Styropor-Stücke, ihren Surfboard-Ersatz. Wir blicken auf das mittlerweile ins Abendlicht getauchte Meer. Auf die spielenden Kinder. Auf den Leuchtturm, der bald seine Signale aussenden wird. Und tatsächlich! Allah will! Aus einer Gruppe traditioneller Daus, die im tieferen Wasser ankern, löst sich ein kleines, schnelles Motorboot: Suleiman holt uns ab, um uns zu einem der alten Holzschiffe zu bringen, wo seine zwei Brüder und drei Freunde bereits warten.

Erst lachen die Männer scheu, dann kichern sie immer aufgeregter: In dieser Nacht wollen sie Haie fangen. Fische, weit größer als sie selbst. Kurz nach dem Ablegen ziehen sie zu dritt einen massigen Köder aus dem Kühllager – einen Delfin. Das Blut des Säugers ergießt sich auf das Deck. Fotografieren dürfen wir nicht, was wir nun sehen, ist verboten. Angeblich ging der geschützte Fisch versehentlich ins Netz. Sein Fleisch fliegt bei voller Fahrt, auf Haken gespießt, über Bord.

Suleiman knipst eine blanke Glühbirne an. Heller noch als die schmuck- →

Alles nur ein Spiel: In Ras Al Hadd lassen Kinder ihre aus Tüten gebastelten Drachen steigen. **Ebenfalls harmlos:** der unblutige Bullenkampf in der Arena von Barka, der regelmäßig zu Hochgefühlen bei den Besitzern der zentnerschweren Höckerrinder führt. Gewinnt ein Koloss, steigt sein Wert. **Wie viel für ein Tier** geboten werden muss, lernen diese jungen Omaner in Nizwa von ihrem Großvater. Das Feilschen beherrschen sie bald so wie das kleine Einmaleins

Nicht für die Ewigkeit gebaut: Die Palmenmatten der Beduinencamps schmecken Kamelen. Schlimmer noch setzen den Behausungen die häufigen Sandstürme zu

lose Lichtquelle leuchtet in der Ferne eines der ehrgeizigsten Industrieprojekte Omans: die Gasverflüssigungsanlage von Qalhat, deren Abfackelturm den Mond und alle Sterne überstrahlt.

An Deck flitzen Kakerlaken herum. Die Männer lachen, sind bester Laune. Sie schwärmen, dass Sultan Qabus alles für sie tue. Denn nur omanische Staatsbürger dürfen als Fischer, Taxifahrer oder Polizisten arbeiten. „Omanisierung" heißt das Dekret, das Einheimischen bessere Perspektiven geben soll – und etwa Indern oder Pakistani immer mehr beliebte Berufe vorenthält. Nur 26 von 100 Menschen im Sultanat sind Ausländer, im Vergleich zu 89 von 100 in Dubai.

SULEIMAN WEISS, dass er privilegiert ist. Sein Verdienst schwankt zwar mit der Menge, die er aus den Fluten zieht: In schlechten Monaten bekommt er fast nichts, in guten umgerechnet 2000 Euro. Im Durchschnitt aber hätte er genug, um eine große Familie zu ernähren. „Ich werde mindestens sechs oder sieben Kinder zeugen", sagt Suleiman. Dringend sucht er nach einer Frau. Ob ich nicht wolle? Da lachen die Männer erneut und reichen Süßigkeiten herum. Eingeklemmt vom Steuerruder, kauern wir die langen Stunden der Nacht auf den Holzplanken direkt vor der Toilette. Über uns die Sterne von Andromeda und Kassiopeia, um uns Delfine, die pfeifen und schnattern.

Noch vor Sonnenaufgang wäscht sich Suleiman flüchtig Hände und Füße und breitet an Deck ein Tuch aus, zum Morgengebet. Während er auf Knien Allah preist, ruft einer der Brüder mit spitzem Schrei: ein Hai! Gemeinsam wuchten sie das Zwei-Meter-Tier an Bord. Die Fahrt hat sich gelohnt. Ein solcher Fisch ist genug, um bis morgen zu leben. Um alles andere wird sich Sultan Qabus kümmern – oder Allah, so der wieder will.

Meike Kirsch, 28, bekam Dutzende Heiratsanträge – aus Mitleid. In Oman gelten unverheiratete Frauen in ihrem Alter längst als schwer vermittelbar. Meist stellte sich deshalb einer der Begleiter (im Bild ein Führer) als Verlobter vor.

Zum Nachreisen!

Das Sultanat zwischen Gestern und Morgen

Obwohl es sich erst langsam dem Tourismus öffnet, ist Oman ein Land, das Sie gut auf eigene Faust erkunden können (Basisinformationen finden Sie in der Rubrik Orientierung, S. 127).

MASKAT

ANSEHEN: Sultan-Qabus-Moschee (Sa bis Mi 8–11 Uhr, Frauen nur mit Schleier). Gehen Sie direkt hinter dem Eingangstor links die Treppe hinauf, dort können sie eine kostenlose Führung vereinbaren. Auch in die Bibliothek zu schauen lohnt: Hier liegen Oman-Bildbände und Bücher wie die „Encyclopedia of Rifles and Handguns" aus. Den besten Blick auf Maskat haben Sie von der Passstraße, die von Mutrah über Riyam nach Maskat führt.
TRINKEN: Al-Bustan Palace Hotel (Tel. +968-24/79 96 66, www.al-bustan.intercontinental.com). Das Luxushotel gleicht einem Palast. Erst recht, wenn es im Dezember 2007 renoviert wieder eröffnet werden wird. Im Atrium können Sie Safrantee (etwa 3 €) trinken und erfragen, wann ein Bullenkampf im 80 km entfernten Barka stattfindet. Das Spektakel (jeden zweiten Fr im Winter) ist völlig unblutig: Bullen mit Namen wie *al mahboub* (Geliebter) oder *al majnoun* (Verrückter) schieben sich nur im Sand hin und her.

NIZWA

ANSEHEN: großer Viehmarkt (Fr ab 7.30 Uhr) in Sichtweite der blau-goldfarbenen Kuppel der Hauptmoschee.

Reich an Kultur, aber nicht an Esskultur: Auch in Sur sind Restaurants rar

Ebenfalls interessant: ein abendlicher Gang durch die Gassen gegenüber dem Moschee-Eingang. Wenn Sie mutig sind, gehen Sie in einen der *barber shops*. Für etwa 0,80 € erhalten Sie die gründlichste Rasur Ihres Lebens inklusive aller Wohlgerüche des duftverrückten Landes.
ESSEN: Bin Ateeq Restaurant (Tel. 25 41 04 66, am Wadi unweit der Moschee). Wenn Sie arabische Küche mögen und sich nicht an Neonröhren stören, sind Sie hier gut aufgehoben. Gegessen wird in kleinen Séparées, auf dem Teppich sitzend. Traditionelle Vorspeise: Kichererbsenmus (Hammos, Nummer 42, 1 €).

VON AL HAMRA ZUM JEBEL SHAMS

ANSEHEN: Kurz vor Al Hamra beginnt die beschilderte, aber nicht durchgängig asphaltierte Strecke auf das Hochplateau. Sehenswert vor allem der zweite der drei Aussichtspunkte in den fast 1000 Meter tiefen Grand Canyon Omans.
ÜBERNACHTEN: Jabal Shams Camping (Tel. 99 38 26 39, 20 € p. P. inkl. Abendessen und Frühstück), unbedingt reservieren, es gibt nur sechs Hütten. Die Nacht auf Omans höchstem Berg ist eiskalt, packen Sie dicke Jacken ein.
ANSEHEN: Sofern sie einen Geländewagen haben, biegen Sie im Wadi Ghul auch zum Wadi Nakhar ab. Nach 7 km erreichen Sie das am Ende der Schlucht gelegene Dorf Nakhar und eine Hütte, in der Weber wie Abdulla bin Hamond für 60–100 € Teppiche aus Ziegenwolle verkaufen. Handeln lohnt sich!

MISFAT AL ABRI

ANSEHEN: Für den besten Blick auf die alten Lehmhäuser vor dem Ortseingang rechts abbiegen, bis zum Ende der Sackgasse fahren. Im Ort selbst können Sie auf der Falaj-Rinne durch die Gärten balancieren, ein Erlebnis! Verunreinigen Sie aber das Wasser bitte nicht.

WAHIBAH

ANSEHEN: Eine Wüstenfahrt sollten Sie nur mit ortskundigem Begleiter wagen – auch wenn Reiseführer oft einen anderen Eindruck vermitteln. In guten Händen sind Sie z. B. bei Rashid Al Mighairy (Tel. 99 33 62 73).
ÜBERNACHTEN: Mit Schlafsack in der Wüste oder alternativ in einer Palmhütte: Nomadic Desert Camp (Tel. 99 33 62 73, www.nomadicdesertcamp.com, 55 € p. P. inkl. HP und Kamelreiten). Toiletten und Duschen haben kein Dach, Sie können in den Sternenhimmel schauen.
ANSEHEN: Versteigerung der Fische (Sur Corniche, jeden Tag außer Fr). Das Schauspiel am Strand beginnt, sobald das erste Fischerboot bei Sonnenaufgang einläuft. An Bord der Fang der Nacht: kiloschwere Tunfische.

MUSANDAM

ANREISE: Oman Air fliegt Maskat-Khasab und Khasab-Maskat nur zweimal pro Woche, Do und Fr (ab 87 €). Sonst: Flug Maskat-Dubai und Transfer (ab 124 €). Auf dem Landweg gibt es für Touristen nur eine Verbindung in die Exklave: entlang der Küste von Ras Al Khaimah.
ANSEHEN: Am Hafen von Khasab oder vorab (Musandam Sea Adventure Tourism, Tel. 26 73 04 24, www.msaoman.com) können Sie ein Speedboot mit Fahrer mieten und sich am Strand ihrer Wahl aussetzen lassen. Am Hayoot Beach stehen Wassertanks, aber auch jede andere Bucht kann für einen Nachmittag oder eine Nacht Ihnen gehören. Alternative zum Camping: Golden Tulip Khasab (Tel. 26 73 07 77, www.goldentulipkhasab.com, 158 € DZ inkl. Frühstück und Abholung von Dubai). ■

Schmetterling ohne Kokon: Je schöner die Frau, heißt es, desto nötiger braucht sie den Schleier. Fatema hat sich bewusst gegen die alte Kleiderordnung entschieden. Ihre Schwester dagegen lässt sich die Hände noch traditionell mit Henna verzieren

FATEMAS WEG ZUM EIGENEN LEBEN

Eigentlich dürfte sie sich ohne Schleier gar nicht zeigen. Dass sie es als emiratische Frau dennoch tut, ist für Fatema Abdulla Aleghfeli eine Erlösung. Und sie ist nicht mehr allein

TEXT ¬ **CARMEN BUTTA** FOTOS ¬ **TINA HAGER**

„WARUM DARF EIN FRISEUR MEIN HAAR NICHT KÄMMEN?", fragt Fatema Abdulla Hadroom Aleghfeli und begeht wie an jedem Donnerstag ein Sakrileg. Mit ausladenden Schwüngen bürstet ihr der libanesische Salonbesitzer die schwarzen Locken glatt, und es wirkt so, als solle er mit jedem Strich die alte Fatema abstreifen. „Im Haar einer Frau steckt der Teufel der Verführung, und ein fremder Mann darf es weder sehen noch berühren", wurde Fatema schon als Mädchen eingeschärft. Ihre Mutter, ihre Schwestern, aber vor allem ihre Brüder dürfen nicht wissen, wie sie hier sitzt.

Es gibt vieles, dass die Familie über Fatemas neues Leben in Dubai nicht wissen darf: Sie trägt die *shayla* nicht mehr, den schwarzen Schleier, und auch nicht die *abaya*, das schwarze Gewand; sie wohnt allein in einem eigenen Apartment und reist auch allein, sogar ins Ausland; sie trifft sich mit Freundinnen, aber auch mit Freunden. Und es gibt einiges, für das sich Mutter, Brüder und Schwestern schämen; vor allem, dass Fatema mit 32 immer noch keinen Ehemann und keine Kinder hat. Nur eines macht alle stolz: Fatema ist Finanzmanagerin in einem französischen Konzern.

Zufrieden betrachtet Fatema sich im Spiegel. Schon als Mädchen wollte sie mit freiem Kopf herumlaufen – weil sie früh einen eigenen Kopf hatte. Immer wieder stellte sie Fragen: „Warum ist ein Mann besser als eine Frau? Warum darf er alles und eine Frau nicht? Warum kommen nur Moslems ins Paradies?" Und jedes Mal hieß es: „Es ist die Tradition, es ist die Religion." Sie suchte Antworten in Büchern. Doch das Lesen brachte sie nur zu noch mehr Fragen: „Warum müssen Frauen eine Shayla tragen?" Als Zwölfjährige ließ sie den Schleier immer wieder herunterrutschen – bis die Lehrerin sie eines Morgens, während der Flaggenzeremonie, mit einer Ohrfeige vor allen Schülerinnen demütigte.

Fatema brauchte 14 weitere Jahre, um sich aus dem schwarzen Kokon zu schälen: Mit 23 legte sie Shayla und Abaya nur noch locker um. Mit 25 streifte sie beides jeden Abend nach der Arbeit ab. Mit 26 warf sie die Hülle endgültig von sich. An jenem Morgen probierte Fatema jeden der zwei Dutzend Hosenanzüge, die sie sich für ihr neues Leben gekauft hatte. Dann schloss sie die Wohnungstür hinter sich und setzte sich dem Spießrutenlauf aus. Die Männer in der Firma machten ihr Komplimente. Die Frauen sagten nichts. Aber ihre Augen sprachen – irritiert, abschätzend, abwertend, zustimmend, neidisch, befremdet. Blicke, die Fatema heute noch spürt, sobald sich herausstellt, dass sie keine Ausländerin ist. „Doch praktisch war die alte Kleiderordnung schon", witzelt Fatema. „Sind die Haare nicht in Ordnung, hast du drei Pfund zugenommen oder morgens verschlafen – die Verhüllung ist die Rettung."

→

IHRE HOCHHACKIGEN SANDALETTEN klackern über den Marmorboden der Mall of the Emirates. In Jeans und Seidentop schlängelt sich Fatema durch eine wogende Masse schwarzer Gewänder. Sogar die Mädchen, die sich vor dem Cinestar-Kino scharen und mit Jungen über die Bluetooth-Funktion ihrer Mobiltelefone flirten, haben Abayas übergeworfen – als Mode-Accessoire, unter dem durchsichtige Blusen oder sogar punkige Springerstiefel hervorlugen. Als reine „Bedou" – sowohl väterlicher- als auch mütterlicherseits Nachfahrin von Beduinen – ist Fatema eine der ganz wenigen Einheimischen, die sich der Kleiderordnung widersetzen.

Eine Frage der Bildung? Keinesfalls. 64 Prozent der Hochschulabsolventen in den Emiraten sind Frauen. Diskriminierung im öffentlichen Leben? Nicht wirklich. Frauen stellen fast die Hälfte der Beamten und ein Drittel der Bankangestellten, dienen in Polizei und Armee, erwerben über 2500 Geschäftslizenzen im Jahr, sitzen immer häufiger auf Chefsesseln und haben neuerdings auch das Wahlrecht. Sogar zwei Ministerien werden von Frauen geleitet. Dennoch: Die meisten Emiratis verteidigen vehement die schwarze Hülle. „Shayla und Abaya sind kein Zwang, sondern Schutz", sagte die 26-jährige Muna Ahmad, Chef-Reporterin der Zeitung „Emirates Today", in einem Interview. „Ohne würde ich mich schämen, denn Arme und Haare sind für uns wie Brüste. Das ist unsere Tradition."

„Selbstschutz? Selbstkasteiung und Selbstbetrug sind das!", moniert Fatema. „Welche dieser selbstbewussten Frauen will schon zugeben, dass sie dem Druck der Familie nachgibt und verhüllt leichter Karriere macht?" Mit ihrem tannengrünen BMW 530 gleitet Fatema zur neuen Dubai Marina, wo gerade eine Art Venedig der Wolkenkratzer entsteht. Dutzende Baukräne recken sich über der aufgerissenen Erde. Fatema liebt dieses explodierende Dubai. Manchmal, nachts, glaubt sie, die Stadt wachsen zu hören. Sie hält vor einer der gigantischen Gruben. Und schwärmt: „50 Etagen, 150 Meter hoch." Irgendwo da oben im Turm wird sie sich bald ein 140-Quadratmeter-Luxusapartment einrichten. „Verrückt", flüstert sie.

AUCH DIE JUNGEN VERSTECKEN IHRE EHEFRAUEN

Oft denkt Fatema an ihren Vater, der noch in einem Beduinenzelt lebte. Er war ein barfüßiger Kameltreiber; ein Analphabet, der Gedichte vortrug; ein starker und sanfter Mann, dem sie als Kind den grauen Bart schwarz färbte. Als er starb, rannte sie aus dem Haus in die Wüste und verkroch sich. Da war sie 16. Kurz zuvor hatte sie die bevorstehende, von

Hart antrainiertes Selbstvertrauen: Ausgleich zum Job sucht Fatema nicht in einem von Dubais zahlreichen »Ladies only«-Sportclubs, sondern unter Männern im World Trade Centre Gym (links). Auch mit Freunden eine Wasserpfeife am Strand zu teilen, gilt höchstens für Ausländerinnen als schicklich. Fatema wagt es trotzdem. Wie sie auch zu jener Gruppe gebildeter Frauen gehört, die nicht heiraten wollen

der Familie arrangierte Heirat mit einem Cousin platzen lassen – ihr erster großer Befreiungsschlag.

EINE LEDIGE EMIRATI, die wie Fatema allein lebt, hat auch im hypermodernen Dubai einen zweifelhaften Ruf. Übernachtet ein Mann in ihrer Wohnung, droht ihr nach dem Scharia-Gesetz eine Gefängnisstrafe zwischen einem Monat und drei Jahren. Genauso, würde die Polizei sie bei der Liebe im Auto oder im Hotel ertappen. Gar nicht auszudenken, wenn sie als Unverheiratete schwanger werden würde! Und für eine Hochzeit mit einem Ausländer würde Fatema die Genehmigung des Diwans, des Staatsrats benötigen.

Porsche Cayennes, Ferraris und Lamborghinis preschen an ihr vorbei in einem der spontanen nächtlichen Autorennen auf der Sheikh Zayed Road. „Frustrierte Testosteron-Fahrer", mockiert sich Fatema. „Die merken, dass wir sie im Job überholen. Das ist unsere Rache. Wir sind einfach motivierter als die verwöhnten Söhnchen, die alles haben und alles dürfen!"

Im Cosmo-Café unter Palmenkronen, die zu Lichtkaskaden verkabelt sind, warten Fatemas Freunde – die frankolibanesische Kollegin Manal, zwei Marokkanerinnen und vier einheimische Männer. Afterwork-Ritual. Fatema schlägt die Beine übereinander und zieht an der Wasserpfeife – für eine Frau ebenfalls eine Sünde in der traditionellen Welt der Emirate. Wieder einmal dreht sich das Gespräch um die vielen ausländischen Firmen, in denen Einheimische für unmotiviert gehalten und deshalb nicht eingestellt werden.

Das Telefon eines der Männer klingelt – seine Frau. Fatema fragt: „Will sie nicht herkommen?" Der Mann verzieht das Gesicht. „Hierher? Sie geht nie in solche Lokale. Ich wäre auch dagegen." Kollegin Manal stichelt: „Ach … Ist wohl nichts für ordentliche Frauen?" Der Mann wird ernst. „Ihr Körper ist nur für mich da. Warum soll sie sich den Blicken anderer Männer aussetzen, selbst wenn sie keine bösen Absichten hat? Ich schätze euch, es macht Spaß, mit euch eine Pfeife zu rauchen, aber …" Er →

Zurück zu den Wurzeln: Um das Ende des Ramadan zu feiern, besucht Fatema ihre Familie am Rande der Wüste. Wie von jeher werden Datteln, Lamm und Safranreis serviert. Gegessen wird mit den Fingern

grinst. „Heiraten würde ich keine von euch, nicht einmal als Zweit- oder Drittfrau!"

Auch Fatema kann sich nicht vorstellen, einen Einheimischen zu ehelichen. Dadurch steht sie vor einem Dilemma: Mit einem Ausländer hätte sie alle Freiheiten; mit einem Mann aus derselben Kultur würde sie lieber das Leben teilen. Und so reiht sie sich in die rasant wachsende Gruppe von gebildeten Frauen, die nicht heiraten. Traut sich dennoch eine, sichert sie sich meist ihr Recht auf Arbeit nach Hochzeit und Mutterschaft vertraglich ab – ähnlich wie Hausfrauen längst Details ihres Ehelebens beim Anwalt festlegen lassen: Anzahl der Haushaltshilfen, Fahrer, Autos und jährliche Auslandsreisen; Höhe des Shopping-Budgets; Verbot weiterer Ehefrauen und sogar ehemannfreie Tage.

Am Abend in ihrer Wohnung liegt Fatema meist auf dem braunen Velourssofa neben den Teddybären und schaut sich Musikvideos an. Sie erzählen allesamt unglückliche Liebesgeschichten – etwa von der unschuldig Geschiedenen, die allein bleiben muss, weil sie nicht mehr Jungfrau ist. An stillen arbeitsfreien Freitagen meidet Fatema das Sofa. Sie fährt zu einem Café und bestellt sich Sushi oder Carpaccio. Manchmal malt sie sich dann aus, wie ihr Leben verlaufen wäre, hätte sie nicht aufbegehrt.

FATEMA LENKT DEN WAGEN RECHTS RAN und wirft sich Shayla und Abaya über. Dann zieht sie ihre Lippen nach, setzt die Chanel-Sonnenbrille auf und gibt Gas. Sie biegt ab auf die Autobahn nach Norden. Senffarbene Dünen, ab und an eine Kamelherde. Für Fatema ist es ein gutes Gefühl, die Nachfahrin von Beduinen zu sein – von „Menschen, die es schafften, in der Wüste zu überleben". Sie dreht die Musik lauter. Bald tauchen kahle Berge am Horizont auf: Ras Al Khaimah, ein kleines Emirat ohne große Ölressourcen. Am Rande der Wüste: ihr Elternhaus.

Die Metallabsätze von Fatemas Sandaletten bohren sich in den Sand. Wie verzögert sind ihre Schritte, als sie sich der vergoldeten Eisenpforte nähert. Sie sagt, sie dürfe nie länger als zwei, drei Tage hier bleiben. Die Erinnerungen, die kann sie in diesem Haus nicht bannen. Wie eine Drohung hängt das Bild des ältesten Bruders über der Tür.

Wenn Fatema erzählt, steigt der Schmerz über seinen Verlust in ihr auf, dieses nur ein Jahr älteren Bruders, mit dem sie so innig verbunden war – bis er nach dem Tod des Vaters Familienoberhaupt wurde. Bis er sie mit mehr und mehr Vorschriften einengte. Bis er sie daran hindern wollte, den Führerschein zu machen. Bis er ihr verbot, eine Bankstelle →

STOLZ IST DIE FAMILIE AUF FATEMAS ERFOLG

anzunehmen, weil sie dadurch in Kontakt mit fremden Männern gekommen wäre. Bis er sie bestrafte, weil sie mit einer Freundin und deren Cousin in einem Café gesessen hatte. Bis sie schließlich, mit 22 Jahren, unter Panikattacken litt, sich zitternd verkroch und ihr die Cousine zur Beruhigung Suren aus dem Koran vortrug.

Nicht nur Schmerz steigt in Fatema auf, wenn sie davon erzählt. Auch Wut. Wut, die sie schließlich dazu getrieben hat, sich zu widersetzen. Erst mit der Zeit verstand sie, dass der Bruder überfordert war. „Ebenso wie ich war Mohamed Opfer der Tradition", sagt sie. „Aber verzeihen kann ich ihm nicht."

An diesem Tag ist Mohamed ihr auch aus dem Weg gegangen und in der Frühe abgereist. Kinderlachen schallt durch das Haus. Im Innenhof duftet es nach Kardamom und Weihrauch. Tabletts mit Sesamkuchen, Datteln, Granatäpfeln und Lammschulter liegen auf den Teppichen ausgebreitet. Es ist *eid al-fitr*, das Fest zum Ende des Ramadans. Alle sind gekommen – auch der Cousin, den Fatema mit 16 hätte heiraten sollen und der, kurz nach der Absage, ihre Schwester Salma zur Frau nahm. Aus dem Jungen von damals ist ein beleibter Beamter geworden. Mit den anderen Schwägern und dem jüngsten Bruder schaut er Fußball im Männerzimmer.

Fatema und ihre vier jüngeren Schwestern greifen mit den Fingern in den Safranreis. Im Halbkreis haben sie sich um die Mutter geschart. Die trägt den silbernen Beinschmuck und die goldene Burka der Beduininnen. Nicht einmal zu Hause unter Frauen legt sie das Gestell ab. Das nackte Gesicht der Mutter hat Fatema nur zufällig ein paar Male gesehen. Allein ihretwegen hat sie sich an diesem Tag in Schleier und Gewand gehüllt. Die Überzeugung, dass Fatema wegen ihres Lebenswandels in der Hölle enden wird, ist für die Frau schon Kummer genug.

DIE SCHWESTERN VERMEIDEN, Fatema nach ihrem Leben zu fragen. Sie sehen zu ihr auf. Doch zugleich geben sie ihr Ratschläge, um sie vor der Hölle zu retten. Sie sind weit jünger – zwischen 22 und 28 Jahre alt – und haben schon bis zu fünf Kinder. Nur eine von ihnen hat einen Schulabschluss. Den Männern, die sie in arrangierter Ehe geheiratet haben, gehorchen sie nach der Logik: „Wenn er glücklich ist, wird er mich auch glücklich machen." Sie sind einverstanden, dass keine ihrer Töchter jemals allein reisen oder beruflich mit Männern in Kontakt kommen darf. Lehrerin an einer staatlichen Mädchenschule werden? In Ordnung. Aber etwa Ärztin, gar Radiologin, die männliche Körperteile durchleuchtet? Absolut tabu.

Vertrauensbildende Maßnahme: Weil sich die Mutter um den Lebenswandel der Tochter sorgt, hat sich Fatema ausnahmsweise ein traditionelles Gewand übergeworfen – für die Fahrt zur Familie

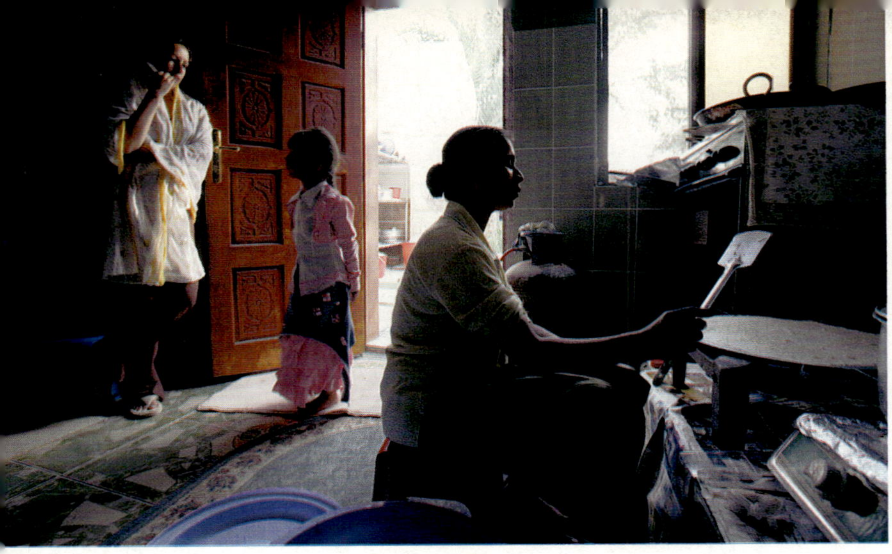

Arrangierte Ehen sind für sie „die Opferung des Ich im Namen der Sippe". Schließlich sitzt die kleine Mutter doch in den wuchtigen BMW-Polstern. Sie, die sich nicht einmal das Datum von Fatemas Geburt gemerkt hat, ist stolz. Stolz darauf, dass die Tochter ein solches Auto fährt; dass sie in der Hochschule noch immer sagen: „Wer wird es so weit bringen wie Fatema Hadroom?" Stolz darauf, dass der Kronprinz von Ras Al Khaimah Fatema für das Wahlkomitee des Staatsrats vorgeschlagen hat.

LICHTGIRLANDEN SPANNEN SICH über das Hochzeitshaus. Fatema will nicht mit hinein. Die Mutter schlüpft durch den Fraueneingang in den Saal, in dem 140 Frauen vor Sonnenblumen und Wasserfällen einer Pappkulisse sitzen. Ihre Männer feiern im anderen Flügel des Restaurants. In einer Kammer auf der Empore wartet die Braut, umgeben von Cousinen und Schulfreundinnen. Gackernd lassen sie sich über den Schrecken beim Verlust der Jungfernschaft aus. Die Braut, in bonbonfarbenen Tüll gehüllt, sitzt mit aufgerissenen Rehaugen da. Den Mann, mit dem sie ihr Leben teilen wird, hat sie bisher nur ein paar Stunden und unter Aufsicht gesehen.

Zwischen Fremdheit und Vertrautheit: Das Mobiltelefon in der Hand, beobachtet Fatema, wie eine Hausangestellte Brot backt. Trotz unterschiedlicher Lebensansichten sucht sie die Nähe zur Mutter, die selbst zu Hause den silbernen Beinschmuck und die goldene Gesichtsbedeckung der Beduininnen trägt. Ihr unverhülltes Gesicht hat die Tochter nur selten gesehen

Schummerlicht. Erst kommen die Weihrauchschwenkerinnen und umschweben die Frauen, dann die Flakonträgerinnen, die sie mit Parfüms besprühen. Schließlich, im aufwallenden Kunstnebel, stöckelt die Braut herunter zum Podium und bleibt vor der achtstöckigen Torte stehen. Von einem Seiteneingang her stolziert der Bräutigam zu ihr. Blitzlichtgewitter. In diesem Moment kommt Fatema herein. Die Köpfe wenden sich ihr zu, ein Raunen geht durch den Saal. „Bist aber dünn geworden", zwitschert eine goldbehängte Verwandte zwischen zwei Luftküssen.

Es ist weit nach Mitternacht und Fatema will nicht länger in Ras Al Khaimah bleiben. Auf der Autobahn streift sie sich den Schleier vom Kopf und schiebt eine CD ein – spanische Gitarre. Um sie herum die dunkle Wüste. Vor ihr, in der Ferne, die illuminierte Stadt. Sie mustert sich kurz im Rückspiegel und zupft an zwei Strähnen. Sie summt. ■

Die Folgsamkeit der Schwestern hat dennoch Grenzen. „Welche Taste soll ich drücken?", fragt Moza und hält Fatema ein Aufnahmegerät hin. Wie Puppen sitzen die Schwestern im Frauenzimmer auf dem großen Bett – grell geschminkt, die Haare mit Federn und Schleifen geschmückt, Hände und Füße mit Henna bemalt. Unsicher drückt die 24-jährige Moza die Tasten des Geräts. Sie will es ins Auto ihres Ehemannes schmuggeln, um dessen Telefonate mit der Geliebten aufzunehmen – als Beweis für ein Scheidungsverfahren. Seit Prostituierte aus Fernost und Osteuropa die Tower von Dubai füllen, ist der Seitensprung für Männer leicht geworden.

Die eingeheiratete Schwägerin Aula schlägt ihr Hochzeitsalbum auf. 150 Fotos. Über die Seiten ziehen sich Liliengirlanden, schillernde Schaumblasen, Schmetterlingspärchen. Dass es zu diesem Freudentag kommen konnte, liegt am Gespür von Fatemas Mutter und Schwester Moza. Auf der Suche nach einer Frau für den Jüngsten hatten sie monatelang Nachbarn, Arbeitgeber, sogar Schullehrer ausgefragt. Ein halbes Dutzend Anwärterinnen nahmen Mutter und Tochter unter die Lupe. Doch die eine erwies sich als zu groß, die andere verlangte ein zu hohes Brautgeld, eine weitere hatte schlechte Haut. Nur Aula entsprach den gewünschten Vorstellungen: bescheiden, mit langem Haar, warmherzig, nicht fett.

Die Schwestern springen auf. Aus dem Fernsehgerät kommt die Stimme von Hamad al Amary, dem Julio Iglesias der Emirate. Rhythmisch stampfen die Frauen auf und lassen den Kopf kreisen. Ihr langes schwarzes Haar peitscht durch die Luft.

Die Mutter zieht den schwarzen Schleier über ihr Gesicht. Sie drängt. Sie will mit Fatema zu einer Hochzeit von Verwandten. Fatema sperrt sich.

Carmen Butta, 44, wich Fatema zehn Tage lang kaum von der Seite – und war bis zur letzten Minute begeistert von der Offenheit der jungen Frau.

AUF DER STRASSE DES GELDES

Von Business as usual kann auf Dubais Sheikh Zayed Road keine Rede sein. Eher geht ein Kamel durchs Nadelöhr als ein Deal ohne absurde Situationen über die Bühne – wie Tewe Pannier, ein Geschäftsmann aus Berlin, aus spezieller Erfahrung weiß

ILLUSTRATION ¬ **JUTTA DREWES**

Die Sheikh Zayed Road in Dubai, die Hauptschlagader des Geldes in Arabien, sieht ganz übersichtlich aus: bis zu zehn Spuren Autobahn kerzengerade in die Wüste gelegt. Das World Trade Center an ihrem nördlichen Ende war 1979 das erste Gebäude an dieser Meile, im Süden steht jetzt der Rohbau des Burj Dubai, des bald höchsten Gebäudes der Welt. Dazwischen glitzern rund fünf Dutzend Wolkenkratzer; östlich von ihnen beginnt die Wüste, westlich von ihnen das Meer.

Wer aus Europa kommt und neu ist auf der Sheikh Zayed Road, muss rasch lernen, sonst ist er noch rascher tot – wirtschaftlich. Denn einerseits sind die Bürotürme die Beduinenzelte von heute. In ihnen gelten Gesetze, die so alt sind wie die Wüste. Gleichzeitig wirken sie wie Raumstationen, in denen sich Wesen aller Welten treffen und Regeln gelten, die so jung sind wie der Boom von Dubai.

Wer besonderes Glück hat, findet einen Lehrer wie Nabil. Nabil stammt aus Beirut und ist ein Gentleman durch und durch. Sein Haar ist schon weiß, doch er versteht es, in 14 Sprachen zu flirten. Sein auf Farsi vorgetragenes „Die Wüste erleuchtet mit der Schönheit dieser Blume" lässt Iranerinnen jeden Alters schmelzen; Kellnerinnen spricht er grundsätzlich mit „Pretty Woman" an. In der Innentasche seines Jacketts aus Kaschmirwolle trägt er einen französischen Pass, in der Reverstasche stecken stets zwei Havannas. Nabil hat hier schon 1968 Geschäfte gemacht, als Dubai wirklich nur Wüste war. Er soll mich von nun an fest an die Hand nehmen.

Scheich Abdullah hat viel Geld. So zwei Millionen Dollar davon möchte ich haben, als Investition in meine Geschäftsidee. Ein irakischer Mittelsmann hat das Gespräch arrangiert. Jetzt sitzt der Scheich in weißem Gewand, mit Kopftuch und offenen Sandalen im Café Barbera, das im Holiday Centre untergebracht ist, dem zweitältesten Hochhaus an der Sheikh Zayed Road, gleich am Anfang der Milliarden-Meile. Der Scheich und mein Mittelsmann küssen und begrüßen sich auf Arabisch, zwei Minuten lang. Dann wendet sich der Scheich zu mir. „Wie geht es?", fragt er auf Englisch mit breitem Lächeln. Nach meiner Antwort lächelt er das gleiche Lächeln noch einmal und fragt: „Und – wie geht es?" Bei seiner dritten Frage fühle ich mich unter Druck gesetzt, denn ich weiß keine neue Antwort mehr. Sie lautet: „Wie geht es so?"

Anschließend lässt die Anspannung nach, Scheich Abdullah erzählt von sich: vom neuen Mercedes, den er seinem Sohn gekauft habe; von der Apotheke, in die er investiere; dass er sein Geld mit Immobilien in Jahresfrist habe verdoppeln können. Zweimal komme ich noch in Verlegenheit: Einmal beugt sich der Scheich zu seinen Füßen hinunter und kratzt sich sehr ausführlich zwischen den Zehen – gerade als ich ihm auf dem Laptop-Bildschirm meine Geschäftsidee präsentiere. Dann schweigt er lange, nachdem ich mit fragender Geste meine Präsentation beendet habe. Ich schweige hilflos mit. Scheich Abdullah kratzt sich noch einmal zwischen den Zehen, schließlich breitet er beide Arme aus und sagt mit großem Ernst: „Mein Freund, ich werde eine Million Dollar in deine Geschäftsidee investieren!"

NABIL TREFFE ICH WENIG SPÄTER zum Mittagessen im Byblos, dem libanesischen Restaurant im Al Durra Tower. Ich bin noch ganz aufgeregt: „Eine Million Dollar!", rufe ich. Nabil macht eine wegwerfende Handbewegung und sagt: „Deinen Scheich siehst du nie wieder."

An einem Samstag in der Lobby des Hotels Shangri-La, am Südende der Meile, lerne ich die nächste Lektion: Wer keine Geduld, ja nicht eine gute Portion Gleichmut mitbringt, reist besser wieder ab. Zwei Asiatinnen schwingen synchron die gläsernen Eingangstüren für mich auf, in einem der weißen Sofas sitzt bereits Volker Schmits. „Herr Mohammed", so hatte er mir zwei Tage zuvor gesagt, „ist nur am Samstag in Dubai. Er will dir ein unglaubliches Geschäft anbieten. Um elf Uhr!"

Um 11.20 Uhr (von Herrn Mohammed keine Spur) erzählt mir Schmits, wie er hier gelandet ist. Er saß in seinem Münchner →

Geduld ist eine Tugend – am Verhandlungstisch wie im ewigen Stau auf der Milliardenmeile

Büro, sah CNN, und da warb die Regierung von Dubai mit dem Slogan: „Wo die Visionen frei fließen!“ Trotz zweier Staatsexamen in Jura, einem Doktortitel samt britischem Master's Degree: Dieser Slogan zog Schmits hinfort aus seinem vertrauten Gefilde! Jetzt betreibt der Anwalt ein Büro auf der Sheikh Zayed Road und baut juristische Brücken zwischen der Boomregion und Europa.

11.45 Uhr. Wir reden mittlerweile über die juristische Besonderheit des Schadensersatzes auf Dubais chaotischen Straßen. So viel ist klar: Wer jemanden totfährt, muss eine bestimmte Summe an dessen Hinterbliebene zahlen. „Gleichviel, ob es sich um einen Arbeiter oder einen Scheich handelt?“, frage ich. „Nein“, sagt Schmits, „große Unterschiede: Frauen und Christen kosten die Hälfte.“

Es ist nach zwölf, von Herrn Mohammed weiterhin keine Spur. Schmits und ich stellen übereinstimmend fest, dass der neue Zaun in der Mitte der Sheikh Zayed Road wesentlich zur Verkehrssicherheit auf der stark befahrenen Straße beigetragen hat: Die Arbeiter wechseln jetzt nicht mehr wild über die Fahrbahnen, sondern müssen notfalls eine Stunde zu Fuß bis zum nächsten Übergang laufen. Es gibt weniger Tote.

Um halb eins wählt Schmits die Nummer von Herrn Mohammed, grüßt ihn, nickt mehrfach verständnisvoll, guckt mich nach dem Gespräch mit traurigen Augen an: „Der Mann ist leider noch in Mauretanien. Er sagt, sein Bruder sei auch gerade in Mauretanien. Deswegen könne er unmöglich kommen.“

Nabil versteht meine Empörung nicht. „Sei doch nicht so deutsch“, schimpft er und verschwindet fast im Havanna-Rauch. „Hier schreibt allein Allah den Terminkalender.“ Und wenn Allah ein enges Familienmitglied schicke, dann könne man ja schlecht auf Pünktlichkeit verpflichtet werden. „Du musst begreifen: Die Familie ist für uns das Allerwichtigste!“

DAS SIEHT KHALED GENAUSO, weshalb sein Bruder auch sein Geschäftspartner ist. Von ihrem Büro im Al Moosa Tower II (der Name verrät: Die Familie hat mindestens zwei Wolkenkratzer auf der Meile) haben die Brüder freien Blick auf das größte und wichtigste Wüstenzelt der Sheikh Zayed Road, die Zwillingstürme der Emirates Towers. Schlank, elegant, silberfarben im ewig gleißenden Sonnenlicht. Hoch oben im 54. Stock liegen Scheich Mohammeds Privatbüros.

„Lass uns heute mit unseren Frauen essen gehen“, hatte Khaled gesagt und, im Restaurant angekommen, sofort mit seiner Familiengeschichte losgelegt: „Mein Großvater sollte die Nachbarstochter heiraten, eine bildschöne 13-Jährige“, erzählt er, als sei er dabei gewesen. „Aber mein Großvater fand sie zu jung. Da ist er erst einmal nach China geritten, um Geschäfte zu machen. Als reicher Mann kehrte er wieder – da war meine Großmutter 18 Jahre alt, und er konnte sie ruhigen Gewissens heiraten.“ Khaleds Frau, kein Schleier, offenes Haar, akzentfreies Amerikanisch, lacht fröhlich: „Ja, mein Großvater!“ Ich blicke von Khaled zu ihr und wieder zurück. Meine Frau fragt irritiert: „Wessen Großvater war es denn nun?“ Und beide antworten gleichzeitig: „Na – von uns beiden!“ Khaled, der moderne Saudi, ergänzt: „Meine Frau ist meine Cousine ersten Grades! Weißt du, wir heiraten lieber innerhalb der Familie – da gibt es keine Überraschungen.“ Seine Cousinen-Frau schaut ihn nun sehr verliebt an. Ich beiße mir auf die Zunge. Jetzt keine Überraschung zeigen, bloß nichts Falsches sagen!

ALLAH
HAT
ÜBERALL
SEINE
HAND
IM
DEAL

NIEMALS DARFST DU EINEM ORIENTALISCHEN Verhandlungspartner das Gesicht rauben, das kann man in jedem Business-Knigge nachlesen. Leider reiße ich Kamals Gesicht mit einem winzigen Nebensatz völlig ein – und merke es nicht einmal. Kamal, ich und der Markenchef einer der größten Firmen der Welt sitzen im Dusit Tower. Der sieht aus, als habe Allah eine riesige Stimmgabel in den Wüstensand gedrückt, mit der Spitze nach oben.

Ein Versprechen ist eine Wolke, erst die Einlösung ist Regen – so weit ein arabisches Sprichwort. Mit einem Handschlag landet man oft im Nebel

Es geht um eine Lizenz, und der Markenchef fragt nach Details. „Ach so, ich dachte, die Informationen hätten sie schon …", sage ich und gebe sie ihm schnell. Aus dem Augenwinkel sehe ich, wie die Zigarette in Kamals Hand zu zittern beginnt. Kamal steht auf – und geht. Er kommt auch nicht wieder. Wir sitzen noch eine Stunde, etwas hilflos, denn ohne Kamal können wir nicht weitermachen.

Nabil beißt in das Radieschen, das mit einem Berg rohen Gemüses als Vorvorspeise im Byblos gereicht wird. Er sagt trocken: „Der Markenchef könnte denken, Kamal hätte ihn über die Details informieren müssen. Damit hast du Kamal das Gesicht geraubt." Und jetzt? „Ruf ihn an, geh mit ihm essen, lad ihn ein und sag ihm, wie toll er ist. Gib ihm sein Gesicht zurück."

Ich rufe Kamal am Nachmittag an, lade ihn zum Essen ein. Er legt auf, grußlos. Nabil! Was jetzt? Ich erwische meinen Freund auf dem Handy: „Ja, ich weiß! Kamal hat mich schon angerufen und geklagt: ‚Was will dieser Deutsche?! Erst beleidigt er mich vor Kunden. Jetzt glaubt er, ich könne mein Essen nicht bezahlen!'" Nabil zaubert einen väterlichen Tonfall in seine Stimme: „Du hättest ihn nicht am Telefon einladen, sondern nach dem Essen schnell die Rechnung grabschen müssen."

NÄCHSTE LEKTION: Gefährdet ist auch, wer zu viel Geduld zeigen will. Oft genug musst du nach einem monatelangen Prozess in einem winzigen Moment das Entscheidende tun. So einen Moment erlebe ich bei meinem ersten großen Geschäft. Ali hat sein Deal-Team im Konferenzraum versammelt: den Finanzchef (Ägypter, korpulent), den IT-Chef (aus Abu Dhabi), den Direktor (aus dem Sudan, sehr dünn). Und eine junge Frau (Libanon), die nur als „Leila" vorgestellt wird und gar nichts sagen wird in den kommenden Stunden. Leilas Beruf: Dekoration.

Auftritt Ali im weißen Gewand: Er setzt sich, grüßt patriarchalisch in die Runde. Er wirft sein Kopftuch mit Schwung zurück wie ein junges Mädchen seine Haarsträhnen. Die Verhandlung beginnt. Die Highlights im Einzelnen: 15-Minuten-Diskussion zwischen Ali und einem Unbeteiligten, der einfach in den Raum schneit; Brüllduell zwischen Ägypter und Sudanese, Letzterer sprüht Speichel vor Wut; Handy-Gespräche der Gegenseite, sehr laut; das unbewegte, dekorative Schweigen von Leila. Keinen einzigen Zentimeter kommen wir uns entgegen.

Ich trete auf den Flur hinaus, rufe Nabil an: „Was soll ich tun?" Er rät: „Gib ihnen ein Geschenk!" Zurück im Tumult. Niemand scheint mich vermisst zu haben. Ich lege das Geschenk auf den Tisch: „Ali, statt einer Lizenz für ein Jahr Dauer erhältst du 13 Monate zum gleichen Preis." Plötzliche Stille. Alle schauen mich an. Leila kann sogar lächeln! Ali breitet die Arme aus und steht auf: „Perfekt! Wie großzügig, welche Freude, mit dir Geschäfte zu machen!"

Wer sich eine Adresse an der Wall Street des Orients leisten kann, schaut auf andere herunter – auch aus dem Erdgeschoss

Aber merke: Ein Geschäft ist erst gemacht, wenn das Geld auf dem Konto ist. Ahmed aus Jordanien schuldet meiner Firma seit drei Monaten die erste Rate für einen unterschriebenen Vertrag. Seine verschiedenen Erklärungsversuche: „So Allah will, zahlt mein Kunde morgen – dann kriegst du das Geld." – „Was meinst du mit ‚Vertrag'? Du kannst uns doch nicht einfach wie eine deutsche Firma behandeln!" – „Ich habe das Geld geschickt, es ist zurückgekommen."

Endlich treffe ich Ahmed im Coffee-Shop des Crown-Plaza-Hotels. Er ist blendend gelaunt, umarmt mich. Dann blättert er 10 000 Dollar auf den Tisch, in bar. „Aber Ahmed", sage ich, „das ist doch nur die Hälfte!" Ahmed ist beleidigt.

IM BYBLOS HAT NABIL SCHON BESTELLT. Er weiß jetzt, was ich gern zu Mittag esse: Hühnerleber in Knoblauch, Kichererbsenmus, scharf gewürzte Kartoffeln, gefüllte Weinblätter und Auberginensalat. Ich plumpse auf den Stuhl und stöhne, erzähle von meiner Dollar-Jagd. „Lass mal sehen", sagt Nabil und blickt die Scheine an wie eine schöne Frau. „Was willst du denn?", fragt er. „Er hat doch gezahlt! Darauf müssen wir eine rauchen!" Wir gehen vor die Tür und setzen uns auf die Bordsteinkante. Autos rauschen in endloser Folge vorbei. Baustaub liegt in der Luft. Die Emirates Towers thronen wie Wächter über der Meile.

„Nabil", sage ich triumphierend. „Einmal hast du übrigens nicht Recht gehabt." Nabil zieht an der Havanna und guckt erwartungsvoll. „Den Scheich mit den Millionen habe ich doch wiedergesehen, gestern im Café Barbera." – „Und, was hat er gesagt?", fragt Nabil. „Wie geht es, mein Freund?", sage ich. ■

Tewe Pannier, 45, hatte Karrieren als Journalist und Medienunternehmer in Deutschland hinter sich, als ihn vor zwei Jahren der Boom nach Dubai lockte. Dort verkauft er TV-Lizenzen, in erster Linie für das Earth Television Network, und findet Investoren. Oder versucht es jedenfalls.

DIE GANZE WELT

Der Snow Park in Dubais Mall of the Emirates ist ein Symbol für den planvoll betriebenen Import fremder Lebenswelten in das kleine Wüstenemirat

IM ANGEBOT

In den riesigen Einkaufszentren der Emirate geht es um mehr als um Geschäfte. Sie sind Illusionstempel, Märchenschlösser der Globalisierung, artifizielle Ideallandschaften. Ihre Botschaft: Alles ist zu haben. Alles ist kopierbar. Alles ist beherrschbar. Die Temperatur genauso wie die Stimmung des Menschen. Vergnügen Sie sich!

TEXT ¬ **NINA FREYDAG**

Und noch ein Rekord! Die 2005 eröffnete Mall of the Emirates ist das größte Einkaufszentrum außerhalb Nordamerikas. Pro Woche strömen rund 450 000 Besucher durch ihre Hallen

VON GOLD und Geschmeide habe ich fantasiert, von Diamantuhren zum Spottpreis, von feurigen Arabern, die mir Parfum aufs Handgelenk träufeln. Wochenlang habe ich mir jede neue Wimperntusche versagt, im Wissen, bald in Dubai zu landen, dem größten, steuerfreisten Edelbasar der Welt. Nun haste ich durch die exklusivste Mall dieser Einkaufsstadt, betrete den wohl schicksten öffentlichen Toilettenraum aller Zeiten: dunkle Holzvertäfelung, eine angestrahlte weiße Lilie auf dem Waschtisch. In meiner Hand aber trage ich eine Plastiktüte und mein Plan ist finster: kaum eingeschlossen, packe ich raschelnd meine Vorräte aus und schlinge sie hinunter. Es ist das erste Mal, dass ich auf einem Klodeckel lunche. Das letzte Mal wird es leider nicht sein, denn da draußen ist Ramadan. Kein Restaurant serviert Essen, solange es hell ist. Am Handwaschbecken treffe ich zwei Schwäbinnen, die sich schamhaft den Ketchup aus den Mundwinkeln wischen, die Toilettenfrau wirft uns Blicke der Verachtung zu.

SHOPPING IN DUBAI hat unerwartete Härten. Der Luxus will erkämpft sein, er ziert sich wie ein verzogener Prinz. Von denen soll es hier Hunderte geben, fast so viele wie Shopping-Malls. Ist es also zu viel verlangt, dass einer von ihnen jetzt gefälligst vorfährt? Meinetwegen dürfte es sogar der letzte in der Thronfolge sein, denn ich warte im Staub einer vierspurigen →

Wie die Preise können auch die Kunden in die Höhe klettern: Der integrierte Magic Planet in der Mall of the Emirates bietet außerdem noch Vergnügen in Karussells, im Autoskooter oder auf Bowlingbahnen

Die luftige Marilyn im Land des Schleiers: Im öffentlichen Raum sind die Emirate einer der liberalsten Orte der islamischen Welt. Das zeigt sich auch beim Dubai Shopping Festival

Schnee von gestern: Ski Dubai ist die Hauptattraktion der Mall of the Emirates. Bis 2008 soll ein Einkaufszentrum mit noch größerer Wintersporthalle entstehen

Straße auf den Bus. Die Sonne sticht ihre Strahlen in die Tiefen meines Schädels und legt dort das Zentrum meiner Shoppinglust lahm. Die Malls liegen wirklich zu weit auseinander! Da nähert sich von links ganz plötzlich die Versuchung auf vier Rädern. Meine Hand hebt sich in reinem Überlebensreflex.

Taxi, Mall, Taxi, Mall – mein Dasein nimmt den rassigen Rhythmus der Dekadenz an. Nur zwei Zweifel nagen noch an mir: Versäume ich womöglich die beste Mall? Und: Wie um alles in der Welt finde ich zum jeweiligen Ausgang zurück?

Die Malls sind Kunstwelten, in denen man schnell jeden Sinn für Realität verliert – und jede Orientierung. Zwar liegt immer ein detaillierter Grundriss aus, ich verlaufe mich trotzdem. Ich erwäge den Kauf eines „Personal Global Positioning System“, um meine Shoppingschritte aus dem Weltall lenken zu lassen. So ein Handgerät kostet aber Hunderte von Euro. Werde ich es bei Aldi je wieder brauchen? Die meisten Markenhersteller betreiben gleich in mehreren Einkaufszentren Filialen, deren Schaufenster teilweise bis hin zur Farbe des Einstecktuchs bei den Modellen identisch dekoriert sind. Bereits im Kurzzeitgedächtnis vermischen sich die Malls, sie wirbeln in der Erinnerung herum wie ein glitzerndes Shopkarussell: Calvin Klein, Hugo Boss, Daniel Hechter, Gucci, Dior, Mexx, Guess und Nike – wieder und wieder von vorn.

Wo aber stand der rettende Ledersessel, der mich von Nacken bis Ferse durchmassierte? Ich muss ihn bestellen! Wo gab es die Fabergé-Eier, deren Verkäuferinnen aussahen wie aus einem Balzac-Roman gehüpft, mit Miederröcken und Federhüten auf Puderlocken? Wo bin ich in das schwarze Gewand mit den aufgenähten Swarovski-Kristallen geschlüpft? Welch hauchdünne, herrliche Kreppseide! Ich beginne, die Araberinnen zu beneiden. Wie sie an den Schaufenstern flanieren, die Schleier so lässig ums Gesicht geschlungen, das diamantbesetzte Mobiltelefon am Ohr, die beste Freundin untergehakt. Welche Eleganz! Nur: Fände der Zoll solch ein Gewand in meinem Gepäck, wäre ich wohl bald in Guantánamo.

Alles, was ich sonst kaufen könnte, gibt es aber auch daheim. Dabei will man doch mit einem Hauch von konsumierbarem Orient zurückkehren, wenn schon kein Prinz im Gepäck Platz finden möchte. Mit irgendetwas Originellem! Kurz: Ich brauche dringend eine Ratgeberin.

NACH DEM FASTENBRECHEN am Abend treffe ich Anita Mehra Homayoun. Sie hat zwei erwachsene Söhne und die Züge einer Frau, die ihre Schönheit nur mit Widerstand davonziehen lässt. Es folgt ihr der Ruf, die „bestangezogene Frau der Stadt“ zu sein. Seit 1982 der riesige Duty-Free-Laden am Flughafen von Dubai er-

SHOPPING-MALLS SIND WIE WELTREISEN AUF DER STELLE

öffnet wurde, wirbt Homayoun für ihn. Mit der legendären Luxuslimousinen-Lotterie von Dubai Duty Free machte sie damals die Stadt als Shopping-Mekka international bekannt. „Wir haben der Stadt den Einzelhandel beigebracht", sagt Homayoun. „Vorher waren die Läden mal offen, mal zu, und manchmal schlief der Besitzer einfach in der Ecke!" Die Zeiten sind längst vorbei. Heute hält Dubai selbst an den höchsten Feiertagen offen. Während des Ramadans sind die meisten Malls sogar bis nachts um eins geöffnet, denn auch Muslime kaufen gern ohne Hungergefühl ein.

Bei Starbucks in der Mercato Mall sitzen an diesem späten Abend viele weiß betuchte Araber. Sie rauchen Zigarillos, plaudern, trinken Kaffee, während ihre tief verschleierten Ehefrauen sich bei der Spitzenunterwäsche herumtreiben. Die meisten Menschen, sagt Homayoun, kämen einfach zum Schlendern her, zum Essen und Nachbarnschauen. In einem an historischen Sehenswürdigkeiten armen Land sind die Malls die Sehenswürdigkeit der Zukunft. Sie sind das Zentrum des Dubaier Gesellschafts- →

Rund 120 000 Kilometer reiste Ibn Battuta im 14. Jahrhundert. Besucher der nach dem Forscher benannten Themen-Mall sehen die damalige Welt auf weitaus kürzerer Strecke

TAXI, MALL, TAXI, MALL – DAS DASEIN NIMMT

1

2

3

4

DEN RASSIGEN RHYTHMUS DER DEKADENZ AN

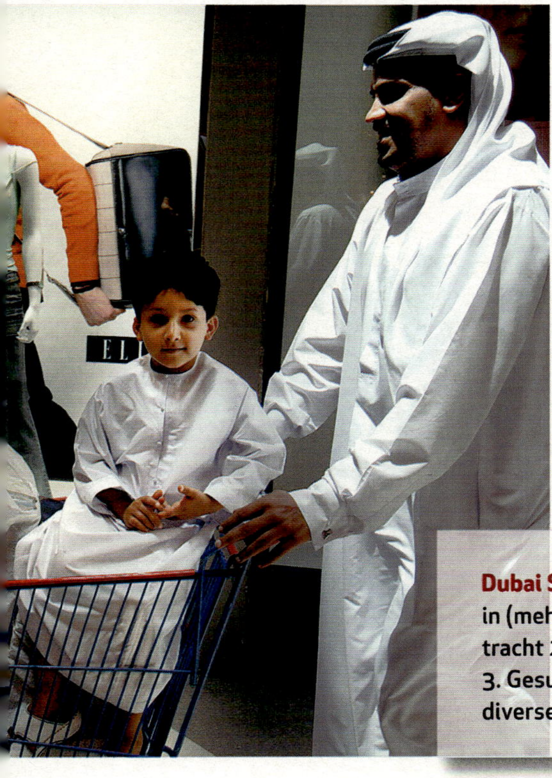

Dubai Shopping Festival 1. Mall-Besucher in (mehr oder weniger) typischer Landestracht 2. Moderner fliegender Teppich 3. Gesuchtes Verkehrschaos 4. Kunde mit diversen Kostbarkeiten im Korb

lebens, vollklimatisierte Kühloasen, in die man sich vor der Hitze flüchtet.

Die Mall, in der wir unseren teuren Mangoshake schlürfen, ist das Kunstherz des feinen Strandviertels Jumeirah, in dem Homayoun wohnt. Saudische Scheichs, französische Investmentbanker, britische Ölmanager leben hier. Homayoun ist Iranerin, ihr Vater kam her, um das bekannte Iranische Krankenhaus der Stadt aufzubauen. Die Schwester heiratete in die Generalvertretung von Mercedes ein, ihre Familie ist heute eine der reichsten von Dubai. Homayoun selbst betreibt nebenbei einige Restaurants und eine Beduinenstadt für Touristen. Sie erzählt das nachlässig, mit abschweifenden Augen; so sprechen die Alteingesessenen. Sie haben alles und gar nichts nötig. Anzugeben nicht und auch nicht zu werben.

„Früher war Dubai ein Dorf, die Leute gingen einander jeden Abend besuchen", sagt Homayoun. „Ich vermisse das. Dubai ist dabei, seine Seele zu verlieren. Shoppen ist das Einzige, was man hier tun kann." Sie muss weltweit die erste PR-Frau sein, die je solche Sätze ausgesprochen hat. Madame, tun Sie doch Ihre Pflicht! Schwärmen Sie vom Luxus, nennen Sie mir die besten Boutiquen, verraten Sie mir die Geheimtipps! Homayoun zuckt mit den Schultern, sie sagt: „Wissen Sie, ich bin so viel unterwegs, ich kaufe im Ausland ein."

Dabei wurde das Ausland doch so schön in Dubai nachgebaut! Die Mercato Mall etwa ist ein italienischer Marktplatz, umstellt von bunten Häuserfassaden, von einem Glashimmel überdacht. Italien ohne Hundedreck und Taschendiebe: Die Italiener sollten sich ein Beispiel nehmen. Homayoun stellt mir ihren Nachbarn vor, der die Idee zur Mercato Mall hatte. Shahram Foroughi ist ein wohl genährter Architekt mit weißen Locken und einem breiten, zufriedenen Gesicht. „Wir wollten die Lage nahe dem Meer ausnutzen, um eine Riviera-Stimmung zu schaffen", sagt er. „Aber man muss aufpassen, das sieht schnell nach Disneyland aus und zieht die Aufmerksamkeit von den Läden ab."

JE NEUER DIE MALL, desto mehr verschwimmen die Grenzen zwischen Erlebnispark und Einkaufszentrum. Kinos, Aquarien und eben auch die schon weltberühmt gewordene Skipiste sollen die Kunden in die gigantischen Gebäudekomplexe ziehen. Retailtainment nennt sich diese Mischung: Kaufunterhaltung. „Das ist die Zukunft", sagt Foroughi. Immer größere Einkaufsparadiese, die Dubai Mall und die Mall of Arabia sind geplant. Scheich Rashid bin Said Al Maktoum, der Vater des jetzigen Herrschers, hat zu Beginn dieses Booms das Prinzip von Angebot und Nachfrage auf den Kopf gestellt: „Erst das Angebot schaffen, dann folgt die Nachfrage bestimmt", erklärt Foroughi dessen Strategie. Und diese Regel gelte bis heute. Wie das auf Dauer gut gehen soll? Foroughi lächelt entspannt. „In den USA gibt es pro Kopf weit mehr Ladenfläche. Wir brauchen uns keine Sorgen zu machen."

Die Ibn Battuta Mall scheint das Gegenteil zu beweisen. Weit draußen liegt sie, dort, wo ein Heer langstängeliger Bürotürme aus dem Boden schießt wie ein Pilzschwarm bei plötzlichem Regen. Drinnen in der Mall ist es bedrückend leer. Zu früh wurde sie fertig – die Kunden, die sie einst bedienen soll, sind noch nicht in das Viertel gezogen. Touristen würden vom Zentrum eine halbe Stunde im Taxi benötigen; sie scheuen →

Auch wenn sich die Zielgruppe nicht immer auf den ersten Blick erschließt: Mit ihrem Sortiment richten sich die Malls – unverschämt – an jedermann. Und Frau. Ganz gleich, ob einheimisch oder angereist

sich noch, herzukommen. Dabei ist die Ibn Battuta Mall die eindrucksvollste der Stadt. Von einem Ende zum anderen wandere ich auf gerader Linie durch jene sechs Länder des 14. Jahrhunderts, die der arabische Abenteurer Ibn Battuta einst bereiste: Hemden gibt man im Andalusischen Hof zur Reinigung, Sonnenbrillen kauft man im alten Kairo, Essen wird im mittelalterlichen Tunesien serviert, Kaffee im persischen Palast, von wo der Weg über Indien ins Imax-Kino neben einem lebensgroßen Elefanten führt.

Foroughi sieht genau darin einen großen Fehler: „Man muss dieselbe Strecke zweimal laufen, um zurück zum Auto zu kommen!" Das sei eine schlimme Fehlplanung, denn die einfache Regel lautet: Menschen möchten Zirkel gehen, nie einen Weg noch einmal. Zur Abhilfe gibt es einen Wagendienst, der den Kunden ihre Autos zum anderen Ende bringt. Aber nicht nur deswegen meidet der Architekt die Shopping-Zentren. „Die Malls sind Konsummaschinen", sagt er. „Ich kaufe lieber auf den kleinen Märkten ein."

ES IST SELTSAM. Niemand in Dubai scheint sich für die Shopping-Parallelwelten zu begeistern, die uns Ausländer in Sinnenrausch versetzen. Sogar die indische PR-Frau der ältesten Mall, die sich mit keckem Lidaufschlag shoppingsüchtig nennt, vertraut mir an: „Wenn man in Dubai in einen Club geht, tragen alle Frauen das gleiche Kleid. Ich fliege zum Einkaufen daher lieber nach Bombay."

Die Exfrau eines Scheichs empfiehlt mir schließlich die Schottin Kelly Lundberg. Ihr blondiertes Haar ist streichholzkurz, der Lidschatten so babyblau wie die dicke Halskette und das tief ausgeschnittene Hemd. Lundberg ist *personal shopper*, sie kauft für andere Leute ein. Für Touristen wie mich, die sich vom Gewirr der Möglichkeiten überfordert fühlen, und für Einheimische, die zu we-

INFO

▶ EINKAUFEN

Und dann mal(l) sehen – Die besten Einkaufs-Adressen in Dubai

WAFI CITY: äußerlich unattraktiv, gilt dennoch traditionell als Luxus-Mall der Einheimischen. Nirgendwo ist die Prinzendichte höher; vor dem Eingang warten Fahrer in schneeweißen Bentleys auf ihre Chefs. Besonders schick: das Delikatessenrestaurant der Mall, *www.waficity.com*

BURJUMAN: seltsamer Zwitter – von einem Eingang aus stößt man auf höchsten Luxus, vom anderen auf Ramsch. Immerhin: Saks Fifth Avenue hat hier eine Filiale.

MALL OF THE EMIRATES: derzeit noch größte Mall mit der berühmten Skipiste. Hat die breiteste Auswahl von allen, allerdings ein Mainstream-Angebot. Von innen verwirrend, *www.malloftheemirates.com*

IBN BATTUTA MALL: imposanter Bau, den mittelalterlichen Palästen sechs alter Weltreiche nachempfunden; noch unbelebt, *www.ibnbattutamall.com*

MERCATO MALL: mittelgroß; mit italienischem Dekor; angenehme Stimmung, solides Angebot – die Haus-Mall der Reichen von Jumeirah, *www.mercatoshoppingmall.com*

FESTIVAL CITY: zieht die Massen durch eine Ikea-Filiale an. Moderne Glas- und Stein-Architektur ohne orientalische Schnörkel. Wer Elektronikartikel sucht, ist hier richtig.

AL GHURAIR CITY: als älteste Mall (25 Jahre) eine Institution; lebt bis heute von einheimischen Stammkunden. Sie wurde rundum renoviert, doch auch Blattgold kann die niedrigen Decken nicht ausgleichen. Sehr familiär, größtes Angebot an arabischen Gewändern, Parfums und Raumdüften.

THE VILLAGE: winzige Mall an der Jumeirah Beach Road mit wenigen, aber modisch mutigen Läden, *www.thevillagedubai.com*. Favorit der Shoppingberaterin Kelly Lundberg, die unter *www.divine.ae* zu buchen ist.

SCHNÄPPCHEN: Das Dubai Shopping Festival (*www.mydsf.com*) ist Schlussverkauf und Straßenfest in einem. Preisnachlässe von bis zu 80 Prozent locken Anfang jeden Jahres Hunderttausende in die Malls. Rechtzeitig Hotel reservieren! Wegen des großen Erfolges gibt es 2007 Auktionswochen von Juni bis August: die Dubai Summer Surprises.

nig Fantasie besitzen, das viele Geld auf ihrem Konto allein auszugeben. „Oh, hi, Steve!“, gurrt Lundberg in ihr Mobiltelefon. „Ich nehme an, Sie sehen sich eher hochwertig?“ Die Stimme des Kunden dröhnt: „Ja, sicher, ich bin ein hochwertiger Typ!“ Er will ihr noch einen Blankoscheck schicken, bevor er für ein paar Tage nach Las Vegas reist.

Wo man die besten Handtaschen kaufen kann, frage ich. „Wie viel wollen Sie ausgeben?“, fragt Lundberg zurück. Ich zögere: Was wäre wohl eine angemessene Antwort? Lundberg bemerkt meine Unsicherheit, sagt: „Bei Kenneth Cole.“ Amerikanischer Durchschnitt für die mittlere Geldbörse. Sie hat mich so schnell durchschaut, dass es eine Beleidigung ist. Sieht sie denn gar nicht, dass Dubai mich bereits verwandelt hat? Dass ich mich wie eine Light-Variante von Paris Hilton fühle und bereit bin, für ein exklusives Accessoire nicht alles, aber doch sehr, sehr viel zu geben?

Einer ihrer ersten Kunden, erzählt Lundberg, sei ein Araber gewesen, der seine Frau am Hochzeitstag beschenken wollte. Sie ging von 1000 Euro aus, er habe aber das Fünffache zahlen wollen. „Also bin ich mit ihm Diamanten einkaufen gegangen.“ Ich luge unauffällig in mein Portemonnaie, um mein Privatvermögen zu überschlagen. Das Portemonnaie sieht schön ausgebeult aus. Leider kommt das von meinem Stapel Taxirechnungen.

Lundberg hat es plötzlich eilig, sie nimmt mich im Auto mit, rast über die achtspurige Autobahn. „Ich muss noch einem Bankmanager den fertigen Maßanzug ins Hotel bringen. Er lebt dort seit Monaten in einer Suite.“

Ein Maßanzug! Das wäre es doch. Ich fühle mich wie erleuchtet, der Nebel der Verwirrung reißt auf. „Maßanzüge“, fachsimpelt Lundberg, „sind tatsächlich das Einzige, das hier extrem viel billiger ist als anderswo.“ Die Schneider seien allesamt Inder. „Ihr Lohn ist so gering, dass es mich anfangs schockiert hat.“ Dann hat sie aber doch ein Geschäft daraus gemacht. So geht das in Dubai. Auch ich will jetzt ganz rücksichtslos einen ultrabilligen Maßanzug mit Kelly Lundberg aushandeln. „Vom Vermessen bis zur Anprobe müssen Sie vier Tage bleiben“, sagt sie. Mein Flug aber geht übermorgen: Economy, nicht umbuchbar. Irgendwie klar, dass man unter solchen Bedingungen in Dubai nichts werden kann. ■

Etwas ängstlich wartete die Redaktion auf die Spesenabrechnung von **Nina Freydag,** 36. Von ihrer Shopping-Recherche kehrte die Berliner Autorin aber lediglich mit einem Paar selbstbezahlter Turnschuhe zurück.

5 ✱ ✱ ✱ ✱ ✱ Dubai: **Jumeirah Bab Al Shams Desert Resort & Spa**

5 ÜF inklusive Linienflug und Transfers schon ab **999,–** €
Gültig von 01.06. – 31.08.2007

5 ✱ ✱ ✱ ✱ ✱ Dubai: **Madinat Jumeirah – Mina A‘ Salam**

7 ÜF inklusive Linienflug und Transfers schon ab **1.394,–** €
Gültig von 10.06. – 31.08.2007

Weitere Angebote unter: **www.ewtc.de**

EWTC GmbH
Richmodstraße 31
50667 Köln
P +49 (0) 2 21. 80 11 12 - 0
F +49 (0) 2 21. 80 11 12 - 13
info@ewtc.de

EWTC
Exklusives Reisen Direkt

V.A.E. ✡ OMAN ✡ QATAR ✡ BAHRAIN ✡ THAILAND ✡ BALI ✡ NAMIBIA

SEYCHELLEN ✡ MALEDIVEN ✡ MAURITIUS ✡ THAILAND ✡ SÜDAFRIKA

DER SCHEICH *und ich*

Scheich Sultan gilt als einer der liberalsten Führer am Golf. Und als bildungsbeflissen. In seinem kleinen Emirat Sharjah gibt es mehr Museen als in Dubai und Abu Dhabi zusammen – und zudem eine sehenswerte zeitgenössische Kunstbiennale. Einen Vormittag lang führte Seine Hoheit GEO-Redakteur Ariel Hauptmeier durch die Kulturhauptstadt

Steht auf Kunst: Scheich Sultan (rechts) betrachtet mit seinem Gefolge den dreidimensionalen Stadtplan »Beirut Caoutchouc« des libanesischen Künstlers Marwan Rechmaoui

Fässer, die die Welt bedeuten: Eine Pantomime-Gruppe internationaler Künstler wagt es, auf Sharjahs

Der Scheich, in seiner Güte, hat zugestimmt, mich an dem Ort zu treffen, der ihm der liebste ist in seinem kleinen Reich – und entschieden:
Er wird mir die Altstadt zeigen, die er hat restaurieren lassen, das winzige Ensemble flacher, weiß getünchter Häuser, den von Hochhäusern umstandenen, wieder aufgebauten Suk Al Arsah. Dort sitze ich nun, an einem grellen, heißen Wintermorgen, trinke einen Minztee und warte, dass er vorfährt: Scheich Sultan bin Mohammed Al Qassimi, Ingenieur der Agrarwissenschaft, Doktor der Geschichte, Herrscher von Sharjah, jenem Emirat, das nördlich an Dubai grenzt. Scheich Sultan eilt ein glänzender Ruf voraus. Weil er die Künste fördert und die Wissenschaft, Malern kostenlos Ateliers zur Verfügung stellt und dafür sorgt, dass man in Sharjah trotz allen Zukunftshungers die Tradition nicht vergisst. Politisch gilt er als liberal, denn er befürwortet Wahlen auf Gemeindeebene; und nur im Emirat Sharjah gehören Frauen zum beratenden Supreme Council.

Klar, Lästermäuler gibt es auch. Sie spotten: Scheich Sultan möchte eines Tages in den Himmel kommen, darum hat er sein Emirat trockengelegt, hat 1985 Alkohol auch für Ausländer verbieten lassen; ein Schritt, der seinerzeit den Tourismus abwürgte und die wirtschaftliche Entwicklung hemmte. Umso tragischer erscheint es, dass 1999 sein ältester Sohn in England an einer Überdosis Heroin gestorben ist.

Sharjah hat aufwendig begrünte Promenaden am Meer, prunkvolle öffentliche Gebäude, gebaut in einem arabischen Zuckerbäckerstil, und eine grandiose Amerikanische Universität, die dem Palast eines indischen Moguls ähnelt. Es gibt staubige Industriegebiete und, am Stadtrand, die von hohen Mauern umgebenen Villen der Einheimischen. In anderen Teilen gleicht Sharjah einer arabischen Trabantensiedlung voller gesichtsloser Hochhäuser. Denn Sharjah ist, wegen seiner erschwinglichen Mieten, die Schlafstadt von Dubai. Auf der nur wenige Kilometer langen Autobahn zwischen den beiden Emiraten stehen Pendler regelmäßig über Stunden im Stau.

Sharjah grenzt an Dubai, doch in vielem ist es dessen Gegenteil. In Sharjah ist Alkohol verboten, in Dubai gibt es auch während des Fastenmonats Ramadan Bier. Sharjah hat eine Kunstbiennale, Dubai das Shopping Festival. Sharjah ist unbekannt, Dubai eine Weltmarke. Hier betont Scheich Sultan das Arabische, dort setzt Scheich Mohammed auf Globalisierung.

Manche haben daraus gefolgert, es gebe einen unterschwelligen Konflikt zwischen den beiden Herrschern. Doch das Gegenteil ist richtig: Sie sind enge Verbündete.

Ich nippe am heißen Tee. Der Suk wirkt merkwürdig steril. Einige ältere Männer stehen oder sitzen herum, Käufer und Touristen sind nicht in Sicht.
Der überdachte Markt entstand im 19. Jahrhundert, verfiel später und wurde ab 1990 wieder aufgebaut – ausgestattet mit einer Klimaanlage. Nun haben sich Trödler, Handwerker und Souvenirhändler hier einquartiert, warten in ihren vollgestopften Lädchen auf Kundschaft und inszenieren einen arabischen Markt. Er steht für die Sehnsucht, Halt zu finden in der Vergangenheit. Für den Herzenswunsch einer bestimmten Generation von Einheimischen, den Modernisierungstaumel abzumildern, indem man das Vergangene bewahrt, das doch unrettbar verloren ist. Für die Sehnsucht nach kulturellen Artefakten, obwohl die Fischer, Händler und Nomaden kaum etwas Materiel- →

Theaterbühne Ölreichtum und Umweltverschmutzung zu thematisieren. Ohne Worte, aber mit lauter Botschaft

Aufhänger für Diskussionen: Seit die Tochter des Scheichs die Biennale betreut, sind auch komplexe Installationen wie das Klangobjekt »Your Own Soul« der Kenianerin Ingrid Mwangi gern gesehen

Der 1997 errichtete Campus der Universität von Sharjah: In ihr lernen Studenten aus 70 Nationen

Das blitzblanke Sharjah Art Museum: erbaut, um den Kulturhunger der Emiratis zu stillen – oder zu entfachen

les hinterlassen haben: Ihre Häuser aus Palmstroh sind verfallen, ihre Boote aus Holz und ihre Zelte aus Leder vermodert.

Und schließlich symbolisiert dieser Markt den Reichtum einer Gesellschaft, die sich alles, auch ihre Vergangenheit, neu erschaffen lassen kann – um den Preis ihrer Künstlichkeit.

Wie dringt man vor zu einem Scheich? Indem man die richtigen Leute kennt.
In diesem Fall: Hans-Georg Schmitter. Er hat das Treffen arrangiert. „Consultant" steht auf seiner Visitenkarte, Berater. Kontakte sind alles im arabischen Teil der Welt, wo Menschen weniger sach- und stärker beziehungsorientiert als wir Europäer agieren – es ist nicht nur wichtig, welches Geschäft ich mache, sondern auch, mit wem und durch wen ich ihn kenne.

Diese Gepflogenheit ist Geschäftsgrundlage für Menschen wie Hans-Georg Schmitter. Er stammt aus Bielefeld, begann 1976 sein Geschäft in der Region, kennt manche Milliardäre noch aus jenen Tagen, in denen sie Kleinunternehmer waren, wird durchgestellt und vorgelassen. Schmitter öffnet Türen für Firmen, die sich in den Emiraten niederlassen, eine wichtige Dienstleistung, denn der Markt ist reglementiert, die Konkurrenz enorm, das Geschäft schwierig: Viele deutsche Firmen, die sich außerhalb einer Freihandelszone ansiedeln, scheitern.

Die Gefälligkeit, dem Scheich ein Treffen mit GEO Special vorzuschlagen, ist nicht ohne Risiko für Schmitter. Denn sollte Scheich Sultan dieser Artikel arg missfallen, würde das auch auf Schmitter zurückfallen, den Vermittler – obwohl er nichts dafür kann, was hier steht. Dennoch würde er in Sippenhaft genommen und an Beziehungskredit verlieren. So sind die Spielregeln am Golf.

Kein Wunder, dass Schmitter vorsichtig ist. Ehe er den Besuch anberaumt, nimmt er mich bei einem Treffen in Augenschein. Als die Audienz naht, ruft er am Tag vorher an, um letzte Instruktionen zu erteilen. „Sie sollten eine Krawatte tragen", rät er. „Wie spreche ich den Scheich an?", frage ich. „Nennen Sie ihn ‚Your Highness'", sagt Schmitter.

Der Scheich verspäte sich noch einen kleinen Augenblick, sagt ein freundlicher, bebrillter Herr, setzt sich zu mir und reicht mir seine Visitenkarte: Abdulaziz Al Musallam, Leiter der Kulturerbe-Abteilung des Emirates.
Er trägt eine schneeweiße Dischdascha, die wallende, langärmlige Robe der Golfaraber, auf dem Kopf die weiße *guthra*, zusammengehalten von einer schwarzen Kordel.

„Wir sind Fremde im eigenen Land", sagt Al Musallam. „Unsere Bürger sind durstig nach unserer eigenen Kultur. Es ist so viel verschwunden! Früher sagte man: In jedem Haus Arabiens lebt ein Poet. Was ist davon geblieben?" Die Jüngeren, aufgewachsen mit Pokémon und Playstation, seien längst Teil einer globalen Medienkultur und interessierten sich immer weniger für die Tradition.

Dann kommt der Scheich. Ein Polizeiwagen und mehrere Limousinen, aus denen Männer in weißen Dischdaschas steigen, sind vorgefahren.
Die Entourage formiert sich hinter einem stattlichen Mann mit schwarzem Vollbart, der als Einziger einen schwarzen Umhang mit goldener Bordüre über der Dischdascha trägt, offenbar ein Symbol seiner Macht. Der Mann nimmt seine Sonnenbrille ab, kommt auf mich zu und reicht mir die Hand. Schweigend, würdevoll, wohlriechend.

„Guten Tag, Your Highness", sage ich höflich.
Er lächelt sibyllinisch und schweigt. Überhaupt wird er wenig sagen an diesem Vormittag. Von irgendwoher springt ein Fotograf hinzu und richtet die Kamera auf uns. Einige Passanten bleiben stehen und schauen. Dann übernimmt ein hochgewachsener, freundlicher Mann, offenbar der Protokollchef, die

Regie und choreografiert den Tross in Richtung Islamisches Museum. Allen voran, gehüllt in seinen schwarzen Umhang, schreitet Scheich Sultan, dienstältester Herrscher der Emirate.

1972 kam er an die Macht. Er war 33 Jahre alt, hatte soeben in Kairo seinen Bachelor in Agrarwissenschaft gemacht und plante, sich dem Tomatenanbau in ariden Regionen zu widmen – als eine blutige Palastrevolte das Emirat erschütterte: Der amtierende Scheich wurde von einem Rivalen ermordet. Die königliche Familie machte den jungen, gebildeten Sultan zum neuen Herrscher.

Der entstammt einem einflussreichen Geschlecht: Einst waren die Al Qawasim das mächtigste Herrscherhaus der Emirate. So stark, dass sie es wagten, sich Anfang des 19. Jahrhunderts mit der britischen Handelsmarine anzulegen. In einem Akt der Piraterie – so die britische Version – respektive der Verteidigung legitimer Interessen. Das behauptete Scheich Sultan in seiner 1986 an der Universität von Exeter verfassten Doktorarbeit.

1823 wurde Sharjah Amtssitz eines britischen Gouverneurs, es hatte die erste Schule und den ersten Flughafen der Gegend. Doch dann zog Dubai vorbei, weil es die aggressivere, geschicktere Handelspolitik verfolgte, dann Abu Dhabi, weil man vor dessen Küste unermesslich viel Öl fand. 1971 wurde Abu Dhabi Hauptstadt der Vereinigten Arabischen Emirate.

Scheich Sultan hätte sich mit einer Nebenrolle begnügen müssen. Doch das tat er nicht.

Er reiste ins Ausland, ohne die Regierung zu informieren, unterhielt diplomatische Beziehungen mit Saudi-Arabien und dem Iran, duldete eine kritische Presse, häufte eine Milliarde US-Dollar Schulden auf, weil Abu Dhabi – wohl zur Strafe – Rechnungen nicht überwies und sich Scheich Sultan teure Prestigeprojekte leistete.

Die Spannungen wuchsen. Sie entluden sich am 17. Juni 1987: Während Scheich Sultan in England war, erklärte ihn sein älterer Bruder für abgesetzt – und kürte sich zum Nachfolger. Die Herrscher in Abu Dhabi sahen wohlwollend zu. Doch die in Dubai protestierten. Der damalige Thronfolger und heutige Scheich, Mohammed bin Rashid Al Maktoum, stürmte in die Hauptstadt, legte sein Veto ein und erreichte, dass Scheich Sultan binnen einer Woche wieder eingesetzt wurde.

Scheich Mohammeds Argument: Dulde man den Putsch, riskiere man, die lange, unselige Tradition der Palastrevolten wieder hoffähig zu machen. Scheich Mohammeds Interesse: Kurz zuvor hatte er mit Scheich Sultan langfristige Gaslieferungen vereinbart, zu günstigen Konditionen. Inzwischen sind die Schulden von Sharjah wohl getilgt, die Wirtschaft wächst. 1997 ließ Al Qassimi die prachtvolle Amerikanische Universität errichten, die heute Studenten aus dem gesamten Mittleren Osten anzieht; auf der Kunstbiennale wird – wohldosiert – auch Kritisches gezeigt.

So hat es Scheich Sultan geschafft, dass der Name Sharjah unverrückbar mit „Kultur“ verbunden ist.

Auch wenn die Wirtschaft des Emirats tatsächlich auf Industrie, Gas, Handel und Immobilien beruht.

Wir betreten das Islamische Museum zu einem flüchtigen Rundgang. Vorbei an Devotionalien, die Scheich Sultan gesammelt hat:

einem Koran aus dem 12. Jahrhundert, einem Schlüssel zur Kaaba, dem heiligen Schrein der Muslime, alten Münzen. Wir sind die einzigen Besucher, das Museum wirkt dunkel und verstaubt, die meisten Hinweistafeln sind auf Arabisch. Auch Scheich Sultan scheint den Mangel zu spüren: Bald, sagt er, werde man ein neues Museum eröffnen.

Der Protokollchef dirigiert uns nach draußen. Scheich Sultan zeigt auf ein unansehnliches Hochhaus, das besonders dicht an die Heritage Area grenzt. Er sagt: „Wenn ich eines Tages Geld habe, lasse ich das Gebäude abreißen.“ Ein Scherz? Schließlich ist er unermesslich reich, besitzt einen privaten Airbus, hat seinen Palast mit goldenen Wasserhähnen ausstatten lassen. Die Übergänge zwischen Staatshaushalt und seiner Privatschatulle sind fließend.

Wir erreichen den renovierten Suk. Die alten Männer springen auf, als sie Scheich Sultan sehen, mit leuchtenden Augen gehen sie auf ihn zu. Er begrüßt sie, berührt mit seiner Nase ihre Nasen, begleitet von der Andeutung eines Kusses. Der traditionelle Gruß der Beduinen, intim, respektvoll, auf Augenhöhe. Er begrüßt sie wie Verwandte, und wirklich: Viele seiner Untertanen haben Scheich Sultan gegenüber ähnliche Gefühle, wie sie zu ihrem Vater hegen.

Der Protokollchef dirigiert, der Fotograf fotografiert, der Hofstaat folgt. Wir betreten ein Heimatmuseum. Der Scheich weist auf ein langes, geschnitztes Holzboot, so schwarz, als wäre es aus Zedernholz, ein Relikt aus dem 17. Jahrhundert – nein, der Nachbau eines Bootes aus dem 17. Jahrhundert, auch hier ging das Original verloren.

„Damals“, bemerkt Scheich Sultan, „war Abu Dhabi die ärmste Region am Golf.“ Liegt Genugtuung in diesen Worten? Die Augen des Scheichs sind flink. Sie scheinen sich viel schneller zu bewegen als der Rest seines Körpers.

Ein Diener nähert sich und reicht uns bitteren, mit Kardamom versetzten Tee. Wir trinken ihn aus kleinen Porzellantassen, Scheich Sultan schüttelt die seine, das Zeichen, dass man nicht mehr nachschenken soll. Ich ergreife die Gelegenheit und frage ihn, ob er die Globalisierung begrüße. „Wir machen es wie die Franzosen“, antwortet er, „wir nehmen an ihr teil, aber wir bewahren unser Erbe.“

Ich will nachhaken, endlich beginnen mit dem Interview... Da ist die Audienz bereits zu Ende, hat sich Scheich Sultan umgedreht. Schon eilt er nach draußen, besteigt die Limousine, der Tross fährt davon, gefolgt von einem Polizeiwagen.

In der örtlichen Zeitung wird am nächsten Tag ein Bild von dem Scheich und mir erscheinen, versehen mit der Nachricht, Scheich Sultan habe den deutschen Journalisten „Howitmayer“ empfangen und ihm die Heritage Area gezeigt. Als wäre ich jemand Wichtiges. Wobei, die knappe Meldung wird es treffen: Ich war ein Journalist auf Staatsbesuch. ■

GEO-Redakteur **Ariel Hauptmeier**, 37, reiste aus Sharjah direkt auf die größte Baustelle der Welt: In GEO Heft 12/2006 schrieb er über die Zukunftsstadt Dubai.

▶ SHARJAH

Mit dem Auto in die Vergangenheit

Eine Tagestour in das Hinterland der Boomregion

Die Emirate haben gewissermaßen eine Vorder- und eine Rückseite. Vorn ist da, wo Abu Dhabi und Dubai glitzern und prunken. Hinten, wo die kleinen Emirate liegen. Wer sie besucht, reist zurück in die Vergangenheit des Landes.
Selbst ans Steuer? Kein Problem. Die Straße ist breit und glatt, die Fahrweise meist gesittet. 120 km/h sind erlaubt. Wer rasen möchte, braucht Ohrenstöpsel: gegen das warnende Piepsen, das ab 120 km/h bei jedem Wagen automatisch einsetzt. Oder: Sie fragen einen Taxifahrer, ob er die Tagestour für Sie macht. Kosten: rund 500 Dirham (103 Euro).

Erste Station: Sharjah City
Eine kurze Fahrt entlang den Promenaden: rund um die Khalid Lagoon, vorbei am Blauen Suk mit seinen 600 Geschäften, Cafés und Bars (tgl. 9–13 und 16–23 Uhr, fr zu Gebetszeiten geschlossen) bis zur Heritage Area mit ihren Museen. Dort könnten Sie aussteigen und im Suk Al Arsah einen Minztee trinken (tgl. von 9–13 und 16.30–20.30 Uhr). Dann auf die Autobahn Richtung Kalba. **Zwischenstation: Wadi Al Hilu,** das „schöne Tal".

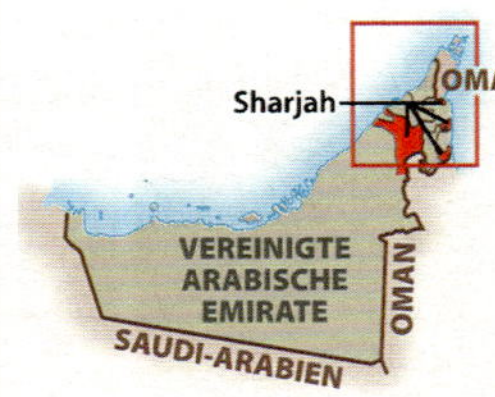

Meer und Meer: Die Route führt von Sharjah am Persisch-Arabischen Golf nach Fujairah am Golf von Oman

Nach ungefähr einer Stunde sehen Sie die westlichen Hajar-Berge: braune, kahle, bis zu 1000 Meter hohe, von der Sonne versengte Geröllhaufen. Hinter einer Kehre: ein schneeweißes, arabisches Fort? Aus der Nähe entpuppt es sich als nagelneue Reihenhaussiedlung. Scheich Sultan, in seiner Sehnsucht nach dem Alten, hat diese Fata Morgana gestiftet.

Zweite Station: Kalba
Jenseits der Berge erreichen Sie Kalba am Golf von Oman: eben noch Fischerdorf, heute stille Kleinstadt mit protziger Promenade. Weite Strände, Mangrovenwälder, ein verschlafenes Heimatmuseum in dem einstigen Wohnhaus eines Scheichs (tgl. 8–13 u. 16.30–19.30 Uhr;

fr nur nachmittags. Eintritt frei, Tel. +971-9/277 76 89). Weiter nach Norden, die Küste hinauf, nach Fujairah, dem bergigsten Emirat. Das örtliche Hilton Hotel hat einen Privatstrand mit exzellentem Restaurant > Tel. +971-9/222 24 11, *www.hilton.de/Fujairah*

Dritte Station: Khor Fakkan
Die kleine Hafenstadt liegt zwischen Bergen und Meer in einer geschwungenen Bucht und bietet einen Park am Meer. Mittendrin ein modernes Café – Mittagspause. Die Aussicht ist grandios: Dutzende Supertanker warten auf ihr Einlaufen in den Persisch-Arabischen Golf. Das Oceanic Hotel organisiert Schnorchel- und Trekking-Ausflüge > Tel. +971-9/238 51 11, *www.oceanichotel.com*

Vierte Station: Dibba Al Hisn
Immer leerer wird das Land – bis Sie nach Dibba kommen, die zwischen Sharjah, Fujairah und Oman geteilte Stadt. Korallenriffe vor der Küste gelten Tauchern als Geheimtipp. Wenn Sie nicht noch am selben Tag zurückfahren möchten, können Sie im neuen, 15 Kilometer vor Dibba gelegenen Le Méridien Al Aqah Beach Resort übernachten > Tel. +971-9/244 90 00, *www.alaqah.lemeridien.de*

Die Rückkehr
Drei Stunden später, nach schneller, monotoner Fahrt über die Wüstenautobahn, erhebt sich aus der Nacht die Skyline von Dubai. Und wieder wird einem bewusst, wie sehr, wie schnell, wie radikal sich diese Stadt verändert. ■

Tradition neu aufgebaut und klimagekühlt: der Blaue Suk in Sharjah City

Seit 1856 machen wir es uns zur Aufgabe, unseren Kunden neue Perspektiven zu eröffnen. Perspektiven, die auf der Vergangenheit basieren und auf die Zukunft gerichtet sind. Erst mit dieser Sichtweise lassen sich die Chancen und Herausforderungen überhaupt erkennen – zum Beispiel dann, wenn wir neuen Partnern helfen, gemeinsam mehr zu bewegen. Denn nur so erreichen wir unser größtes Ziel: die Verwirklichung Ihrer Vision. Für weitere Informationen kontaktieren Sie uns bitte in Frankfurt, in einer unserer weiteren 12 Niederlassungen oder unter www.credit-suisse.com

Neue Perspektiven. Für Sie.

CREDIT SUISSE

Im Rauch der SINNE

Kleopatra verehrte ihn, der Heiland erhielt ihn als Geschenk, Alexander der Große wollte für ihn sogar Krieg führen. Was ist das für ein Duft, der die Menschen weltweit seit Jahrhunderten betört – und den Händlern in Oman bis heute ihre Existenz sichert? Eine Reise in die Heimat des Weihrauchs

TEXT ¬ **TORSTEN HAMPEL**

Sie heisst Leila, wie die Nacht, die Dunkelheit auf Arabisch, sie sitzt hinter dem Verkaufstresen, den Blick gerahmt vom Augenausschnitt des schwarzen Schleiers, der ihr Gesicht bedeckt, und sie beobachtet einen Vorgang von großer Schamlosigkeit. Vor ihr steht eine Frau, ebenfalls verschleiert, die mit einem Gegenstand aus Ton hantiert, einer eckigen Tasse mit einem glühenden Stück Presskohle darin. Die Frau bückt sich, sie rafft ihr Gewand bis zu den Knien, stellt das Tongefäß zwischen ihren weit gespreizten Beinen ab, streut einige sofort verglühende Späne Sandelholz hinein und wartet. Der Rauch steigt an den Innenseiten ihrer Beine empor, er füllt das samtschwarze Kleid, bis er es endlich durchdringt: eine qualmende Frau auf dem Markt der Düfte von Salalah. Die Frau beginnt zu lächeln. Sie probiert ein Parfum.

„Was kostet das?", fragt sie.

„Es ist die beste Mischung, die ich habe", sagt Leila, „Sandelholz eingelegt in Weihrauchöl. Es reicht, wenn Sie sich einmal in der Woche darüberstellen, es hält ewig." Leila hat den winzigen Laden, dessen Regale überquellen, seit 2000. Davor gehörte er ihrer Mutter, die in ihm ihr halbes Leben verbrachte, und deren Mutter ebenfalls mit Düften handelte.

Leila greift nach einem der Schraubgläser hinter sich, stopft ein paar ölgetränkte Sandelholzspäne in ein Blechdöschen und verlangt zwei Rial, etwa vier Euro. Von der Kundin sind nun wieder noch nur die Augen zu sehen, sie zahlt mit zwei Scheinen.

Der Handel mit Düften ist ein sicheres Gewerbe in Salalah, der Hauptstadt der Provinz Dhofar im Süden Omans. Denn hier fällt Weihrauch von den Bäumen.

3500 Jahre vor unserer Zeitrechnung hat Weihrauch schon in den Tempeln von Mesopotamien gebrannt, Weihrauch duftete auf dem Schiff, mit dem Kleopatra den Nil entlangsegelte, um Marc Anton zu treffen, und dort, wo die Griechen ihren Göttern Opfer brachten, glomm er auch. Jesus Christus bekam ihn von den Heiligen Drei Königen geschenkt, bis zu 3000 Tonnen jährlich sollen ins Römische Reich geliefert worden sein, die Chinesen gaben ihr Porzellan gern zum Tausch, und Alexander der Große plante gar, Dhofar zu überfallen, um die Weihrauchbäume unter seine Kontrolle zu bringen.

Es ist kurz nach fünf am Nachmittag, ein Tag im November, die Sonne geht unter. Wenn Leila Augen hätte für die Welt vor ihrem Schaufenster, dann könnte sie das Licht weich werden sehen über dem Suk Al Hosn, dem Duftmarkt von Salalah. Es liegt in den Gassen wie Watte. Hier drinnen im Laden brennen Leuchtstoffröhren, und Leila atmet die ihr vertraute Süße – die Luft ist übersatt von schwerem Sandelholz, sommerlichem Rosenöl, von Myrrhe-Duft, der aus Säckchen strömt. Leila salbt die Haarsträhnen ihrer Kundinnen mit Paste, reicht Harze, Wässer und Öle. „Immer dann, wenn uns Allah begegnet, duf- →

Dufte Probe: Exklusive Parfums bestehen nicht selten aus über 100 Zutaten. Das Destillat aus Rosen, die in der Bergregion Jebel Akhdar kultiviert werden, ist nur eine davon

Wohlgeruch im Überfluss: Bernsteingleich schimmert das Weihrauch-Harz (oben); ein Händler kniet in einem Bett aus Rosenblütenblättern, die frisch weiterverarbeitet werden

Um das Auge zu erfreuen, sind Parfumflakons oft so vollendet wie die Duftkreationen selbst

tet es", sagt sie. „Also lassen wir es so oft wie möglich duften, es ist unser kleiner Trick."

Zu Hause legen die Frauen Leilas Weihrauchharze auf die Glut, sie parfumieren ihre Wohnungen, vertreiben Insekten und böse Geister. Ihren Männern stellen sie Bokhur-Döschen auf die Armaturenbretter der Autos. Den Kindern geben sie in Wasser gelösten Weihrauch zu trinken, damit sie am nächsten Tag in der Koranschule besser lernen können. Sie selbst trinken es bei der Geburt, wenn die Kinder nicht kommen wollen.

Leila, 22 Jahre alt, ledig, kinderlos, nimmt Weihrauchwasser immer dann, wenn sie erkältet ist. Sie ist nicht oft erkältet, obwohl im Laden eine Klimaanlage läuft, aber wenn, dann helfe das Wasser. Der Hals werde weich. Sie sagt, es sei auch gut bei Magenkrämpfen und Leberentzündungen.

Es gibt eine amtliche Empfehlung für all das: „Weihrauch lässt den Tag gut anfangen und gut enden. Man sieht durch ihn die Natur. Und wenn wir uns mit der Natur verbinden, entgehen wir dem Materialismus des Lebens." Der Berater des Sultans für kulturelle Angelegenheiten sagt das.

Die Chemiker sagen: ein Drittel Boswellinsäure und ein weiteres Drittel Olibanumharz, sechs Prozent Öl, 20 Prozent Gummi, etwas Bitterstoff. Das Gemisch quillt aus dem Holz eines Baumes, *Boswellia sacra*, Familie der Balsambaumgewächse.

Die Händler von Salalah beziehen den Weihrauch von Beduinen, die jenseits des Al-Kara-Gebirges leben, das die Küste Dhofars vom Sandmeer der Rub al Khali trennt.

MUSALLAM REHABA IST EIN BEDUINE, ein kleiner, barfüßiger Mann mit schwarzem Tuch um den Kopf, das Gesicht wie aus Leder. Er sagt, dass er ungefähr 90 Jahre alt sei. Er lebt 80 Kilometer nördlich von Salalah, auf einem kahlen Hochplateau mit weißem, steinigem Boden. Ein paar Kilometer weiter ist nur noch Wüste.

Auf dem Plateau stehen auch Rehabas Bäume. Drei, höchstens vier Meter hoch werden sie, sie wachsen weit voneinander entfernt. Es sind eher Büsche als Bäume, ohne Stamm, mit gedrungenen, dicken Ästen, die sich aus dem Boden winden. Die Rinde blättert ab wie Papier.

Musallam Rehaba schabt mit einem Spatel am Holz. Es ist Mittag, seit Sonnenaufgang schlägt er schon Wunden in die Bäume, handtellergroße blassrote Flächen. Er singt ein Lied dabei. Die Bäume bluten sofort, wenn er sie schneidet, milchweiße Tropfen quellen aus den Fasern, sie wachsen ein paar Minuten lang, fangen an zu gerinnen, werden schwammweich und durchscheinend hell.

Der Harzgeruch lockt Fliegen an, sie sind überall, auch auf dem Gesicht des Alten. Er scheucht sie nicht weg. Er weiß, dass es nutzlos ist. Die Luft riecht nach ... Ja, wonach eigentlich? „Schwer zu beschreiben", sagt Rehaba. „Ich kann es nicht. Ich kann so vieles nicht. Ich weiß nicht einmal, wie alt ich bin." Die Jahre mit den Bäumen aber hat er gezählt, sagt er. „Es sind 70."

Nach ein paar Tagen, wenn Musallam Rehaba wiederkommt, werden einige der Tropfen abgefallen sein. Die restlichen wird er abkratzen, sie sind Abfall. Er wird erneut am Holz schaben, auch das Harz des zweiten Schnitts wird minderwertig sein: fingerkuppengroße, von der Sonne getrocknete Stücke. Rehaba wird sie abzupfen und in seinen Korb legen. Sie müssen noch zwei, drei Wochen weitertrocknen, dann wird er in die Stadt fahren und sie verkaufen. Es ist die Sorte Weihrauch, die nur verbrannt werden kann. Erst der dritte Schnitt bringt dann jenes silbrig-grün schimmernde Harz, das die Leute trinken und in ihre Parfums mischen.

Zwischen drei und zehn Kilogramm Weihrauch kann Musallam Rehaba pro Jahr aus einem Baum holen, ein paar hundert Bäume gehören ihm. Vor einiger Zeit sei er noch in ihnen herumgestiegen wie ein Äffchen, das gehe jetzt nicht mehr, sagt er. Irgendetwas in seiner Brust stimme nicht. Man solle nur auf seine Stimme hören, sie sei rau und quieke manchmal.

Musallam Rehaba hatte lange ein auskömmliches Leben mit dem Weihrauch. Doch schleichend, sodass er es kaum bemerkte, bekam er immer weniger Geld für sein Werk. Er sah, dass seine Nachbarn irgendwann nicht mehr selbst zur Weihrauchernte gingen, sondern billige Saisonarbeiter schickten. Bald darauf blieben auch diese aus. Inzwischen sind es bis zu fünf Rial, rund zehn Euro, die Rehaba für ein Kilogramm Weihrauch erhält, und er wird deutlich weniger als früher los.

„Somalia und Indien", sagt Rehaba. „Die haben auch Weihrauch, nicht halb so gut wie dieser hier, aber billiger. Sie verderben das Geschäft."

Geschichtsschreiber haben Rehabas Vorfahren für die reichsten Menschen auf Erden gehalten. Es war die Zeit, in der Karawanen von Dhofar aus über die Weihrauchstraße nach Nordwesten zogen, um das Harz nach Ägypten zu bringen und zum Mittelmeerhafen von Gaza, 3500 Kilometer durch Trockentäler und Wüste. Bis zu 100 Tage sollen sie unterwegs gewesen sein, es gab Räuber an der Strecke und etliche Grenzen, an denen Zölle zu zahlen waren. Ein Abweichen vom kostenpflichtigen Weg wurde mitunter mit der Todesstrafe geahndet. Dafür wurde Weihrauch aufgewogen mit Gold.

Die wichtigsten Handelswege heute sind die Straßen nach Salalah und die Autobahn Salalah–Maskat. Gefährlich sind sie nicht mehr, die Autobahn ist schnurgerade, ein 1000 Kilometer langes Asphaltband durch die Wüste. Das ist die Route, die der reinste Weihrauch nimmt: Silberweihrauch. Der Weihrauch des vierten Schnitts.

Zwei lange Arbeitstische stehen im Raum. Daran sitzen zehn Frauen und Männer, die eine gelbe Flüssigkeit in Flakons fül- →

len, Zerstäuber montieren, Kartons packen. „Amouage Gold" heißt der Duft, der hier, in einer kleinen Fabrik nahe Maskat, verkaufsfertig gemacht wird. Gemischt wird das Parfum im südfranzösischen Grasse, der Hauptstadt der internationalen Parfumindustrie.

Ein Mitglied der Sultansfamilie hatte Anfang der 1980er Jahre die Idee. Unser Öl reicht nicht ewig, soll er dem Sultan gesagt haben. Wir müssen die Wirtschaft auf ganz neue Beine stellen. Lass uns mit Parfum anfangen. Aber nicht mit irgendeinem. Es soll das teuerste Parfum der Welt sein.

Der Sultan willigte ein, der Minister beauftragte zwei seiner Söhne, den Plan umzusetzen, und ein paar Monate später bestieg der französische Parfumeur Guy Robert einen Hubschrauber, der ihn von Maskat nach Salalah bringen sollte. Der Hubschrauber gehörte dem Militär. „Einer der Ministersöhne war Luftwaffenchef des Landes", sagt Robert. Er selbst war damals ein Star, hatte Parfums für Chanel, Dior und Hermès kreiert, zahlreiche Bestseller darunter.

Die Aufgabe, die ihm in Oman gestellt wurde, war dennoch neu: Er bekam einen Blankoscheck, Geld spielte keine Rolle. Es gab nur eine Bedingung: Silberweihrauch aus Dhofar musste im Parfum enthalten sein.

„Zuerst habe ich mich durch die Straßen der Städte gerochen", sagt Robert. Omans Städte aber sind sehr sauber, die Straßen riechen nach nichts, sie inspirierten ihn nicht. Erst bei den Bäumen in den Bergen bekam Robert eine Ahnung von dem, was er erschaffen sollte. Er roch. Das frische Harz an den Rinden, die getrockneten silbernen Klümpchen auf dem Boden, die aus ihnen destillierten Weihrauchöle auf dem Markt von Salalah. Er roch. Eine „zitronige Nadelholznote", vor allem aber eine „pfeffrige Wärme", und plötzlich wusste Robert, was er brauchte.

Er trug Essenzen aus der ganzen Welt zusammen. Patschuli aus Sumatra, Koriander aus Nordafrika, Rosenöl, Myrrhe, Ylang Ylang. Er experimentierte mit Vanille. „Vanille ist sehr, sehr warm", sagt er. Aber die Ministersöhne antworteten: „Wir wollen kein Parfum, das sich in Süd-Jemen gut verkauft, wir wollen eines, das die Leute in New York begehren."

So suchte Robert weiter, fand Bergamotte, Zedernholz und Jasmin. 120 verschiedene Stoffe trug er zusammen, mischte und verwarf, und nach einem Jahr vollendete er sein Werk. Er sagt, Amouage sei eine „Symphonie, die glorreiche Krönung meiner Karriere". Als der Duft auf den Markt kam, kostete ein Flakon aus vergoldetem Sterling-Silber 1000 US-Dollar.

Erfolgreich war das Parfum lange Zeit nicht, mittlerweile wird es günstiger angeboten. Aber längst ist „Amouage" zu dem geworden, was der Weihrauch tausende Jahre zuvor war: ein Botschafter Omans. Der Sultan verschenkt das Parfum an seine Staatsgäste. ■

Autor **Torsten Hampel**, 37, und **Musallam Rehaba**, ungefähr 90, am Ende ihrer Begegnung: „Musallam, wir werden jetzt fotografiert. Soll ich Abzüge schicken?" „Mein Sohn, so beeindruckend war dein Besuch hier draußen nun auch wieder nicht."

INFO

▶ SALALAH

Immer der Nase nach

ANREISE: Die schnellste und bequemste Möglichkeit für die 1000 Kilometer zwischen Maskat und Salalah ist das Flugzeug. Oman Air fliegt zweimal täglich in jede Richtung, ab 40 €, *www.omanair.aero*

INFORMATION: Eine zentrale Anlaufstelle für Touristen gibt es in Salalah nicht. Aber viele Leute in der Stadt sprechen Englisch und können Ihnen die Wege zu Markt und Meer weisen. Nehmen Sie bei großer Hitze am besten ein Taxi. Wenn Sie allerdings im Sommer reisen, vergessen Sie Ihre Regenkleidung nicht! Von Mitte Juli bis Mitte September ist Monsunzeit in Dhofar, eine Besonderheit auf der Arabischen Halbinsel. Um die Kühle (25 Grad Celsius) und den Sprühregen zu genießen, kommen Tausende Besucher aus dem Norden Omans und den Nachbarländern nach Salalah. Auch der Sultan weilt während dieser üppig grünen Zeit in der Stadt.

ÜBERNACHTEN: Haffa House, eines der wenigen Hotels in der Stadt, das man problemlos im Internet buchen kann. Tun Sie das im voraus, es ist oft ausgebucht (DZ ab 58 €, *http://directrooms.com*). Hilton und Crowne Plaza, beides große Ferienanlagen am Meer, sind deutlich teurer (Preise stark saisonabhängig, Tel. +968-23/21 12 34 bzw. Tel. +968-23/23 53 33).

ANSEHEN: Ein Muss ist der Duftmarkt Al Hosn; mehrere Dutzend Händler bieten ab 17 Uhr ihre Waren an. Sie führen ein nahezu identisches Sortiment, fragen Sie deshalb nach den jeweiligen Spezialitäten! Von Mirbat aus, eine halbe Autostunde östlich, wurde der Weihrauch verschifft.

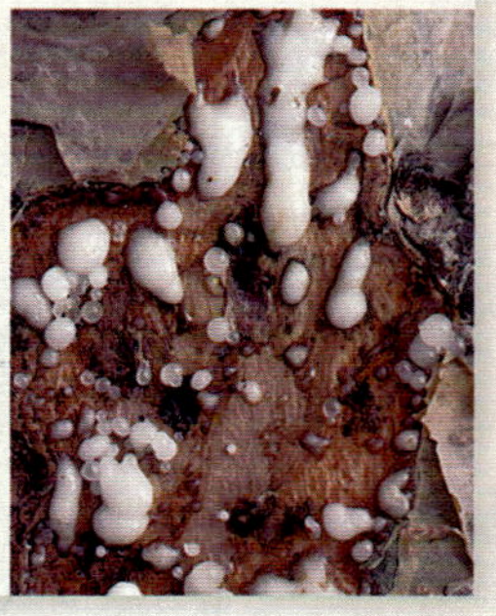

Tränen, einst teuer wie Gold: Weihrauchharz auf der Rinde

6x im Jahr bequem frei Haus!

Rosenzweig & Schwarz, Hamburg

Bergmann-Uhr »1922«

Exklusive Armbanduhr mit Edelstahlgehäuse, PU-Lederarmband und präzisem Quarzwerk. Einzeln nummeriert. Wahlweise als Damen- oder Herrenmodell. Damenuhr ca. 24 x 24 mm, Herrenuhr ca. 28 x 36 mm.

GEO Special-Heftpaket »Australien« und »Chile & Argentinien«

Tasmanien – Sanfte Hügel, dampfender Regenwald, geheimnisvolle Seen, Aborigines – Bunte Heimat, Outback-Express – 48 Stunden Ewigkeit. Buenos Aires – Eine Stadt aus Luft und Liebe, Gauchos – Strahlender Mythos, harter Alltag. **Zwei Ausgaben von GEO Special, die Ihnen Lust aufs Reisen machen und für Fernweh sorgen!**

GEO Special mit über 14% Ersparnis!

Lesen oder verschenken Sie GEO Special und Sie erhalten ein Geschenk Ihrer Wahl.

Ihre GEO Special-Abo-Vorteile

- **Dankeschön gratis!**
- **Über 14% Ersparnis!**
- **Lieferung frei Haus!**
- **Nach 6 Ausgaben jederzeit kündbar!**
- **Geld-zurück-Garantie für zu viel bezahlte Hefte!**

Abonnenten-Service Österreich
Tel.: 0820/00 10 85
Geo-Special@abo-service.at

Leser-Service Schweiz
Tel.: 041/329 22 20
Geo-Special@leserservice.ch

Bitte Bestellnummer aus dem Vorteilscoupon angeben.

Verlag: Gruner+Jahr AG & Co KG, Dr. Gerd Brüne, Am Baumwall 11, 20459 Hamburg. AG Hamburg HRA 102257.
Vertrieb: DPV Deutscher Pressevertrieb GmbH, Hartmut Bühne, Düsternstr. 1, 20355 Hamburg. AG Hamburg, HRB 95 752.

*14 Cent/Min.

GEO Special-Vorteilscoupon

Ja, ich möchte GEO Special selbst lesen oder verschenken für zzt. nur € 6,65 je Ausgabe statt € 7,80 (D)/ zzt. € 7,75 statt € 8,60 (A)/ zzt. Fr. 13.– statt Fr. 15.30 (CH). Als Dankeschön für meine Bestellung erhalte ich ein Geschenk meiner Wahl nach Zahlungseingang gratis. Nach einem Jahr kann ich jederzeit kündigen. GEO Special erscheint zzt. 6x jährlich. Alle Preise inkl. Zustellung und MwSt.

Mein Geschenk: Bergmann-Uhr »1922« ☐ **Damenmodell** ☐ **Herrenmodell** oder ☐ **GEO Special-Heftpaket** (bitte nur ein Kreuz)

Meine Adresse: Bitte auf jeden Fall ausfüllen!

Name, Vorname

Straße/Nr.

Geburtsdatum 19

PLZ

Wohnort

Telefonnummer

E-Mail-Adresse

☐ Ja, ich bin damit einverstanden, dass Sie mich künftig per Telefon oder E-Mail über interessante Angebote von Gruner+Jahr und Partnerunternehmen informieren.

Ich zahle bequem per Bankeinzug (D: halbjährlich € 19,95):

Bankleitzahl

Kontonummer

Geldinstitut

Widerrufsrecht: Die Bestellung kann ich innerhalb der folgenden zwei Wochen ohne Begründung bei GEO Special, Kunden-Service, 20080 Hamburg, in Textform (z. B. Brief oder E-Mail) oder durch Rücksendung der Zeitschrift widerrufen. Zur Fristwahrung genügt die rechtzeitige Absendung.

Datum

X Unterschrift

514708

Adresse des Geschenkempfängers: Nur ausfüllen, wenn Sie GEO Special verschenken möchten!

Name

Vorname

Geburtsdatum 19

Straße/Nr.

PLZ

Wohnort

514709

Dauer der Geschenklieferung:
☐ unbefristet (mindestens 1 Jahr) ☐ 1 Jahr (6 Ausgaben)

Vorteilscoupon einsenden an:
GEO Special, Kunden-Service, 20080 Hamburg

Oder anrufen unter:
01805/861 80 00*

Einfach per E-Mail:
GeoSpecial-Service@guj.de

In 20 Ausgaben um die

www.geo.de

Welt. Mit GEO Special.

Jetzt im ausgesuchten Buch- und Zeitschriftenhandel. Falls Sie eines dieser Hefte verpasst haben, bieten sich jetzt folgende Möglichkeiten: Sie können zum Zeitschriftenhändler Ihres Vertrauens gehen und danach fragen. Sie können sich direkt an GEO wenden – Tel. 01805 / 86 18 003* oder Fax 01805 / 86 18 002*. Sie können im Internet unter www.geo-webshop.de nachschauen. Oder Sie können sich auf das neue Heft freuen. Und wenn das alles immer noch nicht zum Ziel Ihrer Träume führt, dann können Sie auch hinfahren.

*(14 Cent/Min.)

GEO Special
Die Welt entdecken mit GEO

Den Schlüssel zum Glück gibt es hier an der Rezeption: Europas beste Hotels.

Kolle Rebbe

Weitere Themen

Neuengland
Die heile Welt der Shaker.

Wandern
Gut gerüstet für den neuen Trendsport.

Plus 2 Extra-Hefte
Luxemburg und Piemont.

www.geosaison.de

Lust auf Reisen. Mit GEO

service

Die wichtigsten Tipps und Adressen für Ihre Reise

DUBAI, EMIRATE UND OMAN

MÄRCHENREISE AUF ARABISCH

Eintauchen in den Orient? Nichts ist leichter als das

ORIENTIERUNG

EINREISE

VAE: Urlauber aus Deutschland, Österreich und der Schweiz erhalten bei der Einreise ein kostenloses Touristenvisum in den Pass gestempelt. Es berechtigt zu 60 Tagen Aufenthalt.
OMAN: Das erforderliche Touristenvisum erhalten Deutsche, Österreicher und Schweizer entweder bei der jeweiligen omanischen Botschaft oder bei Einreise am Flughafen/an der Grenze gegen eine Gebühr von 6 Omani Rial (ca. 13 €). Es berechtigt zu einem Aufenthalt von vier Wochen, eine Verlängerung um weitere vier Wochen ist möglich. Der Reisepass muss noch sechs Monate nach Einreisetermin gültig sein.
GRENZVERKEHR: Wurde das Visum für die Vereinigten Arabischen Emirate von der Einreisebehörde Dubais (nicht aber von der Abu Dhabis oder eines anderen Emirats) ausgestellt, berechtigt es auch zur Einreise nach Oman.

ANREISE

Nach **Dubai** gibt es **direkte Flugverbindungen** mit Emirates (ab Frankfurt, Düsseldorf, Hamburg, München und Zürich), Lufthansa (ab Frankfurt, München), Condor (nur im Winter, ab Frankfurt, Wien, Zürich und Genf), Austrian Airlines (ab Wien), Swiss (ab Zürich) und Thai Airways (ab Frankfurt).
Nach **Abu Dhabi** fliegen Gulf Air (ab Frankfurt), Lufthansa (ab Frankfurt und München), Etihad (ab Frankfurt, München und Genf), nach **Sharjah** kommt man mit Royal Brunei Airlines (ab Frankfurt).
Maskat wird inzwischen von fast allen großen Fluglinien angesteuert, allerdings gibt es bis heute keine Nonstop-Verbindung aus Deutschland, Österreich oder der Schweiz. Gulf Air fliegt täglich von Frankfurt via Bahrain nach Maskat, Etihad via Abu Dhabi, Emirates, Lufthansa und Swiss via Dubai.
In der Wintersaison, zu Ostern und am Ende des Ramadans Flüge so früh wie möglich buchen.

WEITERREISE

LUFTWEG: Wer sowohl die VAE als auch Oman besuchen möchte, bucht am besten den Langstreckenflug nach Maskat und legt in Dubai oder Abu Dhabi einen Stop-over ein – je nach Tarif ohne Aufpreis.
LANDWEG: Von Dubai fahren täglich Expressbusse über Hatta nach Maskat, Fahrzeit ca. sechs Stunden. Mit dem Mietwagen nach Oman einzureisen, ist bei einigen Verleihfirmen möglich. Aufschläge für die Haftpflichtversicherung sind obligat, bei Einwegmiete kommt eine hohe Rückführungsgebühr hinzu. Grenzübergänge gibt es bei Al Ain, Hatta, Kalba sowie nördlich von Ras Al Khaimah (Musandam).

VERSTÄNDIGUNG

Die offizielle Landessprache in Oman und den VAE ist Arabisch. Englisch ist die Geschäftssprache und weit – aber nicht durchgängig – verbreitet unter Einheimischen wie „Gastarbeitern“.

ZEITVERSCHIEBUNG

Oman und die Vereinigten Arabischen Emirate sind der mitteleuropäischen Zeit um **drei Stunden voraus**, während der europäischen Sommerzeit um zwei Stunden.

REISEZEIT

Das Klima in den Vereinigten Arabischen Emiraten und in Oman ist subtropisch heiß bei hoher Luftfeuchtigkeit an den Küsten. Im **Sommer** (Mai–September) steigen die Temperaturen tagsüber auf 35 bis 50 Grad Celsius. Als weniger unangenehm wird das Wüstenklima im Landesinnern empfunden, wo es zwar extrem heiß, aber trocken ist und nachts stärker abkühlt. Die beste Reisezeit für westliche Touristen →

Über das regenarme Oman verteilen sich Oasen wie grüne Inseln. Am besten gedeihen widerstandsfähige Pflanzen wie Dattelpalmen

ist der **Winter** (Oktober–April), das Klima ist dann dem europäischen Sommer vergleichbar (siehe Klimadiagramme).

DUBAI UND DIE EMIRATE

AUSKUNFT

Es gibt kein zentrales Informationsbüro der VAE. Spezialisierte Auskünfte sind hier erhältlich:

■ **Government of Dubai, Department of Tourism and Commerce Marketing**, *www.dubaitourism.ae* in Deutschland: *Bockenheimer Landstr. 23, 60325 Frankfurt/M., Tel. 069/71 00 02-0, Fax 71 00 02 34, E-Mail: dtcm_ge@dubaitourism.ae;* Schweiz und Österreich: *Hinterer Schermen 29, CH-3063 Ittigen-Bern, Tel. 031/924 75 99, Fax 921 90 08, E-Mail: dtcm_ch@dubaitourism.ae;* in Dubai: *P. O. Box 594, Tel. 00971-4/223 00 00, Fax 223 00 22, E-Mail: info@dubaitourism.ae*

■ **Abu Dhabi Tourism Authority**, *www.exploreabudhabi.ae* in Deutschland: *Goethestr. 27, 60313 Frankfurt/M., Tel. 069/299 25 39 20, Fax 299 25 39 11, E-Mail: germany@adta.ae* in Abu Dhabi: *P. O. Box 94000, Tel. 00971-2/444 04 44, Fax 444 04 00, E-Mail: info@abudhabitourism.ae*

LANDSCHAFTEN

Das Gebiet der Vereinigten Arabischen Emirate liegt im Nordosten der Arabischen Halbinsel. Zwei Drittel der VAE-Fläche sind von **Sand** bedeckt, die weiteren Regionen sind **Geröll- und Kieswüsten** sowie savannenähnliche **Halbwüste**. Sechs der sieben Emirate reihen sich entlang des rund 700 Kilometer langen **Küstenstreifens** am Persisch-Arabischen Golf, der von Lagunen, Meeresarmen, Sandbänken, Mangrovensümpfen und vielen kleinen vorgelagerten Inseln geprägt ist. An der nur knapp 70 Kilometer langen Küste am Golf von Oman mit dem Teilemirat Fujairah wechseln sich Strände und Steilklippen ab. Zwischen den beiden Landesteilen bildet das **Hajar-Massiv** eine natürliche Barriere. Dieser Gebirgszug mit seinen schroffen Kalksteinspitzen und tiefen Trockenflusstälern erreicht hier Höhen von bis zu 2000 Metern.

ÜBERBLICK

In ihrem Erscheinungsbild und ihrer Entwicklung unterscheiden sich die sieben Emirate stark voneinander: Abu Dhabi, Sitz der Bundesregierung und Zentrum der Ölindustrie, ist das wohlhabendste Emirat mit über 90 Prozent der Ölvorkommen in den Emiraten. Dubai ist die kosmopolitischste Handelsmetropole des Nahen Ostens. Sharjah gilt als Kulturhauptstadt am Golf. Sharjah und Ajman (Industrie), Ras Al Khaimah und Fujairah (Landwirtschaft) und Umm Al Quwain (Fischerei) leben vor allem von den Zuwendungen Abu Dhabis. In den beiden kleinsten Emiraten Umm Al Quwain und Ajman sieht es heute zum Teil noch so aus wie in den Metropolen Abu Dhabi und Dubai zu Beginn des Ölbooms.

WEBSITES FÜR DIE REISEPLANUNG

VAE OFFIZIELL: www.uaeinteract.com (Informations- und Kulturministerium), www.government.ae (Regierung), www.sheikhmohammed.com (Herrscher von Dubai)
TOURISTENINFORMATION: www.arabianview.com, www.hallodubai.com (Reise- und Business-Forum), www.dubai.de, www.dubai-sonne.de (mit Forum), www.dubai-city.de, www.emirate-urlaub.de
DUBAI: www.godubai.com, www.dubaicityguide.com, www.dm.gov.ae
AUSGEHEN: www.dubai-eating.com, www.timeoutdubai.com, www.dubailook.com, www.timeoutabudhabi.com
KLEINE EMIRATE: www.sharjahtourism.ae, www.uaq24.com, www.rak24.com, www.raktourism.com, www.fujairah-tourism.ae
FRAUEN: www.frauenkreis-dubai.de, www.expatwoman.com
OMAN: www.omanet.om (Informationsministerium), www.shura.om (Offizielle Website des Sultanats), www.omantourism.gov.om, www.destinationoman.com, www.soukofoman.com, www.omanaccess.com, www.myoman.com (mit Fotogalerie), www.omanclimbing.com (mit Forum), www.deutschoman.de (Deutsch-Omanische Gesellschaft)
NACHRICHTEN: www.ameinfo.com, www.gulfnews.com, www.emiratestodayonline.com, www.newsbriefsoman.info (kommentiertes Nachrichtenarchiv), www.omantribune.com

GELD

Die Landeswährung der Vereinigten Arabischen Emirate ist der **Dirham**, unterteilt in 100 Fils. Der Dirham, abgekürzt **AED**, ist frei konvertierbar, sein Wert fest an den US-Dollar gekoppelt zum Kurs von 3,67 AED für 1 $. **Wechselkurs**: 1 AED für 0,21 €, 1 € für 4,82 AED (Stand: Jan. 2007). **Kreditkarten** werden in nahezu allen größeren Hotels und Einkaufszentren akzeptiert. Zudem kann man mit der **Maestro-Karte** in vielen Geschäften bezahlen oder Cash an einem der zahlreichen **Geldautomaten** abheben.

WAS KOSTET WAS?

Das Preisniveau in den VAE entspricht in etwa dem in Mitteleuropa. Im Supermarkt sind aus der EU importierte Waren nicht zwangsläufig teurer als in Deutschland. Die Transportkosten werden durch geringe Steuern und Löhne wieder ausgeglichen. Auch im Dienstleistungsbereich wirkt sich das niedrige Lohnniveau auf die Preise aus.
So kostet ein Essen – egal ob im Imbiss oder im Fünf-Sterne-Restaurant – meist weniger als ein vergleichbares in Deutschland. Beneidenswert niedrig sind die **Benzinpreise**: 1 Gallone (= 4,54 l) Superbenzin kostet 6,75 AED (etwa 1,40 €), 1 Gallone Diesel 9,25 AED (ca. 1,92 €).

FORTBEWEGUNG IM LAND

In den VAE, einem Land knapp so groß wie Österreich, sind Inlands-

KLIMA + REISEZEIT

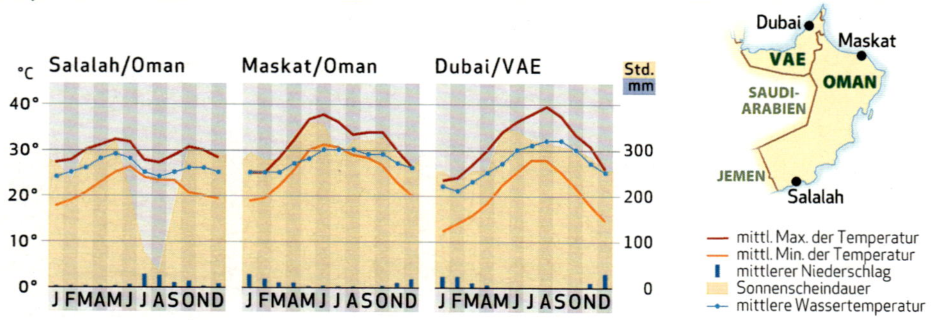

Reiseführer

■ **Dubai, Vereinigte Arabische Emirate**, *Baedeker Allianz Reiseführer, 2006, 19,95 €.* Guter Überblick über die Region. Mit großer Reisekarte.

■ **Kirstin Kabasci: Emirat Dubai**, *Verlag Reise Know-How Rump, 5. vollst. überarb. Aufl. 2007, 19,90 €.* Kompaktes Handbuch. Tipps auch für Reisende mit kleinem Budget.

■ **Gerhard Heck: Abu Dhabi**, *DuMont Reise-Taschenbuch, 2006, 12 €.* Verlässlicher Reiseführer, frisch recherchiert. Viele lesenswerte Hintergrundinformationen.

■ **Georg Popp: Oman**, *Edition Erde, 5. vollst. überarb. Aufl. 2006, 22,50 €.* Kundige Einführung in die Kultur und Gesellschaft des Landes.

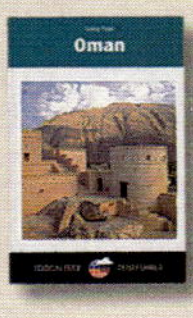

■ **Peter Franzisky, Kirstin Kabasci: Oman**, *Reise Know-How Verlag Rump, 5. vollst. überarb. Aufl. 2006, 23,50 €.* Reisehandbuch mit ausführlichen Wegbeschreibungen.

■ **Oman Straßenkarte**, *Verlag Reise Know-How Rump, 2006, Maßstab 1:850 000, 8,90 €.* Die aktuellste und beste Straßenkarte, die derzeit über das Land erhältlich ist.

■ **Lara Dunston, Terry Carter: Dubai**, *Lonely Planet Guides, 4. Aufl. 2006.* Ein „City Guide" in bewährter Qualität, ab Februar 2007 als deutschsprachige Ausgabe erhältlich.

■ Aktuell und faktenreich: die englischsprachigen Führer von **Explorer Publishing**, *Dubai, www.the-explorer.com*: Im Programm sind umfassende **Residents' Guides** über Dubai, Abu Dhabi und Oman (je 18 €), handliche **Mini Guides** (8,95 €) sowie Tauch-, Trekking- und Off-Road-Führer (18 € bzw. 29 €). Lesen Sie auch die Tipps des Explorer-Teams ab Seite 132.

Kultur + Geschichte

■ **Mohammed Al Fahim: Vom Wüstensand zum Wohlstand**, *Corinthian Publishing, Dubai 2006, ca. 15 €.* Sehr vergnüglich zu lesen: der rasante Aufstieg Abu Dhabis von einer Beduinengesellschaft zu einem der reichsten Länder der Erde.

■ **Frauke Heard-Bey: From Trucial States to United Arab Emirates**, *Motivate Publishing, Dubai, Abu Dhabi 2004, ca. 27 €.* Das Standardwerk der VAE-Geschichte. Die deutsche Historikerin lebt seit den 1960er Jahren in Abu Dhabi (siehe auch Seite 66).

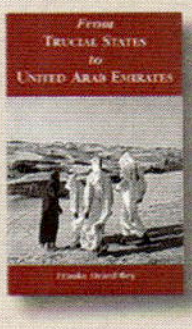

Das andere Dubai: Windtürme in Bastakiya, der Altstadt

flüge nicht sinnvoll. Von einer Stadt in die andere kommt man preiswert und schnell per **Minibus** oder **Sammeltaxi**. Diese halten an den Bus- und Taxistationen – in Dubai etwa an der Kreuzung Omar Ibn Al Khattab Road und Al Rigga Road –, haben jedoch keine festen Abfahrtszeiten. Preisbeispiele: Abu Dhabi–Dubai: 15 AED (ca. 3,10 €), Dubai–Sharjah: 5 AED (ca. 1 €), Sharjah–Fujairah: 25 AED (ca. 5,20 €). Moderne **Fernbusse** verkehren mehrmals täglich zwischen den Emiraten, von Dubai etwa nach Fujairah (5,20 €) oder Hatta (2,10 €).

Über Busfahrpläne und -strecken informiert die **Roads & Transport Authority** unter der kostenlosen *Rufnummer 800 90 90*. Details, auch über Taxis, Wassertaxis und die geplante Dubai Metro, auf der Website *www.rta.ae*

UNTERKUNFT

Es gibt eine Vielzahl an Hotels aller Preisklassen. Wobei das Preisniveau zwischen den einzelnen Emiraten variiert. Vergleichsweise teuer sind Mittelklassehotels, die ab 90–150 € für ein Doppelzimmer berechnen. Vier- und Fünf-Sterne-Luxus ist ab 130 € pro Doppelzimmer zu haben. Grundsätzlich gilt: **Hotelpreise sind verhandelbar**.

Wer zeitlich flexibel ist und die Preise bei Direktbuchung mit jenen der Reiseveranstalter vergleicht, kann gelegentlich die Luxusklasse zum Schnäppchenpreis ergattern. Auch wer länger bleibt, bekommt Rabatt.

Erkundigen Sie sich, ob Steuern und Servicepauschale (*tax* und *service charge*) im Zimmerpreis enthalten sind, denn je nach Kategorie können beide zusammen 15 bis 25 Prozent des Preises ausmachen. Einfache Hotels berechnen diese oft nicht.

In der Wintersaison, über Weihnachten, zu wichtigen Messen und an islamischen Feiertagen – vor allem während des Ramadans – sind die Preise hoch und Unterkünfte oft ausgebucht. Zu diesen Zeiten rechtzeitig reservieren.

ÖFFNUNGSZEITEN

Gesetzlicher Ruhetag ist der Freitag. Die meisten Privatfirmen haben freitags geschlossen, Regierungsstellen und Staatsbetriebe zusätzlich samstags. Geschäfte sind meist täglich geöffnet von 8 oder 9 bis 13 und von 16 bis 20 Uhr, einige auch bis Mitternacht oder durchgehend. Fast alle aber schließen zur Zeit des Freitagsgebets zwischen 11.30 und 13.30 Uhr oder öffnen freitags erst nachmittags.

Im Fastenmonat Ramadan gelten andere Öffnungszeiten.

TELEFON

Ländervorwahl (von Deutschland, Österreich, Schweiz) für die VAE: **00971**.

Ortsvorwahl Abu Dhabi: *02*, Al Ain: *03*, Dubai: *04*, Sharjah, Ajman und Umm Al Quwain: *06*, Ras Al Khaimah: *07*, Fujairah: *09*. Bei Anrufen aus dem Ausland entfällt die Null.

Telefonzellen, die mit Kredit- und Telefonkarten funktionieren, gibt es fast an jeder Straßenecke. Das eigene **Mobiltelefon** können Sie →

ARABIEN-SPEZIALISTEN

Sie können bei fast allen großen Reiseveranstaltern Hotelaufenthalte in den VAE und in Oman buchen. Daneben gibt es Anbieter, die sich auf Reisen zur arabischen Halbinsel spezialisiert haben. Eine Auswahl:

VAE UND OMAN: **EWTC Emirates World Travel Cologne**, *Köln, Tel. 0221/801 11 20, www.ewtc.de*. Hotelaufenthalte, Rundreisen, individuelle Reisen, Flug- und Mietwagenbuchungen.

EMS Klaus Gehrmann Travel, *Köln, Tel. 0221/16 07 43, www.ems-tours.de*. Rundreisen, Flug- und Mietwagenbuchung, individuelle Tourorganisation.

RTC Rose Travel Consulting, *Rottach-Egern, Tel. 08022/662 50, www.rosetravel.de/holiday*. Reise-Packages, Luxuskombinationen und ausgefallene Ausflugsprogramme in den Emiraten; individuelle Entdeckungs-Rundreisen in Oman.

OMAN: **Arabia Felix-Synform GmbH**, *München, Tel. 089/30 77 92 00, www.oman.de*. Keine Katalogreisen, nur individuell geplante Touren und von Orientalisten geführte Studienreisen.

Bedu Expeditionen, *München, Tel. 089/62 43 97 91, www.bedu.de*. Reisen mit Expeditionscharakter in kleinen Gruppen; auch Trekking, Kamelritte, geführte Selbstfahrertouren in der Wüste; Ausarbeitung individueller Reisen.

Nomad-Reisen, *Gerolstein, Tel. 06591/94 99 80, www.nomad-reisen.de*. Reisen mit Expeditionscharakter, auch Trekkingtouren und individuell geplante Touren.

AGENTUREN IN OMAN: **Mark Tours**, *Ruwi, Tel. 00968/24 78 27 27, www.mark-oman.com*. Autovermietung, Hotelbuchung, Exkursionen. Die international besetzte Agentur ist um guten Service bemüht.

Nomadic Adventures & Tours, *Bidiyah, Tel. 00968/99 33 62 73, www.nomadicdesertcamp.com*. Der Wahibah-Beduine Rashid Al Mighairy ist Spezialist für Touren in die Wüste Wahibah.

Arabian Sands Tours, *Salalah, Tel. 00968/99 49 51 75, Fax 23 29 61 10, E-Mail: dameem9@hotmail.com*. Der Mahri-Beduine Mussallem Hassan Qahour ist der beste Führer durch Südoman und in die Rub Al Khali – und spricht fließend Deutsch.

Musandam Sea Adventures, *Khasab, Tel. 00968/99 34 63 21, www.musandam-sea-adventures.com*. Abdul Fatah Al Shuhee befährt mit seinen Daus die Fjorde Musandams.

auch in den VAE benutzen – zu hohen Gebühren. Preiswerter wird es mit einer emiratischen Prepaid-SIM-Karte, erhältlich am Flughafen und in den Filialen der staatlichen Telekommunikationsgesellschaft **Etisalat** (*www.etisalat.ae*).

WICHTIGE RUFNUMMERN

Ambulanz	*998*
Polizei	*999*
Telefonauskunft (englisch)	*181*

INTERNET

In Internetcafés zahlt man meist 5–10 AED (1–2 €) pro Stunde, entsprechend mehr in Hotels. Hotspots zum kabellosen Surfen finden sich in immer mehr Cafés und Restaurants, auch an Flughäfen.

GESUNDHEIT

Die Behandlung medizinischer Notfälle ist in den staatlichen **Krankenhäusern** kostenlos, nicht aber in Privatkliniken. Wer eine Auslandskrankenversicherung abgeschlossen hat, bekommt die Kosten nach Vorlage von Quittungen erstattet.

Die deutsche Botschaft in Abu Dhabi und das Generalkonsulat in Dubai veröffentlichen Listen **deutschsprachiger Ärzte** auf ihren Websites *www.abu-dhabi.diplo.de* und *www.dubai.diplo.de*. **Apotheken** finden sich sowohl entlang wichtiger Geschäftsstraßen als auch in nahezu jedem Einkaufszentrum.

Kirstin Kabasci

SULTANAT OMAN

AUSKUNFT

■ **Interface International GmbH**, *Petersburger Straße 94, 10247 Berlin, Tel. 030/42 08 80 12, Fax 42 25 62 86, www.omantourism.de*. Offizielle Vertretung des omanischen Tourismusministeriums für das deutschsprachige Europa, versendet auf Anfrage allgemeines Informationsmaterial.

LANDSCHAFTEN

Nordwestlich von Maskat erstreckt sich die **Batinah-Ebene** auf einer Länge von 270 Kilometern entlang der Küste bis zur Grenze der Vereinigten Arabischen Emirate. Dieser fruchtbare Küstenstreifen wird ganzjährig intensiv landwirtschaftlich genutzt. Im Landesinneren wird er durch den parallel zur Küste verlaufenden, über 3000 Meter hohen Felsriegel des westlichen **Hajar-Gebirges** begrenzt. An der Einfahrt zum Persisch-Arabischen Golf bilden Ausläufer des Hajar-Gebirges die **Exklave Musandam**.

Südlich des Hajar-Gebirges erstreckt sich die **Sandwüste Wahibah** entlang der Küste des Arabischen Meers. Flache Kieswüsten bilden den großen Mittelteil des Landes. Nach Süden hin erheben sie sich zu Gebirgen, die an der Küste schroff zur fruchtbaren Ebene bei **Salalah** abfallen. Die Sanddünen der **Rub Al Khali** bestimmen das Bild an der Grenze zu Saudi-Arabien.

FORTBEWEGUNG IM LAND

Öffentliche Verkehrsmittel sind weder vom Fahrplan noch von den Routen her auf die Bedürfnisse von Touristen abgestimmt. Oman erkundet man daher am besten mit dem **Leihwagen**. Die Beschilderung entlang der Teerstraßen ist zweisprachig gehalten, Verkehrszeichen und -regeln entsprechen denen in Europa.

Die Höchstgeschwindigkeit beträgt 120 km/h. Gegen Vorlage eines internationalen oder europäischen Führerscheins kann man problemlos einen Wagen mieten.

Wer von Maskat nach Salalah fahren will, sollte sich jedoch überlegen, ob er nicht lieber fliegt – zwei Drittel der über 1000 Kilometer langen Strecke führen durch karge Kiesebenen. Ein Geländewagen kostet etwa 80 €, einen kleinen Pkw bekommt man schon ab 25 € pro Tag.

Durchgängig zweisprachig: die Straßenschilder am Golf

Ortsüblicher Personennahverkehr: Wassertaxi auf dem Dubai Creek

KLEIDUNG

Die Kleidung sollte – bei Frauen und Männern – den muslimischen Gepflogenheiten entsprechen, also Schultern, Oberarme sowie Knie verhüllen und nicht etwa körperbetont und eng sein.

GELD

Landeswährung ist der **Omani Rial (OMR)**, der in 1000 Baizas unterteilt wird. Der Omani Rial ist konvertierbar, sein Wert fest an den US-Dollar gebunden und daher denselben Schwankungen unterworfen. **Wechselkurs:** 1 OMR für 2 € (Stand: Jan. 2007).
Am einfachsten wechselt man bei Ankunft am Flughafen einige Euro oder Franken um und holt sich dann per **Kreditkarte** Nachschub. Fast in jedem Ort Omans sind **Geldautomaten** zu finden, die Visa oder Mastercard akzeptieren. Diese Kreditkarten sind am weitesten verbreitet und werden in vielen Geschäften, Restaurants und den meisten Hotels angenommen. Mit der **Maestro-Karte** kann man bei allen Filialen der Oman National Bank am Automaten Geld abheben.

WAS KOSTET WAS?

1 Liter **Superbenzin** kostet 0,120 OMR (ca. 0,23 €). **Wasser** ist teurer: 1 Liter etwa 0,400 OMR (0,78 €). Für ein **Mittagessen** in einem einfachen Lokal ohne Speisekarte zahlt man rund 2 €, in besseren Lokalen 6 €, im gehobenen Restaurant mit Alkohollizenz ab 16 €.

UNTERKUNFT

Oman versteht sich als Reiseziel für gut zahlende Touristen, nicht aber für Rucksackreisende. So gibt es zwar einige internationale Hotels – die in den Katalogen der großen Reiseveranstalter zu finden sind – aber nur wenige Jugendherbergen und offizielle Campingplätze. Zelten ist jedoch überall dort möglich, wo es niemanden stört. Vorsicht vor ausgetrockneten Flussbetten, sie können sich schnell in reißende Ströme verwandeln.
Sollten Sie im Hotel übernachten wollen, ist eine vorzeitige Reservierung dringend erforderlich – noch sind die Unterkunftsmöglichkeiten rar.
Preise: In einem einfachen, aber sauberen Hotel ist ein Doppelzimmer ab ca. 40 € zu haben, in internationalen Häusern mit Vier- oder Fünf-Sterne-Komfort kostet es 160–360 €.
Ein noch nicht vollständiges Unterkunftsverzeichnis findet man unter **www.omantourism.de**.
Eine Auswahl empfehlenswerter Unterkünfte, auch mit einfacherem Standard, bietet **www.oman.de**.

ÖFFNUNGSZEITEN

Das islamische Wochenende beginnt – anders als in den Vereinigten Arabischen Emiraten – Donnerstagmittag, der Freitag ist frei. Samstag und Sonntag sind gewöhnliche Arbeitstage in Oman.
Banken: Sa–Mi 8–12 Uhr, Do 8–11.30 Uhr. Während des Ramadans ist Arbeitsbeginn erst um 9 Uhr. Die Wechselschalter in der Abflug- und Ankunftshalle des Flughafens Seeb sind täglich 24 Stunden geöffnet.
Geschäfte: Sa–Mi meist 8–13 und 16–19 Uhr, Do 8–14 Uhr.
Märkte, Suks und Einkaufszentren: Sa–Do 8–13 und 16–21 Uhr. Die Einkaufszentren haben Freitagvormittag geschlossen, in den Suks auf dem Land herrscht hingegen zu dieser Zeit Hochbetrieb.

TELEFON, INTERNET

Ländervorwahl (von Deutschland, Österreich, Schweiz): **00968**. Innerhalb Omans gibt es keine Vorwahlen.
Auslandsgespräche kann man problemlos von jeder öffentlichen **Telefonzelle** aus mit Telefonkarten führen, die in vielen Geschäften, in den Postämtern und auch in einigen Restaurants erhältlich sind. **Mobiltelefone** aus Europa funktionieren in der Regel auch in Oman.
Internetcafés finden sich inzwischen in jedem größeren Ort des Landes.

WICHTIGE RUFNUMMERN

Notruf	*99 99*
Polizei im Regierungsbezirk Maskat	*24 56 00 21*
Telefonauskunft national	*13 28*
international	*13 27*

GESUNDHEIT

Eine medizinische Grundversorgung ist im ganzen Land gewährleistet. Die Notfallversorgung im Krankenhaus ist kostenlos, der Arztbesuch für Touristen allerdings nicht. Aus diesem Grund empfiehlt sich der Abschluss einer Auslandskrankenversicherung.
Die Hygiene- und Gesundheitsstandards im Land sind sehr hoch. Impfungen sind nicht vorgeschrieben. Das Leitungswasser hat Trinkwasserqualität, und der Verzehr von rohem Obst sowie Gemüse ist ohne Bedenken möglich.

Georg Popp

→

MEIER'S WELTREISEN
Der Spezialist für alles Ferne

Entdecken Sie die Vereinigten Arabischen Emirate!
Rundreise
Märchenhafte Scheichtümer
4 Nächte/Verpflegung laut Programm
Inklusive: Flug ab/bis Deutschland Zug zum Flug, hochwertiger Reiseführer, Deutsch sprechende Reiseleitung.
Pro Person im DZ ab **€ 1.099**
Weitere Angebote in Ihrem Reisebüro oder unter www.meiers-weltreisen.de

ZWISCHEN NEUGIER UND GOLDGIER

Bei weit mehr als Tausendundeiner Möglichkeit kann man in Dubai, Abu Dhabi und Maskat leicht den Überblick verlieren. Im GEO Special helfen deshalb wirkliche Kenner: das Redaktionsteam von **EXPLORER PUBLISHING**, das die wohl detailliertesten Reiseführer für die Region entwickelt. Eigentlich für Menschen, die dauerhaft bleiben. Also Vorsicht, vielleicht möchten Sie bald genau das!

DUBAI

***Mimi Stankova* aus Bulgarien lebt seit 2001 in Dubai, genauer: in Deira. Sie ist Redaktionsassistentin.**

EINMAL SCHEICH SEIN: Versuchen Sie, einen Fensterplatz in **Vu's Bar** zu ergattern. Einen Cocktail bestellen und Aussicht genießen! Im 51. Stockwerk des kleineren der beiden **Emirates Towers** liegt Ihnen Dubai zu Füßen.
■ *Tel. 04/319 80 88, www.jumeirahemiratestowers.com, tgl. ab 17 Uhr, Cocktails um 8 €*

MÜSSEN SIE GEMACHT HABEN: Die faszinierende Gegend am **Dubai Creek** erkunden. Und zuschauen, wie die Daus be- und entladen werden. Ob Gewürze, Reifen oder DVD-Spieler – alles wird derweil vertrauensvoll am Quai gestapelt.

MÜSSEN SIE GESEHEN HABEN: Das **Burj Al Arab** von innen. Schaulustige haben keinen Zutritt, deshalb: Reservieren Sie einen Platz in der **Skyview Bar**, zum Afternoon Tea oder gar für ein opulentes Menü. Dann können Sie sagen: Ich hab's gesehen.
■ *Reservierung: Tel. 04/301 76 00, www.burj-al-arab.com/dining*

FÜR SCHNÄPPCHENJÄGER: Rund um den **Al Nasr Square** (offiziell Baniyas Square) in Deira wimmelt es nur so von Shops und Suks. Die Preise für Kleidung und Schuhe, Handys und Kameras sind sensationell niedrig.

BESTES RESTAURANT: Fisch und Meeresfrüchte zu freundlichen Preisen? Gibt es im **Fish & Co** in Deira. Die Portionen sind großzügig: Die Fischplatte für eine Person reicht leicht für zwei.
■ *im Shopping-Center Al Ghurair City, Al Rigga Rd., Tel. 04/227 02 52, www.fish-co.com*

WOHIN AM ABEND: Die Sushi-Bar **Sho Cho's**, das Pariser **Boudoir**, das kubanische **Malecon** – die Bars und Restaurants im Dubai Marine Beach Resort & Spa mit Open-Air-Terrassen sind perfekt für Dinner, Drinks und Tanz.
■ *Jumeirah Beach Rd., www.dxbmarine.com: Sho Cho's und Malecon, Tel. 04/346 11 11; Boudoir, Tel. 04/345 59 95*

BESTES HOTEL UNTER 100 EURO: Eines der guten preiswerten Drei-Sterne-Häuser ist **Lords Hotel** in Deira: sauber, sicher und zentral gelegen.
■ *Al Jazeira St., zw. Al Maktoum und Al Rigga Rd., Tel. 04/228 99 77, E-Mail: lords@emirates.net.ae, DZ ab 113 € inkl. Frühstück*

***Claire England* kam 2001 nach Dubai und lebt im ruhigen Viertel Mirdif. Sie ist Redaktionsleiterin.**

EINMAL SCHEICH SEIN: Gönnen Sie sich den Afternoon Tea in der **Al Fayrooz Lounge** des Hotels **Al Qasr** im Madinat Jumeirah Resort. Was Dekor und Service betrifft, wird es seinem Namen – „Al Qasr" bedeutet Palast – vollkommen gerecht. Mit Blick auf das Burj Al Arab fühlen Sie sich hier wie ein König.
■ *Tel. 04/366 88 88, www.madinatjumeirah.com*

Wo Dubai entstand, hat es sich am wenigsten verändert: am Creek

MÜSSEN SIE GEMACHT HABEN: Bei einer **Wüstensafari** rasant über die Sanddünen brettern, dann arabisch unter Sternen dinieren. Welchen Anbieter Sie auch wählen – alle holen Sie ab und bringen Sie auch wieder zurück. Mein Tipp:
■ **Desert Rangers**, *Tel. 04/340 24 08, www.desertrangers.com, ab etwa 50 € pro Person*

MÜSSEN SIE GESEHEN HABEN: **Von Dubai nach Hatta fahren** – wegen der wechselnden Landschaften: moderne Metropolis, faszinierende Wüstenformen, majestätische Berge.

FÜR SCHNÄPPCHENJÄGER: Wer für die „echte" Designer-Handtasche nur ein paar Dirham ausgeben möchte, muss das **Karama**-Viertel in Bur Dubai durchstreifen. Und wird garantiert fündig.

BESTES RESTAURANT: Das **Al Dawaar**, das Drehrestaurant im 25. Stock des **Hyatt Regency Dubai** in Deira. Die Aussicht ist sensationell, das Buffet mit internationalen Spezialitäten köstlich.
■ *Tischreservierung: Tel. 04/317 22 22, www.dubai.regency.hyatt.com*

WOHIN AM ABEND: Im superschicken Club **The Apartment** Champagner schlürfen und zur Musikauswahl internationaler DJs wippen.
■ *im Jumeirah Beach Hotel, Tel. 04/406 89 99, www.jumeirahbeachhotel.com, Di–Sa ab 20 Uhr*

BESTES HOTEL UNTER 100 EURO: Zugegeben, das **XVA** ist ein wenig teurer. Aber jeden Cent wert! Es liegt in Bastakiya, in einem restaurierten traditionellen Haus mit Innenhof, in dem sich auch eine Galerie für zeitgenössische Kunst befindet, und hat nur acht modern-orientalische Zimmer.
■ **XVA Hotel**, *Bastakiya, Bur Dubai, nahe dem Dubai Museum, Tel. 04/353 53 83, www.xvagallery.com, DZ ab 134 € inkl. Frühstück*

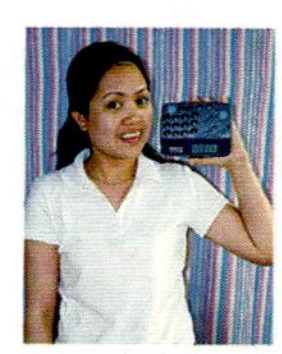

***Cherry Enriquez* von den Philippinen lebt seit 2005 in Dubai. Sie arbeitet in der Buchhaltung.**

EINMAL SCHEICH SEIN: Im **Goldsuk von Deira**, umgeben von lauter Schmuck und Juwelen, fühle ich mich unermesslich reich. Dabei muss ich gar nichts kaufen – oder nur einen klitzekleinen Anhänger.

MÜSSEN SIE GEMACHT HABEN: **Im Meer baden!** Schließlich haben wir fast rund ums Jahr Strandwetter. Für nur 5 Dirham (ca. 1 €) haben Sie Zutritt zum **Jumeirah Beach Park** mit seinem gepflegten Sandstrand, seinen Grünflächen, Spielplätzen, Imbiss-Ständen, Duschen und Toiletten.

■ *Jumeirah Beach Rd., tgl. 8–22 Uhr, Mo nur für Frauen und Kinder*
MÜSSEN SIE GESEHEN HABEN: Die **Wüste erfahren**. Leicht zu erreichen ist **Big Red**, die riesige rote Sanddüne auf halbem Weg nach Hatta an der E44. Und deshalb (vor allem freitags) ein bevorzugter „Spielplatz" für Hobby-Rallyefahrer mit Allrad-Vehikeln.
FÜR SCHNÄPPCHENJÄGER: Wenn es um Küchengeräte und Haushaltswaren geht, müssen Sie zu **Daiso** im Lamcy Plaza gehen. Dort kosten viele Artikel nur 5 Dirham.
■ *Oud Metha St., Bur Dubai, www.daiso-sangyo.co.jp/english*
BESTES RESTAURANT: Für mich keine Frage: das **Ponderosa Steakhouse**. Ich liebe die T-Bone-Steaks (ca. 12 €)! Dazu die Gerichte vom Buffet – so viel Sie mögen für nur 35 Dirham (etwa 7,20 €), einschließlich Vorspeisen, Desserts und Getränken.
■ *nahe dem Clock Tower Roundabout, Deira, Tel. 04/295 35 27, www.ponderosasteakhouses.com*
WOHIN AM ABEND: Mein Favorit ist **QD's**. Für mich die beste Bar, um mit Freunden bei einem Kaffee oder Drink zusammenzusitzen und dabei den Blick über den Dubai Creek zu genießen.
■ *im Dubai Creek Golf & Yacht Club, Garhoud, Tel. 04/295 60 00, www.dubaigolf.com*

Hier lässt sich niemand auf die Palme bringen: Jumeirah Beach

BESTES HOTEL UNTER 100 EURO: Wenn mich Familienmitglieder in Dubai besuchen, wohnen sie natürlich bei mir. Freunden empfehle ich das **Youth Hostel Dubai** nicht weit vom Flughafen.
■ *Al Nahda Road No. 39, Al Qusais, Tel. 04/298 81 61, www.uaeyha.com, Komfort-DZ ca. 41 € (ohne Jugendherbergsausweis), inkl. Frühstück*

Ivan Rodrigues ***kommt aus Indien. Schon seine Kindheit verbrachte der Vertriebsleiter in den VAE.***

EINMAL SCHEICH SEIN: Meine Methode: Ich borge mir teure Kleidung und leihe mir ein schickes Auto. Dann fahre ich in ein feines Hotel. Zum Angeben.
MÜSSEN SIE GEMACHT HABEN: Eine Fahrt im **Heißluftballon** über der Wüste. Gestartet wird in aller Frühe – der Anblick der über den Dünen aufgehenden Sonne ist ein unvergessliches Erlebnis.
■ **Balloon Adventures Dubai**, *Deira, Tel. 04/273 85 85, www.ballooning.ae, pro Person ca. 183 €*
MÜSSEN SIE GESEHEN HABEN: **The Palm Jumeirah**. Einen wundervollen Blick auf diesen neuen Archipel haben Sie von der **Bar 44** im 44. Stockwerk des Grosvenor House Hotels.
■ *West Marina Beach, Tel. 04/399 88 88, www.grosvenorhouse-dubai.com*
FÜR SCHNÄPPCHENJÄGER: An der **Al Fahidi Street** in Bur Dubai reiht sich ein Elektronikgeschäft an das nächste. Achten Sie vor dem Kauf aber genau auf die Garantiebedingungen!
BESTES RESTAURANT: Meine persönliche Hitliste: das lebhafte Buffet-Restaurant **Spice Island** im Renaissance Hotel, das indische **Asha's** im Pyramids-Komplex von Wafi City und das elegante **Marina Seafood Market** im Jumeirah Beach Hotel.
■ **Spice Island,** *Salah Al Din Rd., Deira, Tel. 04/262 55 55;* **Asha's,** *Tel. 04/324 00 00;* **Marina Seafood Market,** *Tel. 04/406 89 99*
WOHIN AM ABEND: Zum Tanzen ins **Mix** oder ins **Trilogy**. Zwischen diesen beiden „Superclubs" fällt die Entscheidung schwer.
■ **Mix,** *Grand Hyatt, Bur Dubai, www.dubai.grand.hyatt.com;* **Trilogy,** *Madinat Jumeirah, www.trilogy.ae*

Abenteuerurlaub Taxifahren

Wer keinen Mietwagen zur Verfügung hat, kommt innerstädtisch am besten mit dem Taxi voran. Die Grundgebühr beträgt 3 Dirham (etwa 0,60 €), nachts 3,50 Dirham, jeder angefangene Kilometer kostet ca. 1,60 Dirham. Leider ereilt jeden Fahrgast früher oder später das gleiche Schicksal: Er steckt im Stau. Vom einen Ende Dubais zum anderen kann es anderthalb Stunden dauern. Das reibt an den Nerven und treibt die Fahrtkosten in die Höhe. Auf eine weitere Schwierigkeit sollten Sie gefasst sein: Alle Taxifahrer sind Gastarbeiter, meist Inder oder Pakistani. Jemanden zu finden, der Englisch spricht und sich auskennt, ist großes Glück. Nennen Sie ihm einen Orientierungspunkt in der Nähe des Wunschziels – eine Brücke, ein Einkaufszentrum, ein markantes Bauwerk. Ober besser noch: Nehmen Sie einen Stadtplan mit und die Telefonnummer der Person oder Institution, zu der Sie wollen. Um im Notfall dort anzurufen und sich per Mobiltelefon lotsen zu lassen.

BESTES HOTEL UNTER 100 EURO: Im Sommer bietet das **Arabian Park Hotel** günstige Raten, südlich vom Shopping- und Vergnügungskomplex Wafi City gelegen.
■ *Al Jaddaf, Tel. 04/324 59 99, www.arabianparkhoteldubai.com*

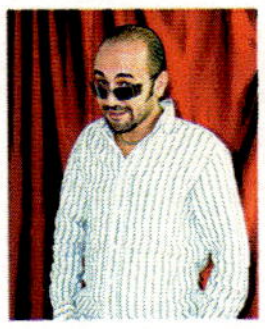

Ieyad Charaf, ***Art Director, stammt aus Damaskus. Seit 2000 genießt er das Leben in Dubai.***

EINMAL SCHEICH SEIN: Bei einer **Shisha** entspannen. Besonders stilvoll schmaucht es sich im palastartigen **Royal Mirage Hotel**.
■ *Jumeirah Beach, Tel. 04/399 99 99, www.oneandonlyresorts.com*
MÜSSEN SIE GEMACHT HABEN: Einen Tag im **Wild Wadi-Wasserpark** verbringen mit seinen nassen Attraktionen. Ein Riesenspaß für die ganze Familie.
■ *neben dem Jumeirah Beach Hotel, www.wildwadi.com, tgl. ab 11 Uhr, Eintritt ca. 31 €, Kinder 26 €*
MÜSSEN SIE GESEHEN HABEN: Das **„neue" Dubai** im Südwesten. Wo heute Tausende von Wohnhäusern, Geschäften und Wolkenkratzern stehen, war vor sechs Jahren nichts als Wüste. Hier ist auch das riesige Einkaufszentrum **Mall of the Emirates** zu finden.
FÜR SCHNÄPPCHENJÄGER: Suchen Sie sich in den **Stoffläden** des Viertels **Al Satwa** ein feines Tuch aus und lassen Sie sich einen Anzug auf den Leib **schneidern**. Das kostet nur einen Bruchteil des in einer großen Mall geforderten Preises.

Palastartig: Al Fayrooz Lounge

BESTES RESTAURANT: Appetit auf Sushi? Oder ein Thai-Curry? Oder doch lieber Meeresfrüchte vom Grill? Bevor es zum Familienstreit kommt, gehen Sie am besten ins **Spectrum on One** mit acht unterschiedlich ausgerichteten Schauküchen.
■ *im Fairmont Dubai, Sheikh Zayed Rd., Tel. 04/332 55 55, www.fairmont.com*
WOHIN AM ABEND: Sho Cho's im Dubai Marine Beach Resort & Spa (siehe S. 132) ist meine Lieblingsbar: klasse Drinks, gute Musik und schöne Frauen.
BESTES HOTEL UNTER 100 EURO: Akzeptable Preise zahlt man im **Ibis** und im **Novotel** am World Trade Centre nahe der Sheikh Zayed Rd. Wohl deshalb sind beide stets auf Monate ausgebucht.
■ *www.accorhotels.com; Ibis, Tel. 04/332 44 44; Novotel, Tel. 04/332 00 00*

→

Teil der größten geschlossenen Sandwüste der Erde: die Liwa-Oase

ABU DHABI

Weil ihm das schlechte Wetter in Großbritannien zunehmend auf die Nerven ging, zog David Quinn, Redakteur, 2004 nach Dubai. Seine Schwiegereltern wohnen in Abu Dhabi.

EINMAL SCHEICH SEIN: Durch den **Goldsuk** bummeln. Oder eines der vielen Juweliergeschäfte besuchen – zum Beispiel das **Carcassonne** im Hamdan Centre. Dort habe ich unsere Verlobungsringe gekauft. Für eine Portion Extraspaß: Bitten Sie darum, ein besonders pompöses Teil anlegen zu dürfen – und tun Sie so, als könnten Sie es sich leisten!

■ *Carcassonne Gold & Diamond LLLC, im Hamdan Centre an der Hamdan St. (nahe Burger King), Tel. 02/634 76 76*

MÜSSEN SIE GEMACHT HABEN: Einen nächtlichen Ausflug mit dem **Ultraleichtflieger** über die **Corniche**. Für diese neue Attraktion wurde am Hafen eigens eine Mini-Landebahn gebaut. Der Anblick der kleinen Lichter Abu Dhabis ist atemraubend.

■ **Abu Dhabi Sky Adventures**, *Kapitän Laszlo Toth, Tel. 050/212 01 55, ab etwa 41 € für 10 Minuten*

MÜSSEN SIE GESEHEN HABEN: Die gewaltigen Sanddünen der **Rub Al Khali**. Die Fahrt dorthin dauert etwa drei Stunden. Aber sobald Sie dieses Naturwunder mit eigenen Augen sehen, wissen Sie, dass sich der Aufwand gelohnt hat. Wer nicht gern im Zelt schläft, übernachtet mit Vier-Sterne-Luxus im **Liwa Hotel** am Rande der Wüste.

■ *Mezairah in der Oase Liwa, gegenüber dem Regierungspalast, Tel. 02/882 20 00, www.ncth.com*

FÜR SCHNÄPPCHENJÄGER: Gold und Diamanten bekommen Sie hier viel preiswerter als in Europa – wenn Sie beim **Handeln** alles geben. Als Faustregel gilt: Steigen Sie mit der Hälfte des verlangten Preises ein. Der Juwelier wird Sie wahrscheinlich beleidigt ansehen, aber nach einigem Hin und Her mit etwa 75 Prozent des Originalpreises zufrieden sein.

BESTES RESTAURANT: Das **Hemingway's** im Hilton International serviert großartige lateinamerikanische Küche, dazu spielt eine Live-Band.

■ *Corniche, Tel. 02/681 19 00, www.hilton.de/abudhabi*

WOHIN AM ABEND: Im **L.A.B. – Lounge at the Beach Bar** – ist es früh am Abend noch ruhig, aber zu später Stunde brennt die Luft. Ihre tanzmüden Füße erholen sich bei einer Pause auf der Terrasse.

■ *im Beach Rotana Hotel, Tourist Club Area, Tel. 02/644 30 00, www.beachrotana.com*

BESTES HOTEL UNTER 100 EURO: Die Al-Diar-Hotelkette hat eine Reihe guter Häuser in der Stadt, darunter das erschwingliche **Al Diar Mina**. Versuchen Sie, ein Sonderangebot zu erwischen – und für denselben Preis in einem von Abu Dhabis Fünf-Sterne-Hotels zu übernachten!

■ *Salam St., Tel. 02/678 10 00, www.aldiarhotels.com, DZ ab 107 €*

Jane Roberts ist Redakteurin. Die gebürtige Britin machte 2000 die Emirate zu ihrer Heimat.

EINMAL SCHEICH SEIN: Die **Falknerei**, oft als „Sport der Scheichs" bezeichnet, ist ein faszinierender Teil emiratischer Geschichte. In Aktion erleben Sie die Raubvögel im **Heritage and Bedouin Village** auf Breakwater Island. Möchtegern-Scheichs bekommen sogar Gelegenheit, sich mit einem der majestätischen Falken auf dem Arm fotografieren zu lassen.

■ *Do–Sa 9–13 und 17–21, Fr 17–19 Uhr, Eintritt* ca. 0,60 €

MÜSSEN SIE GEMACHT HABEN: Eine **abendliche Kreuzfahrt** entlang der Corniche. Die Touren dauern etwa zwei Stunden und verschaffen Ihnen einen Blick auf das funkelnde Abu Dhabi. Meist ist ein Dinner inklusive. Die Yacht **„Shuja"** des Royal Méridien startet jeden Abend von der Marina Mall auf Breakwater Island.

■ *Reservierung: Tel. 02/695 05 39, www.royalabudhabi.lemeridien.com, ca. 37 €*

MÜSSEN SIE GESEHEN HABEN: Ein Besuch im **Heritage Village** auf **Breakwater** (siehe oben) ist wie eine Reise zurück in die Jahrhunderte, in denen Beduinen noch dort lebten, wo sich heute die Stadt ausbreitet. Handwerker weben; Besucher können auf Tuchfühlung mit Kamelen und arabischen Pferden gehen.

FÜR SCHNÄPPCHENJÄGER: Die authentischen und leckersten Gerichte Indiens und Arabiens werden außerhalb der Hotelrestaurants aufgetragen – und das zu unschlagbaren Preisen. So kostet ein üppiges Mahl für zwei Personen kaum mehr als zehn Euro. Auch wenn sie keinen Alkohol servieren – zwei unscheinbare Esslokale bieten das beste Preis-Leistungs-Verhältnis der Stadt:

■ **Chhappan Bhog** *(vegetarisch), Tel. 02/677 88 64, Sheikh Zayed 2nd Street;* **Kwality** *(indisch), Al Salam St., Tel. 02/672 73 37*

BESTES RESTAURANT: Das **Al Fanar** im Royal Méridien ist Abu Dhabis einziges Drehrestaurant: In einer Stunde und 45 Minuten vollenden Sie eine komplette Runde. Ein erhabener Ort über dem Grün der Corniche und dem Azurblau des Persisch-Arabischen Golfs. Außerdem kommen Sie in den Genuss einer Gourmetküche samt imponierender Weinkarte.

■ *Sheikh Khalifa St., Tel. 02/674 20 20, www.royalabudhabi.lemeridien.com*

WOHIN AM ABEND: Das **Heroes** ist vielleicht nicht die trendigste Bar der Stadt, bietet jedoch mit seinen Ladys- und Party-Nights zahllose Anlässe, eine Nacht durchzufeiern. Regelmäßig steht Comedy auf dem Programm. Außerdem ein Dauerbrenner, den jeder gleichzeitig hasst und liebt: Karaoke.

■ *im Crowne Plaza Abu Dhabi, Hamdan St., Tel. 02/621 00 00*

BESTES HOTEL UNTER 100 EURO: Ohne Zweifel das **Mercure Grand Jebel Hafeet** – falls Ihnen Al Ain nicht zu weit entfernt ist. Das Hotel ist modern, hat Schwimmbad und Tennisplätze. Und es liegt rund 900 Meter hoch am Hafeet-Berg. So wohnen Sie mit Panoramablick über Oase und Wüste.

■ *Mercure Grand Jebel Hafeet, Al Ain, Tel. 03/783 88 88, www.mercure.com, DZ ab 118 €*

Alles echt, was glänzt: in den Goldsuks der Emirate

Gartenstadt in der Wüste

Für die Strecke von Abu Dhabi nach Al Ain benötigten Kamelkarawanen einst fünf Tage. Heutzutage aber können Sie von der Hauptstadt auf der sechsspurigen, nahezu durchgehend begrünten und nachts beleuchteten Autobahn in anderthalb Stunden in die Oase brausen.
Al Ain, zu Deutsch „die Quelle", ist mit rund 410 000 Einwohnern die zweitgrößte Stadt des Scheichtums Abu Dhabi. Die fruchtbare Oase mit rund 200 Quellen und Brunnen, die für viele Emiratis Wochenend- und Ferienort ist, liegt rund 160 Kilometer östlich der Stadt Abu Dhabi am Fuße der Hajar-Berge und am Rand ausgedehnter Dünenfelder. Quer durch das Oasengebiet verläuft die Grenze zum Sultanat Oman. Auch wenn inzwischen die Moderne Einzug gehalten hat: Dank umsichtiger Planung – der langjährige VAE-Präsident Scheich Zayed bin Sultan Al Nayhan hatte den Bau von Hochhäusern in seiner Heimatstadt verboten – präsentiert sich Al Ain als eine grüne Gartenstadt mit sehenswerten historischen Stätten.
Die größten Attraktionen liegen im Palmenhain mitten im Stadtzentrum: Das ■ **Al Ain Palastmuseum** (*www.aam.gov.ae, tgl. außer Sa*) ist im renovierten Wohnpalast Scheich Zayeds untergebracht. Besonders interessant: die ausgestellten Gastgeschenke, die Staatsmänner aus aller Welt dem noch heute verehrten Landesvater überreichten. An das Museum schließt sich das ■ **Sultan bin Zayed Fort** an, das Scheich Zayeds Vater 1910 erbauen ließ. Den größten ■ **Kamelmarkt** der Emirate finden Sie im Norden der Stadt.

Ganz in Grün: die fruchtbare Oase Al Ain

Betrieb herrscht vor allem am Wochenende, also freitags und samstags von 7–12 Uhr. Der Markt grenzt an den ■ **Hili Archaeological Garden**, die bedeutendste Grabungsstätte des Emirats. Hier wurden bronzezeitliche Siedlungsreste und bis zu 5000 Jahre alte Gräber freigelegt. Zugang über die Ardh Al Jaw Street in der Nähe des Dubai Highway. *Kirstin Kabasci*

***Pamela Grist** ist Bildredakteurin. Aus ihrem Heimatland Kanada kam sie 1998 in die VAE.*

EINMAL SCHEICH SEIN: Nehmen Sie Ihren Nachmittagstee im **Al Majlis**, dem Lobby Lounge Café des **Emirates Palace,** und genießen Sie Opulenz und perfekten Service. Ab 20 Euro; für 45 Euro werden Sie nach allen Regeln der Kunst verwöhnt – ein Glas Champagner inbegriffen.
■ *Reservierung: Tel. 02/690 79 99, www.emiratespalace.com*

MÜSSEN SIE GEMACHT HABEN: Der **Dau-Werft** in Bateen einen Besuch abstatten, wo die traditionelle Schiffsbaukunst gepflegt wird und es nach frisch geschnittenem Teakholz duftet.
■ *Bainunah St., tgl. außer Fr, beste Besuchszeit gegen 17 Uhr*

MÜSSEN SIE GESEHEN HABEN: Nach **Al Ain** fahren (siehe Kasten oben). Das Oasengebiet zwischen Wüste und Hajar-Bergen ist einer der friedlichsten Orte des Landes. Die Dattelpalmen-Plantagen, durch die sich enge Gassen winden, sind wunderbar für ein Picknick.

FÜR SCHNÄPPCHENJÄGER: Auf dem **Teppich-Suk** lassen sich noch gute Geschäfte machen. Wetten, dass Sie ein Exemplar finden, das an einem kalten deutschen Wintermorgen Ihre Füße wärmt?

BESTES RESTAURANT: Im **Vasco's** mischen die Köche europäische, arabische und asiatische Einflüsse, und von der Terrasse blickt man über den Golf.
■ *im Hiltonia Beach Club, Tel. 02/681 19 00, www.hilton.de/abudhabi*

WOHIN AM ABEND: Die **Cristal Cigar & Champagne Bar** im Millennium Hotel ist die einzige Schampus-Bar des Landes und – mit einem Wort – dekadent. Für eine weniger hochpreisige Abendgestaltung empfiehlt sich die **Jazz Bar** des Hilton: großartige Bands, pulsierende Atmosphäre.
■ *Cristal, Khalifa bin Zayed St., Tel. 02/626 27 00, www.millenium hotels.com, tgl. ab 15 Uhr; Jazz Bar, Corniche, tgl. außer Sa ab 19 Uhr*

BESTES HOTEL UNTER 100 EURO: Ein **Zelt** in der **Oase Liwa,** am nördlichen Rand der Wüste Rub Al Khali, etwa 250 Kilometer von Abu Dhabi entfernt. Ringsum türmt sich ein gold-orangefarbenes Sandmeer zu 100 Meter hohen Dünen. **Off-Road Adventures** mit Sitz in Dubai organisiert Fahrten und Campingtouren ins „Leere Viertel".
■ *Tel. 04/405 29 17, www.arabian tours.com, „Liwa-Expedition" (2 Tage) etwa 185 € pro Person*

***Zain Madathil,** gebürtig aus Kerala in Indien, zog 2001 nach Dubai – und kennt sich schon von Berufs wegen besonders gut aus: Er ist Kartograph.*

EINMAL SCHEICH SEIN: Mein Traum: einen Tag lang Parkplatz-Butler im Emirates Palace sein. Stellen Sie sich nur all die fantastischen Autos vor, die ich fahren dürfte!

MÜSSEN SIE GEMACHT HABEN: Am Fuß des **Jebel Hafeet** südlich von **Al Ain** sprudeln heiße Quellen, denen eine heilende Wirkung nachgesagt wird. Dort entstand die Freizeitanlage **Green Mubazzarah Park**, in der man auch in Chalets übernachten kann.
■ *Tel. 03/783 83 10*

MÜSSEN SIE GESEHEN HABEN: Das **Emirates National Auto Museum** besitzt eine sagenhafte Sammlung; darunter einen gigantischen Dodge-Truck, den größten der Welt. Zuletzt wegen Renovierung geschlossen, wird es Anfang 2007 – endlich – wieder eröffnet.
■ *an der Straße nach Hamim, etwa 40 Autominuten von Abu Dhabi entfernt, www.enam.ae*

FÜR SCHNÄPPCHENJÄGER: **Taxifahrten** sind ein wirklich preiswertes Vergnügen. Von einem Ende der Stadt zum anderen kostet es rund 5 Dirham (ca. 1 €).

BESTES RESTAURANT: Der **Al Kasser Tourism Complex** im Heritage Village auf Breakwater. Probieren Sie arabische Spezialitäten mit einem Blick über das Wasser auf die Stadt.

WOHIN AM ABEND: Bummeln an der **Corniche**. Viele Familien und Cliquen treffen sich in den Parks zum Barbecue oder auf eine Shisha. Tun Sie es ihnen gleich!

BESTES HOTEL UNTER 100 EURO: Ein erschwingliches Stadthotel der Mittelklasse ist das **Al Diar Regency**.
■ *Al Salam St., Tel. 02/676 50 00, www.aldiarhotels.com, DZ ca. 110 €* →

Einleuchtend: Der Sultanspalast (rechts) in Maskat ist das höchste der neuen Gebäude

MASKAT

***Kiran Melwani**, Vertriebsmitarbeiterin, lebt seit 1978 in den VAE und liebt Ausflüge nach Oman.*

EINMAL SCHEICH SEIN: Im **Al Husn Hotel**, Teil des Shangri-La's Barr Al Jissah Resort, kostet ein Zimmer um die 500 Euro. Ein kleines Vermögen, zugegeben. Aber dafür können Sie sogar von der Badewanne aus das Meer sehen! Lassen Sie Ihren Butler ein Aromabad bereiten und den Champagner öffnen – dann lehnen Sie sich zurück und genießen den Luxus.
■ *Tel. 24 77 66 66, www.shangri-la.com*

MÜSSEN SIE GEMACHT HABEN: **Grüne Meeresschildkröten** (*Chelonia mydas*) bei der Eiablage beobachten. Die beste Zeit dafür ist der Sommer, dann nisten besonders viele der bis zu anderthalb Meter langen Tiere am Strand von **Ras Al Jinz** (vier bis fünf Autostunden südöstlich von Maskat). Die vom Aussterben bedrohten Meeresschildkröten stehen in Oman unter strengem Schutz; Besucher brauchen eine Genehmigung (wird am Eingang zum Strand ausgestellt) und dürfen nur in Begleitung eines Wärters dem nächtlichen Schauspiel zusehen. Blitzlicht, Lärm oder andere Störungen sind natürlich verboten. Zwei Übernachtungstipps, falls Sie kein eigenes Zelt dabei haben:
■ **Ras Al Hadd Beach Hotel**, *Tel. 99 37 69 89, Fax 99 31 40 02;* **Turtle Beach Resort**, *Tel. 25 54 00 68, Fax 25 54 39 00*

MÜSSEN SIE GESEHEN HABEN: Den langen **Strand von Qurm**, der sich zwischen dem Grand Hyatt und dem Crowne Plaza über fünf Kilometer die Küste entlangzieht, unterbrochen von einem Naturschutzgebiet mit Mangrovensümpfen. Eine natürliche Freizeitarena, die zu jeder Tageszeit von Badelustigen, Strandläufern oder Hobbykickern bevölkert ist.

FÜR SCHNÄPPCHENJÄGER: Der **Suk von Mutrah** ist eine wahre Fundgrube für preisgünstigen Silberschmuck. Sie müssen nur gründlich genug das immense Angebot durchstöbern.

BESTES RESTAURANT: Was die Lage betrifft, ist **Le Mermaid Café** unschlagbar: Direkt am Qurm-Strand werden einfache arabische Gerichte und sensationell gute Fruchtsaft-Cocktails serviert. Beste Zeit für den Besuch: bei Sonnenuntergang auf eine Shisha.
■ *Qurm, neben dem Grand Hyatt, Tel. 24 60 23 27*

WOHIN AM ABEND: Für mich gibt es nur ein Ziel, das **Copacabana** im Grand Hyatt. Keine der blasierten Bars, in denen nur Angeber ernst genommen werden. Sondern trubelig und nett, mit Dancefloor-Klassikern und langer Getränkeliste.
■ *Tel. 24 64 12 34, www.muscat.grand.hyatt.com, Mo–Do ab 21 Uhr, nur Paare*

BESTES HOTEL UNTER 100 EURO: Die Palmhütten des **Oman Dive Centre**, unmittelbar am Strand gelegen (neben dem Shangri-La's Barr Al Jissah Resort) – genau die richtige Mischung aus Luxus und Camping.
■ *Qantab, Tel. 24 82 42 40, www.omandivecenter.com, Hütte für zwei Personen ab 114€*

***Tim Binks** arbeitete schon einmal für den Explorer, bis er 1998 der Verlockung Ostasiens nachgab. Seit 2004 ist er zurück in Dubai. Wann immer es seine Arbeit als Redakteur zulässt, unternimmt er Erkundungsfahrten im Nachbarland Oman.*

EINMAL SCHEICH SEIN: Amouage gilt als das teuerste Parfum der Welt. Aber ein Besuch der **Amouage Perfumery** (siehe S. 118) kostet nichts! Anschließend werden Sie einen Tag lang duften, als könnten Sie sich einen Flakon leisten. Übrigens: Es gibt unterschiedliche Essenzen für die Dame und den Herrn. Bei der Duftprobe nicht danebengreifen.
■ *an der Straße nach Nizwa, Tel. 24 54 07 57, www.amouage.com, So–Do 9–16 Uhr*

MÜSSEN SIE GEMACHT HABEN: Durch die von Bergen umrahmten historischen Stadtteile spazieren: **Alt-Maskat** mit der farbenfrohen Residenz von Sultan Qabus und den portugiesischen Festungen zu beiden Seiten der Hafenbucht; **Mutrah** mit seiner kurvenreichen Corniche, dem lebhaften Fischmarkt und einem der schönsten Suks der arabischen Welt.

MÜSSEN SIE GESEHEN HABEN: Ganz **Maskat** als Gesamtkunstwerk! Die Hauptstadt Omans ist kein zusammenhängendes Stadtgefüge, sondern ein Konglomerat einzelner Orte und Oasen mit jeweils eigenem Charakter, durch zerklüftete Bergzüge voneinander getrennt. Mieten Sie einen Wagen, fahren Sie umher und schauen Sie sich alles an.

FÜR SCHNÄPPCHENJÄGER: **Weihrauch und Weihrauchbrenner** sind tyische Oman-Souvenirs – und auf den Suks für wenig Geld zu erstehen.

BESTES RESTAURANT: So außergewöhnlich wie charmant ist das **Kargeen Café** im Madinat Al Sultan Qaboos Centre. Im Freien oder unter Zelten arabische und internationale Gerichte genießen, Fruchtsaft-Cocktails oder eine Wasserpfeife – und sich von der entspannten Atmosphäre anstecken lassen.
■ *Tel. 24 69 22 69, www.kargeencaffe.com*

WOHIN AM ABEND: Eine Club-Szene wie in Dubai gibt es in Maskat nicht. Trotzdem können Sie sich hier einen schönen Abend machen, zum Beispiel im **Club Safari** oder im **John Barry**, zwei Bars des Grand Hyatt.

BESTES HOTEL UNTER 100 EURO: Das **Beach Hotel**: traditionelle

omanische Architektur, Pool im Innenhof, strandnah mitten im luxuriösen Qurm gelegen. Salim, der Manager, wird Ihnen ein herzliches Willkommen bereiten.
■ *Qurm, Tel. 24 69 66 01, Fax 24 69 76 86, DZ ab 100 € mit Frühstück*

Laura Zuffa ***aus der Slowakei lebt seit 2002 in Dubai und arbeitet im Anzeigenverkauf.***

EINMAL SCHEICH SEIN: Nehmen Sie abends im Garten des Luxushotels **The Chedi** Platz. Am Strand unter Palmen leuchten feuerspeiende Gefäße – Sie werden sich wie eine Prinzessin/ein Prinz aus Tausendundeiner Nacht fühlen.
■ *Al Khuwair, Tel. 24 52 44 00, www.ghmhotels.com*

MÜSSEN SIE GEMACHT HABEN: Omanischen **Kaffee** trinken und **frische Datteln** essen, am besten dort, wo es auch die Einheimischen tun.

MÜSSEN SIE GESEHEN HABEN: Die **Sultan-Qabus-Moschee**. Sie ist nicht nur die größte des Landes, sie ist auch die einzige in Oman, die Nichtmuslime betreten dürfen – zu besichtigen sind die Gebetshallen und Säulengänge. Achten Sie auf korrekte Kleidung: Arme und Beine bedecken; Frauen müssen einen Schleier tragen.
■ *Sultan Qaboos Highway, am Al-Azaibah-Kreisverkehr, Sa–Mi 8–11 Uhr*

FÜR SCHNÄPPCHENJÄGER: Immer wieder der **Mutrah-Suk**. Hier können Sie preiswert Duftessenzen, Weihrauch, Silberschmuck oder einen *khanjar* (Krummdolch) erstehen.

BESTES RESTAURANT: Für Fisch und Meeresfrüchte gibt es keine bessere Adresse als das **Fish Village**. Gutes Preis-Leistungs-Verhältnis, schöner Blick.
■ *gegenüber dem Radisson SAS, Al Khuwair, Tel. 24 48 09 18*

WOHIN AM ABEND: Kommt darauf an, wonach Ihnen der Sinn steht: Zum Tanzen gehe ich ins **Copacabana** im Grand Hyatt (siehe S. 136). Leckere Appetizer und sündhaft gute Cocktails gibt es im **Trader Vic's** im InterConti, außerdem spielen hier Live-Bands.
■ *InterContinental Muscat, Qurm, Tel. 24 68 00 00, www.ichotelsgroup.com*

BESTES HOTEL UNTER 100 EURO: Die **Villa Shams**, ein Bed & Breakfast unter deutscher Leitung. Zehn Zimmer, kleiner Pool, ruhige Lage in einem attraktiven Wohnviertel, rund drei Kilometer vom Qurm-Strand entfernt.
■ *Mina Al Fahal, Tel. 24 56 11 97, www.villashams-oman.de, DZ ab 76 € inkl. Mietwagen für die Dauer des Aufenthalts.* ■

Geschenk an alle Omaner: die Sultan-Qabus-Moschee

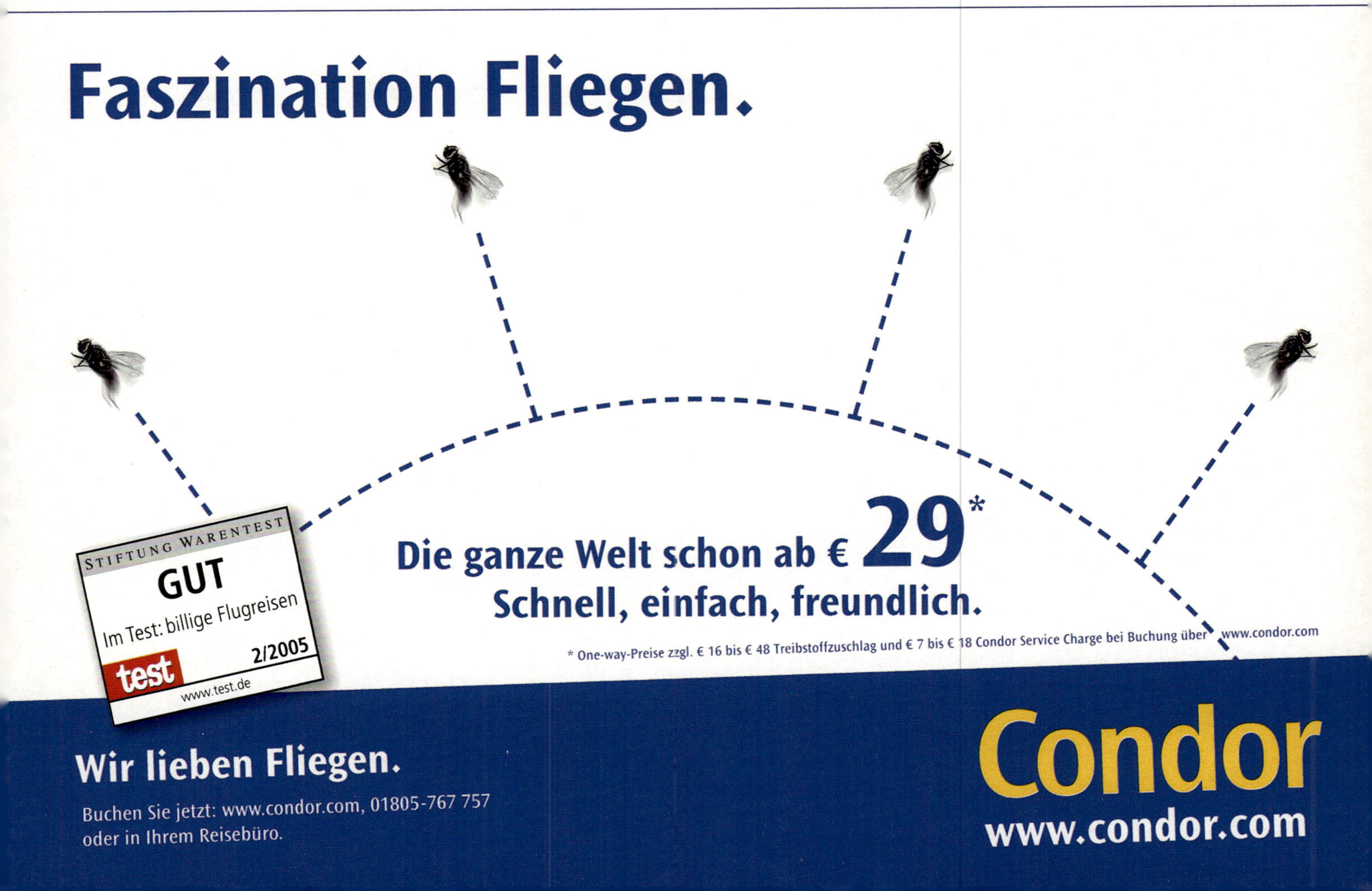

SPECIALISTEN UNTERWEGS

GEO-SPECIAL-LESER SIND REISEPROFIS, die oft einiges zu erzählen haben. An dieser Stelle veröffentlichen wir deshalb aktuelle Empfehlungen, Anekdoten und Bilder unserer Leser. Wenn Sie Ihre Erlebnisse mit uns teilen wollen, freuen wir uns auf Ihre Einsendungen an: ***Gruner + Jahr AG & Co KG, Redaktion GEO Special, Am Baumwall 11, 20459 Hamburg, oder per E-Mail an: reisewelt@geo.de***

Die nächsten GEO-Special-Themen: Irland; Dresden, Leipzig und Weimar; Baltische Staaten; Vietnam, Laos, Kambodscha; Seidenstraße

Feuerwerk in der Wüste

Während einer fünftägigen Reise nach Dubai im vergangenen Jahr wurden wir an einem der Abende gegen 18 Uhr mit Land Cruisers vom Hotel abgeholt. Luft aus den Reifen, dann ging die Fahrt durch die Dünen los. Irgendwo im Nirgendwo der Wüstenlandschaft machten wir Halt, bekamen gekühlte Getränke serviert und zogen zu Fuß mit einer **KAMELKARAWANE** weiter – bis ein beleuchtetes **BEDUINENLAGER** vor uns in der Dunkelheit erstrahlte. Dort speisten und feierten wir nach Art der Beduinen. Der Höhepunkt war ein begeisterndes Feuerwerk rings um das Lager. Leider hatte ich kein Stativ dabei. Dank hoher Iso-Zahlen in der DSLR gelang diese Aufnahme aus der Hand dennoch und erinnert uns an eine denkwürdige Nacht in **TAUSENDUNDEINER NACHT**.

— Jörg Langer, Wehrheim

Chillen und Schauen

Freitags abends ist der **CLUB 360°** auf der Dachterrasse des zum Jumeirah Beach Hotel gehörenden **MARINA RESTAURANT** (*www.jumeirahbeachhotel.com*) die wohl heißeste Adresse. Mit Blick übers Meer, auf das Burj Al Arab und die Lichter der Stadt kann man hier auch in Strandklamotten feiern, Shisha rauchen, Cocktails nippen oder einfach nur ein Bier trinken und sich über das immer gut gelaunte Personal freuen. An den anderen Abenden der Woche ist das **360°** ein charmanter Ort zum Chillen auf gemütlichen Sofas bei guter Musik. Eintritt frei! Wer sich unter *www.platinumlistdubai.com* auf die Gästeliste setzen lässt, umgeht das nervige Schlangestehen am Eingang.

— Stefan Jeschonneck, Dubai

Dubai anders

Im Februar 2006 durfte ich mit einer Gruppe von Linienrichtern die „ATP Dubai Tennis Championship 2006" erleben. Genächtigt haben wir in dem für dortige Verhältnisse recht einfachen **Youth Hostel unweit des Flughafens**, das ich absolut empfehlen kann. Außerdem sah und erlebte ich auch das „andere" Dubai jenseits von Jumeirah Beach und Sheikh Zayed Road. Dieses Foto entstand nach dem Freitagsgebet in der Nähe einer kleinen Moschee im Stadtteil Deira.

— Andrea Mahlknecht, Graz

Blubbernde Wasserpfeifen

Mein Tipp für Dubai: die **BARASTI-BAR** an der Dubai Marina. Unter freiem Himmel, mit Blick auf den angrenzenden Yachthafen und beim leisen Blubbern einer fruchtig-duftigen Wasserpfeife kann man hier prima entspannen. Vor kurzem wurde die Barasti-Bar umgebaut. Jetzt ist sie noch größer und hat auch eine Tanzfläche bekommen. Dafür gibt es leider die Open-Air-Kinovorstellungen nicht mehr, schade. Trotzdem ein ausgesprochen empfehlenswerter Ort. Wo? Im Hotel **Le Méridien Mina Seyahi**, Al Sufouh Rd., www.lemeridien-minaseyahi.com.

— Xenia Olotu, Hamburg, zurzeit für ein Auslandssemester in Dubai

Kaufen, kaufen, kaufen!

Dazu soll **MODHESH** animieren, das leuchtendgelbe Maskottchen der **DUBAI SUMMER SURPRISES**, dem sommerlichen Gegenstück zum Dubai Shopping Festival (*www.mydsf.com*). Hier winkt es am Stadt-Highway, vor allem aber ist es in der **MODHESH FUN CITY** im Dubai World Trade Centre anzutreffen, wo es Kinder willkommen heißt.

— Hady Khandani, Troisdorf

Geblähte Segel

Daus spielten in früheren Jahrhunderten im Handelsverkehr zwischen den Golfstaaten eine wichtige Rolle. Heute ist das Geschichte. Die am Dubai Creek liegenden Schiffe (die immer noch alle möglichen Handelsgüter transportieren) werden längst von Motoren getrieben. Umso schöner, wenn man eine Regatta traditioneller Daus beobachten kann! Mein Foto entstand vom achten Stock des Le Méridien Hotels am Jumeirah Beach. Ich zählte damals an die 30 Daus mit geblähten Segeln, begleitet von Kampfrichterbooten.

— Kurt Ganglbauer, St. Florian (Österreich)

Dromedar auf Abwegen

Wollte es uns Touristen etwa nicht mehr sehen? Oder lockten das Tier Leckereien in den Schuppen? Der Besuch einer Kamelfarm war Programmpunkt unserer halbtägigen Wüstensafari, die unter dem Namen **„DUNE DINNER“** angeboten wird. Sie begann mit der Fahrt durch die großen Dünen östlich von Dubai und endete mit einem unvergesslichen Erlebnis: Sonnenuntergang über der Wüste, dazu Barbecue und Bauchtanz.

— Ralf Schmidt, Butzbach

Der **GEO-COVER-WETTBEWERB** geht in die letzte Runde. Wenn Sie ein covertaugliches Bild für unser nächstes Heftthema (Irland) fotografiert haben, freuen wir uns auf Ihre Einsendung unter: *www.geo.de/GEO/fotografie/fotowettbewerbe/50229.html*
Im Rennen um den Titel für dieses Heft lagen drei Leserfotos ganz weit vorn: „Sonnenuntergang in der Wüste“ von Andrea Mahlknecht, Graz; „Möwenfüttern am Dubai Creek“ von Rasmus Kaessmann, Berlin; „Burj Al Arab bei Nacht“ von Thomas Harjans, Hürth.

Reiseveranstalter

Dubai · Emirate · Oman
Ihr Traum-Hotel
direkt vom Spezialveranstalter
Ob Strand-Hotel, Wüsten-Resort oder Design-Hotel – wir kennen die Reiseziele persönlich!
Profitieren Sie von der individuellen Beratung bei
REISESERVICE AFRICA · München
Tel. 089/811 90 15 · www.reiseservice-africa.de

Bestseller!
Jetzt bestellen:
Tel.* 0180 - 506 20 00
www.geo-webshop.de
*14 Cent / Min. in Deutschland
Bitte bei Ihrer Bestellung diese Nummer angeben: 500145
GEO Shop
DAS BESTE VON GEO

OMAN
V.A.EMIRATE

Rundreisen
Individuell oder in Kleingruppen

Wüstentrips
Off Road-Safaris
Komforthotels
Reisekombinationen
Oman & V.A.E. / Dubai
Arabien-Spezialist:
PROFI TEAM REISEN GmbH
Sonnenstraße 3
D-85609 Aschheim b. München
Telefon 089 - 904 50 51
Telefax 089 - 903 39 80
info@profiteam.de
www.arabienspezialist.de

Präsentieren Sie Ihre Anzeige in
GEO Special
Wir beraten Sie gern:
Verlagsbüro Mahlow · Tina Mahlow
Seestrasse 20 · D-23684 Scharbeutz-Klingberg
Tel. (0 45 24) 70 30 590 · t.mahlow@mahlow-media.de

Jetzt im Handel
Wird die schönste Nebensache bald nur noch Nebensache? Sex.
Kolle Rebbe
GEO
Grönlands Berge
Der Zauber des Eises und seine Vergänglichkeit
DAS NEUE BILD DER ERDE
www.geo.de
Was können wir finden?
Was können wir geben?
Was dürfen wir hoffen?
SEXUALITÄT
Indonesien
Wanzen
Missionare
Ukraine
Weitere Themen
Grönland
Eisberge zum Dahinschmelzen.
Ukraine
Die verpuffte Revolution.
Missionare
Für Gott, Kaiser und Vaterland.
www.geo.de
GEO. Die Welt mit anderen Augen sehen

dossier

Aktuelle Information in komprimierter Form

DUBAI, EMIRATE UND OMAN

Arabia felix, glückliches Arabien: Schon früh kündeten Reisende von seinen Schätzen

SCHICKSALSTAGE

IM ZEITRAFFER ZUM WOHLSTAND

Die Emirate und Oman gehörten zu den ärmsten Staaten der Welt – und wandeln sich seither in atemraubendem Tempo zu den reichsten

Seit dem **3.** Jahrtausend v. Chr. beliefern die Bewohner Magans (des heutigen Nordoman) die Könige im Zweistromland mit Kupfer. Auch mancher Handelsplatz am späteren Persisch-Arabischen Golf profitiert von seiner Lage an der Schiffsroute von Mesopotamien nach Indien. Wenig später blüht im südomanischen Dhofar das Geschäft mit Weihrauch. Jahrhundertelang ziehen von dort Karawanen entlang der „Weihrauchstraße" bis ans Mittelmeer und versorgen Herrscher wie Priester mit dem Harz.

***

630 n. Chr. überbringt ein Bote den beiden omanischen Regenten Abd und Jaifar Al Jalandi einen Brief des Propheten Mohammed. Der neue Herr Medinas, der bereits über weite Teile Westarabiens gebietet, fordert die Omaner auf, sich seiner Führung und Lehre zu unterwerfen. Sie schließen sich freiwillig dem mächtigen Propheten an. Auch andere Stammesführer Ostarabiens, die vermutlich ähnliche Briefe erhalten haben, folgen Mohammed; bei seinem Tod im Jahr 632 n. Chr. untersteht dem Religionsstifter bereits die gesamte arabische Halbinsel. Viele Omaner beteiligen sich an den Eroberungen der ersten Kalifen, der Nachfolger des Propheten. Als sich Ende des 7. Jahrhunderts das Zentrum des Großreichs jedoch nach Damaskus und später nach Bagdad und Kairo verlagert, gerät Arabien zur Randzone der islamischen Welt. Besonders im Osten, fern der Pilgerstätten Mekka und Medina, gilt gewöhnlich nicht das Wort des Kalifen, sondern alte Stammestradition.

***

Um **750** n. Chr. wählen die Omaner ihren eigenen Imam – und gründen damit einen unabhängigen Staat. Während sich nach Ansicht der Sunniten nur Männer aus dem Stamme Mohammeds zum Nachfolger des Propheten eignen, nach Meinung der Schiiten gar nur Blutsverwandte, will die in Oman verbreitete Schule der Ibaditen denjenigen zum Oberhaupt der Gemeinschaft bestimmen, der sich als Gläubigster und Fähigster erweist. Das kann der Kalif in Bagdad nicht dulden, er bereitet dem unabhängigen Reich nach nur zwei Jahren militärisch ein Ende. Ein zweites Imamat, das 793 n. Chr. in Nizwa entsteht, währt ein ganzes Jahrhundert, bevor Oman abermals zur Provinz des Kalifats wird. Doch vielerorts folgen die Menschen auch wei- →

Sagenhafte Reise: Der Riesenvogel Roch bringt Sindbad den Seefahrer zum Tal der Diamanten

terhin den ibaditischen Imamen. Die Küste aber gerät unter den Einfluss wechselnder Herrscher. Deren Interesse gilt vor allem der blühenden Hafenstadt Sohar, von der aus Händler bis nach Indien und China segeln – ihre Abenteuer werden zur Vorlage für die Geschichte von Sindbad dem Seefahrer.

***

1650 n. Chr. greifen Omans Truppen überraschend von der Landseite die portugiesischen Forts in Maskat an. Seit Anfang des 16. Jahrhunderts haben sich die Portugiesen in Hafenstädten des Golfs festgesetzt. Doch nun wenden sich die Imame, deren Macht jahrhundertelang auf das Landesinnere beschränkt war, dem Meer zu: Sie vertreiben die Europäer und erobern bald ferne portugiesische Besitzungen wie Sansibar. Oman wächst zu einem mächtigen Seereich, dem der Handel mit Weihrauch und Datteln – vor allem aber mit Sklaven – Wohlstand bringt. Anfang des 19. Jahrhunderts hat das Reich unter Said dem Großen, einem Herrscher der (bis heute regierenden) Al-Bu-Said-Dynastie, seine größte Ausdehnung. Als es sich nach seinem Tod 1856 jedoch in die zwei unabhängigen Sultanate „Maskat und Oman" und „Sansibar" spaltet, beginnt der Niedergang der omanischen Seemacht.

***

1761 wird auf der Insel Abu Dhabi Süßwasser entdeckt, und so lassen sich einige Beduinen vom Stamm Bani Yas dort nieder. Drei Jahrzehnte später verlegt auch der Stammesführer seinen Hauptsitz in die kleine Hafensiedlung. Die meisten Bani Yas aber leben weiterhin im Landesinneren: Sie ernten Datteln, züchten Kamele oder arbeiten während der Saison als Perlentaucher an der Küste. 1833 spaltet sich in Abu Dhabi eine Untergruppe des Stammes ab und siedelt in das Fischerdorf Dubai über. Unter Führung der Al-Maktoum-Familie entsteht ein unabhängiges Scheichtum, in dem bald Perlenfischerei und Handel florieren. Bereits um 1900 hat Dubai 10 000 Einwohner und ist damit der größte Ort auf dem Gebiet der späteren Vereinigten Arabischen Emirate. Steil aufwärts geht es ab 1902, als hohe Zölle zahlreiche Händler aus persischen Häfen vertreiben – und Dubai zur neuen Heimat wird.

***

1819 greifen britische Soldaten mit Kanonenbooten die Hafenstadt Ras Al Khaimah an und vernichten die gesamte Flotte der Al Qawasim. Die Strafaktion gegen das Scheichtum soll die ständigen Überfälle auf britische Schiffe stoppen, die der Gegend zwischen Qatar und der Straße von Hormuz den Beinamen „Piratenküste" eingebracht haben. Den Briten ist nicht an einer Eroberung Ostarabiens gelegen, sondern an einer sicheren Schiffspassage und der Kooperation der Stammesführer. Seit 1820 schließen sie Verträge, in denen sich die Scheichs der Küste verpflichten, den Waffenstillstand (truce) im Golf zu wahren. 1892 übertragen die „Trucial States" der Schutzmacht gar die Kontrolle über ihre außenpolitischen Beziehungen. Auch das Sultanat Oman gerät unter britischen Einfluss: Die Dampfschifffahrt und die Eröffnung des Suezkanals 1869 besiegelten das Ende der einstigen Handelsmacht. Immer öfter braucht der schwache Sultan gegen Aufständische im Landesinneren oder Angriffe arabischer Nachbarn nun die Hilfe britischer Truppen. Und so willigt er 1891 in einen Freundschaftsvertrag ein, der das Sultanat de facto zum britischen Protektorat macht.

***

Am 5. Juli **1962** nimmt in Abu Dhabi ein Tanker mit der ersten Ladung Öl Kurs auf Europa. Seit 1937 hatten sich britische Ölfirmen exklusive Explorationsrechte in den „Trucial States" gesichert. Doch erst 1959 wird in Abu Dhabi Öl in größerer Menge gefunden, Mitte der 1960er Jahre auch in Dubai. Die Menschen im Scheichtum Abu Dhabi leben wie seit Jahrhunderten: Es gibt keine medizinische Versorgung, fast niemand kann schreiben, und selbst die Haupt-

Schutzmacht in kurzen Hosen: die Briten

stadt besitzt weder ein Hotel noch eine befestigte Straße. Auch als endlich die Gelder aus den Ölkonzessionen fließen, ändert sich zunächst wenig. Denn Scheich Shakhbut bin Sultan Al Nahyan misstraut den Briten und allem Wandel – so sehr, dass er ein Bauverbot über die Stadt verhängt. Im August 1966 aber übernimmt sein Bruder Scheich Zayed die Macht: Mit den Geldern aus dem Ölgeschäft lässt er Krankenhäuser, Universitäten, Wohnungen, Strom- und Wasserleitungen errichten und verwandelt den kargen Wüstenstreifen innerhalb weniger Jahrzehnte in eines der wohlhabendsten Länder weltweit.

***

Am 23. Juli **1970** stürmen Bewaffnete den Palast in Salalah und zwingen Omans Sultan zur Abdankung. Hinter dem Staatsstreich steht sein eigener Sohn Qabus bin Said, unterstützt von der britischen Schutzmacht. Qabus übernimmt eines der rückständigsten Länder der Welt: 1970 gibt es in Oman zehn Kilometer Asphaltstraße, ein einziges Krankenhaus und keine Elektrizität außerhalb von

Regiert Oman seit 36 Jahren: Sultan Qabus

Maskat und Mutrah. Der greise Sultan hat Radios und westliche Kleidung verbieten lassen. Niemand darf den eigenen Distrikt verlassen oder ohne Genehmigung ins Ausland reisen. Doch sein Sohn, der britische Eliteschulen besuchte, vollzieht eine radikale Wende: Mithilfe von Ölgeldern und westlichen Beratern schafft er einen blühenden Wohlfahrtsstaat. Es gelingt dem absolutistisch regierenden Monarchen, das Land zu einen und große Anerkennung zu erlangen.

***

Am 2. Dezember **1971** gründen sechs Scheichtümer den Bundesstaat der Vereinigten Arabischen Emirate. Nicht eine Unabhängigkeitsbewegung hat der britischen Oberhoheit ein Ende bereitet, sondern die Regierung in London selbst: Als die Briten im Januar 1968 ihren Rückzug aus allen Gebieten „östlich von Suez" ankündigen, bringen sie damit die Verhandlungen zwischen neun Scheichtümern in Gang. Nach zähem Ringen erklären Bahrain und Qatar im Sommer 1971 ihre Eigenständigkeit, und auch der Herrscher Ras Al Khaimahs kann sich erst nachträglich im Februar 1972 zu der Vernunftehe mit den Übrigen durchringen. Präsident der neuen Föderation wird Scheich Zayed von Abu Dhabi, dem größten und reichsten Emirat. Alle fünf Jahre wählen ihn die anderen Herrscher fortan wieder. Als er am 2. November 2004 stirbt, küren sie tags darauf seinen ältesten Sohn, Scheich Khalifa, zum neuen Führer.

***

Im Dezember **2006** werden in den Emiraten die Hälfte der Abgeordneten des Föderationsrates, der vorwiegend beratende Funktion hat, erstmals durch eine Wahl bestimmt. Umso größer ist die Enttäuschung, dass nur 6689 Würdenträger wahlberechtigt sind – 0,08 Prozent der Bevölkerung. ■ *Susmita Arp*

ZAHLEN & FAKTEN

EMIRATE

DAS LAND

■ **Fläche:** 77 700 km², bestehend aus den sieben Emiraten Abu Dhabi (67 340 km²), Dubai, Sharjah, Ajman, Umm Al Quwain, Ras Al Khaimah und Fujairah

■ **Hauptstadt:** Abu Dhabi (558 000 Einw.)
Weitere Städte: Dubai (1,2 Mio. Einw.), Sharjah (519 000 Einw.)

DIE MENSCHEN

■ **Einwohner:** 4,7 Mio.

■ **Ausländer:** rund 80 % der Einwohner; mehr als die Hälfte davon Inder und Pakistaner, ca. 4500 ansässige Deutsche

■ **Religion:** Islam ist Staatsreligion

WIRTSCHAFT

■ **Bruttoinlandsprodukt:** 102 Mrd. Euro (2005), Abu Dhabi und Dubai erwirtschaften über 80 % der Staatseinnahmen

■ **Haupterzeugnisse:** Erdöl, Erdgas, 94 % der Ölvorräte der Vereinigten Arabischen Emirate lagern in Abu Dhabi

■ **Landwirtschaft:** nur 0,9 % der Landesfläche sind landwirtschaftlich nutzbar, über 85 % der Nahrungsmittel werden eingeführt

■ **Tourismus:** trägt bislang rund ein Prozent zum BIP bei. 2005 beherbergten allein Dubais Hotels rund 5 Mio. ausländische Gäste

POLITIK

Die Herrscher der sieben autonomen Emirate bilden den Obersten Rat, der die Politik bestimmt. Staatsoberhaupt ist der Emir von Abu Dhabi, Scheich Khalifa bin Zayed Al Nahyan, Regierungschef der Emir von Dubai, Scheich Mohammed bin Rashid Al Maktoum

OMAN

DAS LAND

■ **Fläche:** 309 500 km²
Hauptstadt: Maskat (24 000 Einw., erweitertes Hauptstadtgebiet inkl. Mutrah und anderen Vororten ca. 500 000 Einw.)
Weitere Städte: Salalah (166 000 Einw.), Sohar (110 000 Einw.), Nizwa (74 000 Einw.)

DIE MENSCHEN

■ **Einwohner:** rund 2,5 Mio.

■ **Ausländer:** ca. 25 %, vor allem vom indischen Subkontinent

■ **Religion:** Islam ist Staatsreligion, über 90 % Muslime (drei Viertel davon Ibaditen)

WIRTSCHAFT

■ **Bruttoinlandsprodukt:** 19,12 Mrd. Euro

■ **Haupterzeugnisse:** Erdöl und Erdgas; größte Abnehmer sind Japan, Südkorea und China

■ **Landwirtschaft:** auf rund 0,3 % der Landesfläche, produziert werden unter anderem Datteln, Zitronen, Mais, Bananen, Weihrauch

■ **Tourismus:** rund eine Mio. Gäste pro Jahr

POLITIK

Absolute Monarchie, Sultan Qabus bin Said Al Said ist Staatsoberhaupt, Regierungschef, Außen-, Verteidigungs- und Finanzminister. Ein vom Volk gewählter Konsultativrat hat wie der Staatsrat nur beratende Funktion.

WASSERVERBRAUCH

Windeln für die Wüste

Umweltbewusstsein wächst nur sehr langsam. Eine deutsche Firma will nachhelfen – mit unscheinbaren Bröckchen, die es in sich haben

Golfplätze und Geld – aber kaum Wasser: idealer Nährboden für Geohumus-Gründer Bentlage

DIE SCHEICHS DER EMIRATE lassen prächtige Golfplätze in den Sand setzen. Lassen Hunderte Kilometer Wüste rechts und links der Straßen begrünen – und verstärken damit ein Problem, das sich zum dringlichsten überhaupt auswächst: Der Pro-Kopf-Wasserverbrauch im Land liegt bei etwa 500 Litern täglich, einer der höchsten weltweit.

Nun bietet eine kleine Frankfurter Firma eine viel versprechende Wasserspar-Möglichkeit: Geohumus, ein erdfarbenes, schwammartiges Granulat. Es besteht aus gemahlenem Lavagestein, Silikaten und einem Superabsorber, der ursprünglich für Windeln entwickelt wurde. Das Prinzip, das Babyhintern trocken hält, funktioniert auch im Wüstenboden: Nur 100 Gramm Geohumus pro Quadratmeter genügen, damit der Sand fünfmal mehr Wasser speichern kann und kaum mehr Flüssigkeit versickert. Die Schwammkörnchen saugen sich voll, und Pflanzenwurzeln können sich nach und nach bedienen. Zudem erschwert das Granulat die Versalzung des Bodens – denn wenn weniger gegossen werden muss, verdunstet auch weniger Wasser.

Sieben Jahre hat die Entwicklung gedauert, bis Geohumus der Sonne standhielt und beim Gießen nicht weggeschwemmt wurde. Dann wandten sich die Erfinder an die Herrscherfamilie in Abu Dhabi. „Anfangs waren die Scheichs skeptisch“, sagt Firmenmitbegründer Wulf Bentlage. „Aber nun stehen wir kurz davor, eine Fabrik dort zu bauen.“

Geohumus kam zur rechten Zeit auf den Markt: Erst seit wenigen Jahren ist Wassersparen in den VAE ein Thema. Dass hier fast viermal so viel Süßwasser verbraucht wird wie in Deutschland, hat auch kulturhistorische Gründe: Dem Koran zufolge muss jedem Moslem freier Zugang zu Wasser gewährt sein. Geld spielte nach der Entdeckung von Öl kaum eine Rolle – also investierten die Herrscher in Entsalzungsanlagen und Grundwasserbohrungen und ließen unbeschränkt Trinkwasser sprudeln; die Haushalte bezahlten lediglich eine symbolische Monatsgebühr von rund zwölf Euro. Erst seit etwa drei Jahren berechnen Wasseruhren den Verbrauch; Wasser ist noch immer stark subventioniert.

Auch die Großstädte sind verschwenderisch angelegt: Dubai protzt mit mehr als 21 Millionen Quadratmetern Grün – der fünffachen Fläche des Englischen Gartens in München. Eine wichtige Rolle bei der Begrünung der Emirate spielte der verstorbene erste Präsident Scheich Zayed Al Nahyan. Er ließ 40 Millionen Palmen pflanzen und förderte massiv die Landwirtschaft. Tatsächlich produzieren die VAE heute mehr als die Hälfte ihres Gemüses selbst. Sogar 83 Prozent der Milch stammt aus dem Land, obwohl für Rinderzucht besonders viel Wasser nötig ist. Insgesamt entfallen auf die Landwirtschaft etwa 68 Prozent des Wasserverbrauchs.

In den Emiraten gibt es keine Seen oder Flüsse, die rund ums Jahr Wasser führen. Doch verfügen die Scheichtümer über etwa 100 Milliarden Kubikmeter Grundwasser. Zwar sind rund 90 Prozent der Ressourcen brackig oder salzig; doch nach Schätzungen gibt es zehn Milliarden Kubikmeter Süßwasser. In einigen Regionen sind die Reserven auch heute noch intakt. Doch vor allem im Osten, in der Gegend von Al Ain, haben die immer intensiver wirtschaftenden Bauern den Grundwasserspiegel um mehrere Meter sinken lassen. Der spärliche Regen kann eine solche Übernutzung nicht ausgleichen. Insgesamt fallen in den Wintermonaten nur durchschnittlich 100 Millimeter pro Quadratmeter – ungefähr neunmal weniger als in München.

Deshalb müssen vor allem Entsalzungsanlagen den Bedarf decken: Sie stellen täglich 5,3 Millionen Kubikmeter

Teil der Lösung – und des Problems: Entsalzungsanlagen

Süßwasser her. Das entspricht dem Inhalt von etwa 34 Millionen Badewannen – und damit 24 Prozent der Weltproduktion. Kein anderes Land entsalzt mehr Wasser. Die meisten Anlagen sind thermisch, basieren also auf der Verdampfung von Meerwasser. Knapp ein Zehntel der Entsalzung geschieht durch Umkehr-Osmose, ein Verfahren, bei dem das Wasser mit sehr hohem Druck durch Synthetikmembranen gepresst wird. Der Energiebedarf ist bei beiden Methoden immens. Problematisch ist auch die Rückleitung von Millionen Kubikmetern Abwasser. Stammt es aus thermischen Anlagen, ist es fünf bis 15 Grad wärmer als bei seiner Entnahme. Oft finden sich in ihm Rückstände von Kupfer und Chlor. Und es ist deutlich salziger: Je nach Verfahren enthält ein Liter Abwasser zwischen 50 und 70 Gramm Salz, während im Persisch-Arabischen Golf 40 bis 45 Gramm normal sind. Wenn sich die Einleitungen nicht ausreichend mit dem übrigen Wasser vermischen, können sie das Ökosystem verändern und das Abwandern bestimmter salz- oder wärmeempfindlicher Arten verursachen.

Je weniger Süßwasser also produziert wird, desto besser. Geohumus profitiert von diesem neuen Sparkurs. Die unscheinbaren Granulatkrümel aus Deutschland dürften den Emiratis gute Dienste erweisen.

GEOLOGIE

DIE MAGIE DES ZUFALLS

Warum es ausgerechnet in den Vereinigten Arabischen Emiraten und in Oman Öl gibt – und warum bald nicht mehr

FAST EIN ZEHNTEL DER WELTWEITEN ÖLRESERVEN schlummern unter dem Territorium der Emirate – etwa 98,2 Milliarden Barrel. Wie das Öl hier entstanden ist? Ein spezieller geologischer Zufall. Wo heute Land liegt, war vor Urzeiten Wasser. Und insbesondere während des Jura und der Kreidezeit, vor etwa 200 bis 60 Millionen Jahren, tummelten sich darin phasenweise große Massen an Kleinstlebewesen, die nach ihrem Tod nicht verrotteten, sondern luftdicht von Sedimenten abgedeckt wurden. So entstand Kerogen, die Ausgangssubstanz für Erdöl, eingebettet in so genanntes Muttergestein. Was jetzt noch fehlte, waren Zeit – und Hitze. Durch die Absenkung des Arabischen Beckens wurde das Muttergestein in zwei bis drei Kilometer Tiefe gedrückt, näher ans heiße Erdinnere. Bei 60 bis 90 Grad begann dort vor etwa 88 bis 72 Millionen Jahren die Verwandlung von Kerogen in zähflüssiges Öl. Doch das genügte noch nicht, um die ergiebigen Öllagerstätten der Emirate entstehen zu lassen: Dazu musste die nächste Sedimentschicht poröses Speichergestein sein, voller winziger, wassergefüllter Hohlräume. Da Öl leichter ist als Wasser, wandert es im Speichergestein immer weiter nach oben. Manchmal tritt es an der Erdoberfläche aus; doch im Idealfall sammelt es sich, nachdem es von einer undurchlässigen Steinschicht gestoppt wird. In den Emiraten sind dies meist einfache „Schildkröten-Strukturen": gebogene Anhydrit- oder Gipsschichten, die sich in 1000, 2000 Meter Tiefe wie ein Helm über das Speichergestein wölben. In diesem lagert das Öl dann wie in einem steinernen Schwamm – und keineswegs in unterirdischen Seen, wie man es sich vielleicht vorstellt. All diese komplizierten geologischen Bedingungen sind nicht in den ganzen Emiraten erfüllt, sondern vor allem in Abu Dhabi. Das Emirat hält etwa 94 Prozent der VAE-Ölvorräte, hat etwa 92,2 Milliarden Barrel Reserven; auf Dubai entfallen nur etwa 4 Milliarden, auf Sharjah 1,5 Milliarden Barrel; und Omans Vorräte belaufen sich auf etwa 4,8 Milliarden Barrel. Genau wissen das wohl nur die Herrscher: Die Ölfirmen sind staatlich – und Reservemengen ein Staatsgeheimnis.

KARTOGRAPHIE

GRENZENLOSE WEITE

Vom Sande verweht waren die Staatsgrenzen lange Zeit. Niemand kümmerte es – bis Öl gefunden wurde

Bestens ausgebaut: Straße ins Niemandsland

IM ATLAS TRENNEN meist dicke Farbbalken die Staaten – ein Zeichen für eindeutige Grenzen. Um die VAE jedoch schlängeln sich auf vielen Karten nur fein gestrichelte Linien. Unabhängige Kartographen wissen nicht, wo genau die Grenze liegt: Die Scheichs der Region haben ihre Abmachungen nie veröffentlicht – und stellen sie zudem regelmäßig wieder infrage. Traditionell war es nicht wichtig, Gebiete exakt zu trennen, da Grenzen quer durch die Wüste gingen. Nach der Entdeckung von Öl konnte aber jeder Hektar Reichtum bringen, und zwar der eigenen Dynastie – oder eben den Nachbarn. Der aktuellste Konflikt schwelt derzeit zwischen den Emiraten und Saudi Arabien: 1974 hatten deren Herrscher die Grenzen zwar festgelegt, aber das Geheimabkommen nie ratifiziert. Bekannt ist, dass die VAE Teile der Al Buraymi Oase behalten durften; dafür mussten sie den Saudis rund 80 Prozent der Shaybah-Ölfelder zugestehen sowie einen strategisch wichtigen Küstenstreifen, der seitdem Qatar von den Emiraten trennt. Diese Punkte fechten die VAE derzeit an. 2006 haben sie sogar eine Karte herausgegeben, auf der sie die Staatsgrenze zu ihren Gunsten verschoben hatten. Die Reaktion der Saudis: Gegendruck. Die Strichellinie hat weiter Bestand. ■

Dela Kienle

DEMOGRAPHIE

Babylon am Golf

Bei derzeitiger Zuzugsrate wäre 2015 nur noch ein Prozent der Bevölkerung einheimisch – schon jetzt schotten sich die Emiratis ab

Hier schillert nur der Name: »Goldener Platz« heißt dieses Camp für 150 000 Arbeiter

DIE KARIKATUR sollte das trockene Schulbuch ein wenig auflockern, doch stattdessen trug sie dem Bildungsministerium des Emirates Ras Al Khaimah reihenweise Beschwerden empörter Eltern und Lehrer ein, die das Buch eingestampft sehen wollten. Das strittige Bild im Kapitel „Demographie" zeigt die zukünftigen Bewohner der Emirate: Asiaten und Europäer, die im Museum ein Skelett der ausgestorbenen Spezies „VAE Bürger" bestaunen. Damit trifft die Illustration einen wunden Punkt vieler Emiratis: Angesichts eines Ausländeranteils von 80 Prozent sind die Einheimischen zu Exoten im eigenen Land geworden. Mehr und mehr Arbeitskräfte wanderten seit Beginn des Ölbooms ein: Ingenieure aus England, Ärzte aus Ägypten, Lehrer

Nur für Einheimische: Villen auf Gratisgrund

aus Syrien, vor allem aber Hunderttausende Inder, Pakistaner und andere Asiaten, die sich als Bauarbeiter oder Dienstpersonal verdingen. Sie alle haben die Emirate in eine moderne Wohlstandsoase verwandelt – und in eine der internationalsten Gemeinschaften der Erde.

Doch das Land ist alles andere als ein Schmelztiegel. Die Trennung zwischen *locals* und *expatriats*, zwischen Einheimischen und „Gastarbeitern", ist messerscharf. Emiratis werden vom Herrscherhaus deutlich günstiger mit Wasser und Strom versorgt. Heiratswillige erhalten – sofern sie sich für einen einheimischen Partner entscheiden – Baugrund und Häuser vom Staat; selbst so bezeichnete Sozialhilfewohnungen sind bisweilen mit zwei Garagen ausgestattet. Den Expatriats dagegen gewährt die Regierung nur befristete Aufenthaltsrechte für die Dauer ihrer Beschäftigung. Und nur wer mindestens 850 Euro monatlich verdient, darf seine Familie mitbringen. Außer in den so genannten Freezones ist es Ausländern untersagt, Immobilien zu kaufen oder mehr als 49 Prozent an einem Unternehmen zu halten.

Während Gastarbeiter aus westlichen und arabischen Ländern durchaus Respekt genießen, steht die Masse der südasiatischen Arbeiter ganz unten in der sozialen Hierarchie – auch wenn viele von ihnen Muslime sind. Sie wohnen in Gemeinschaftsunterkünften, manchmal zu zwölft auf einem Zimmer. Oft haben sie mehrere tausend Dollar an einen Arbeitsvermittler gezahlt und schuften für einen Hungerlohn in drei Schichten rund um die Uhr. Ihre Chefs behalten üblicherweise nicht nur die Reisepässe ihrer Arbeiter ein, sondern auch mehrere Monatslöhne. Gewerkschaften sind ebenso verboten wie Streiks, und die Regierung, klagen Menschenrechtsorganisationen, tue viel zu wenig, um die Ausbeutung zu verhindern. Präsident Scheich Khalifa betont, dass „Gastarbeiter" nach Ablauf ihrer Arbeitserlaubnis in die Heimat zurückkehren müssen. Und auch die Wirtschaftsministerin stellt klar: „Wir schaffen kein Klima für dauerhafte Einwanderung."

Wie die Regierung Omans, wo Ausländer nur 26 Prozent der Bevölkerung stellen, wollen die Emirate den Zustrom von Gastarbeitern verringern. Sie bemühen sich, die eigene Jugend zu qualifizieren. Doch die meisten Emiratis haben es gar nicht nötig zu arbeiten. Bestenfalls erwägen sie einen Job im Regierungsdienst oder eine Führungsposition. Für mittlere Managementposten, Taxifahren oder gar körperliche Arbeit lässt sich kaum ein Einheimischer gewinnen. Und so werden die Emiratis wohl auch in nächster Zukunft mit den Expats leben müssen.

ISLAMISMUS

DUBAIS ALBTRAUM

Sicherheit ist das Kapital der Emirate. Eine einzige Bombe könnte den Boom beenden. Warum explodiert sie nicht?

OSAMA BIN LADEN habe sich vor einigen Jahren in den Emiraten operieren lassen, munkelt man. Und ein Großteil der Gelder, mit denen die Anschläge vom 11. September 2001 finanziert wurden, sollen nach Erkenntnissen von US-Ermittlern durch die VAE geflossen sein. Kann es da reiner Zufall sein, dass die Scheichtümer bislang von islamistischem Terror verschont blieben? Oder haben sich die Herrscher am Golf den Frieden bewahrt, indem sie lange Zeit Nachsicht gegenüber den geschäftlichen Aktivitäten von Terrornetzwerken wie Al Qaida walten ließen?

Offensichtlich ist: Das konsumfreudige Dubai muss strenggläubigen Muslimen als reinster Sündenpfuhl erscheinen. Das Nachtleben bietet reichlich Alkohol und Prostitution. Und auch am Tag lebt mancher Moslem hier eher wie in London als in Mekka. Noch schwerer dürfte in den Augen vieler Islamisten aber der Bund mit dem Erzfeind USA wiegen. Osama bin Ladens Krieg gegen den Westen begann 1990 als Kampf gegen die Stationierung von US-Truppen in seiner saudi-arabischen Heimat. Auch die Emirate und Oman beteiligten sich während des zweiten Golfkriegs an der US-geführten Militärallianz gegen Saddam Hussein, dessen Truppen in Kuwait eingefallen waren. Bis heute unterhalten die Amerikaner wichtige Stützpunkte in den Emiraten und in Oman. Die kleinen Golfstaaten schätzen die Präsenz der US-Truppen im Land auch als Schutzschild gegen die Begehrlichkeiten der großen Nachbarn Iran und Saudi-Arabien.

Wo genau wie viele US-Einheiten stationiert sind, ist kaum bekannt. Die Scheichs vermeiden es, als allzu enge Partner Washingtons aufzutreten. Politik ist in den Emiraten und Oman ihre Privatsache – das gilt auch für die Außen- und Sicherheitspolitik: Geschickt taktieren die Majestäten im Hintergrund; paktieren mal mit der einen, mal mit der anderen Seite. Noch zu Beginn des Afghanistankrieges waren die Emirate mit den Taliban verbündet. Kaum war der Irak aus Kuwait vertrieben, halfen sie Saddam Hussein, den Waffenboykott der Vereinten Nationen zu unterlaufen. Auch in der Innenpolitik suchen die Regierungen den Kompromiss. Während in Saudi-Arabien, woher 15 der 19 Attentäter vom 11. September stammen, der streng puritanische Wahhabismus regiert, üben die Emirate und Oman seit jeher pragmatische Auslegungen des Islam. Doch wissen deren Herrscher, dass viele ihrer Untertanen ohnmächtige Wut über die amerikanische Israelpolitik empfinden und anfällig für Parolen der Islamisten sind. Sie versuchen deshalb, den hohen Lebensstandard zu sichern und so Teile der Bevölkerung für sich zu gewinnen.

Dass die Emiratis mit den westlichen Staaten und deren Gegnern Kontakte pflegen, macht sie vielen US-Politikern suspekt. Seit den Anschlägen in New York ist man in Washington uneinig, ob die Scheichs Freunde oder Feinde sind. Aber vielleicht liegt gerade in dieser Ambivalenz ein Teil des Geheimnisses vom Frieden in den Scheichtümern am Golf. ■ *Susmita Arp*

ZENSUR UND SELBSTZENSUR

DIE GRENZEN DER NEUEN FREIHEIT

Was Medien in den Emiraten dürfen – und was nicht

INTERNATIONALE ZEITSCHRIFTEN treffen in den Emiraten nicht nur mit Verspätung ein, sondern manchmal auch mit geschwärzten Passagen. Bisweilen fehlen ganze Artikel, deren Inhalt nach Ansicht der staatlichen Zensoren den Werten des Landes widerspricht. Ebenso kontrollieren Internetprovider ihr Angebot: Pornographie, Blasphemie und Spiele sind tabu. Aber auch Texte über Alkohol und Brustkrebs oder die Internetseite der ehrenwerten „Times" können noch immer den automatischen Filtern zum Opfer fallen. Die lokalen Medien kennen die Regeln und üben gewöhnlich Selbstzensur. Bis vor wenigen Jahren verstanden sich die meisten Zeitungen als Sprachrohr der Regierung, die arabischen Fernsehstationen waren ohnehin in staatlichem Besitz. Auch in Oman, wo die Pressefreiheit in der Verfassung verankert ist, gilt für die Medien: Kritische Berichte sind erlaubt, solange sie nicht den Herrscher betreffen. Neuerdings haben einige arabische Monarchen ihrem Land mehr Pressefreiheit verordnet, darunter der Emir von Dubai. Er ermutigt internationale Sender, sich in der 2001 gegründeten Dubai Media City niederzulassen, und auch zahlreiche Lokalzeitungen dürfen die Grenzen der neuen Freiheit testen. Die eigentliche Medienrevolution aber kam mit den panarabischen Satellitenkanälen: Seit 2003 sendet aus Dubai die Nachrichtenstation Al Arabiya. Sie versteht sich als moderate Antwort auf den erfolgreichen Kanal Al Jazeera, der im Westen vor allem durch die Veröffentlichung von Bin-Laden-Videos bekannt wurde. Wie der Konkurrent aus Qatar will Al Arabiya ein unabhängiges Forum sein, das den arabischen Feudalregierungen auf die Finger schaut. Die beiden Sender tragen wesentlich zur Meinungsbildung auf der arabischen Halbinsel bei. Vollkommen unabhängig sind jedoch auch sie nicht: Während Al Jazeera 1996 durch den Emir von Qatar gegründet wurde, wird Al Arabiya von einem Schwager des saudischen Königs finanziert. Erwartungsgemäß nehmen sich die Sender nur selten diese Potentaten vor.

Radio in Dubai: nichts gegen die Herrscher!

ZUKUNFTSPROGNOSE

DIE ANGST VOR DER SEIFENBLASE

In den Emiraten verwandelt sich Sand zu Gold – als wäre das Problem gelöst, an dem sich Alchemisten erfolglos versuchten. Wie lange kann das gut gehen?

Ölfelder von gestern: Dubais Zukunft ist nicht auf den einstigen Hauptgeldquellen gebaut

SIND DUBAIS glitzernde Fassaden auf Sand gebaut? Bis Ende 2008 werden im Emirat mit rund 1,3 Millionen Menschen geschätzte 200 000 neue Apartments auf den Markt kommen (zum Vergleich: In der Bundesrepublik mit mehr als 60-mal so vielen Einwohnern werden nur etwa 240 000 Wohnungen pro Jahr fertig). Eine derartige Angebotsschwemme dürfte im überhitzten Immobilienmarkt einen Crash, mindestens aber eine Korrektur bewirken. Für Immobilienanleger würde das hohe Verluste bedeuten, für die Volkswirtschaft, so glauben Ökonomen, wäre eine solche Wachstumsdelle aber wünschenswert, denn sie würde sich dämpfend auf die Miet- und Preissteigerungen (2005: + 6,5 Prozent) auswirken – und auf das exorbitante Wachstum von zuletzt 26,4 Prozent im Jahr.

Mittelfristig, also in den nächsten 20 Jahren, sind die Aussichten für das Scheichtum schillernd. Anders als seine Nachbarn, hat sich das vergleichsweise rohstoffarme Dubai weitgehend vom Öl emanzipiert; der einst wichtigste Sektor erwirtschaftet heute nur noch rund sechs Prozent des Bruttosozialprodukts. „Als Serviceplattform wird Dubai auch ohne eigenes Öl vom Boom in der Region kräftig profitieren“, sagt Eckart Woertz vom unabhängigen „Gulf Research Center“. Schließlich lagern in Arabien zwei Drittel der weltweiten Ölvorräte. Viele der Anrainer verdienen glänzend am globalen Energiehunger und sehnen sich nach sicheren Anlagemöglichkeiten in der muslimischen Welt. So konnte sich das Scheichtum erfolgreich als die arabische Dienstleistungs-, Tourismus- und Investitionsdrehscheibe etablieren.

Blickt man noch weiter in die Zukunft, könnte sich diese Ausrichtung allerdings als Schwachpunkt erweisen. Denn geschätzte 70 Prozent der Investitionen in Dubai stammen aus Staaten der Golfregion und Russland, deren Wohlstand sich vor allem aus Öleinnahmen speist. Weil diese Länder gleichzeitig die wichtigste Kundschaft Dubais stellen, ist die indirekte Ölabhängigkeit des Scheichtums nach wie vor immens. Je knapper Öl und je teurer Energie (was nicht mehr eine Frage des „Ob“, sondern nur noch des „Wann“ ist), umso drastischer dürften sowohl die Investitionen aus den Ölstaaten als auch deren Nachfrage einknicken.

Hinzu kommt die fehlende Nachhaltigkeit der hauseigenen Infrastruktur: Schon heute verfeuern die Golfstaaten 17 Prozent ihrer Ölproduktion für ihren energieverschwendenden Lebensstil.

Ein *worst case scenario* für die Jahre nach 2030 sähe so aus: Weil sich Flüge aufgrund hoher Kerosinpreise extrem verteuern, bleiben zusehends Touristen aus und Hotels leer; die Preise für Strom und Klimatisierung explodieren, ebenso jene für Lebensmittel, die der Wüstenstaat wegen kaum mehr zu bezahlender Wasserpreise weitgehend per Schiff oder Flugzeug importieren muss. „Mittelfristig wird Dubai vom steigenden Ölpreis profitieren, langfristig könnte es jedoch buchstäblich auf dem Trockenen sitzen“, glaubt Ökonom Woertz. „Gut möglich, dass das Leben hier in 30 Jahren nur noch für Millionäre zu finanzieren ist.“

LUFTVERKEHR

ÜBERFLIEGER

Die Herrscher der Emirate träumen vom Weltzentrum am Golf – ihre Fluggesellschaften sollen das möglich machen

„HIER IST GELD“, sprach Scheich Mohammed bin Rashid Al Maktoum, der Emir von Dubai, der Legende nach und schob seinem Onkel, Scheich Ahmed, einen

Das fliegende Scheichzimmer: Luxusausstattung des Superairbus A380

Scheck über zehn Millionen Dollar zu. „Gründe eine Airline!“ Das war 1985. Kurz darauf begann Emirates mit zwei geleasten Flugzeugen, flog nach Delhi, Karatschi und Mumbai, dorthin, wo die meisten Gastarbeiter leben.

Ernst nahm die Fluglinie vom Golf zunächst niemand. Der Markt sei viel zu klein, hieß es, und politische Krisenherde lägen zu nah. Doch Emirates wuchs wie der Wüstenstaat am Golf selbst – rasant. Schrieb Jahr um Jahr Gewinne. Wurde mit 200 internationalen Preisen ausgezeichnet, wegen des Service, wegen geräucherten Tunfischs und glasierter Entenbrust, wegen 500 Video- und Musikprogrammen an Bord.

Höhenflug einer Airline: Die Fluggesellschaft Emirates lockt immer mehr Passagiere an

Heute gehört Emirates mit fast 27 000 Beschäftigten zu den 20 umsatzstärksten Fluggesellschaften der Welt. Zählt man die Low-cost-Anbieter nicht hinzu, ist die Airline dank einer Nettorendite von zwölf Prozent die profitabelste Fluglinie. Ihre Maschinen landen in über 80 Städten weltweit, darunter auch Hamburg, Düsseldorf, Frankfurt und München. Ein Ende des Wachstums ist nicht in Sicht: Die Gesellschaft bestellte 45 Riesenflieger vom Typ A380. Und da Airbus nicht schnell genug liefern kann, noch ein paar neue Boeing 777 dazu.

Ein Höhenflug, der auch Abu Dhabi beflügelt. Seit 2003 drängt das Nachbaremirat, das bis dahin nur eine Beteiligung an Gulf Air hielt, mit einer eigenen Linie auf den Markt: Etihad, zu Deutsch „Einheit“. Rund 30 Großraumflugzeuge hat das Unternehmen bisher geordert, darunter ebenfalls den Airbus A380. Ein halbes Jahr nach dem Erstflug, wohlgemerkt. Mittlerweile erschließt keine andere Airline der Welt mehr neue Ziele. Dies ist ein Paukenschlag – und eine Kampfansage.

Sowohl Emirates als auch Etihad wollen aus der geographischen Lage am Persisch-Arabischen Golf Profit schlagen und Passagiere aus Asien, Afrika und Europa anziehen. Denn von den Flughäfen Dubai und Abu Dhabi können beide Fluggesellschaften jeden Markt auf der Welt nonstop anfliegen, sei es die Ostküste Australiens oder ganz Südamerika.

Also baut Abu Dhabi einen neuen Flughafen, samt zweiter Start- und Landebahn, damit auf der vier Kilometer langen Piste der A380 auch im extrem heißen Wüstensommer mit voller Nutzlast starten kann. Dubai will mit bald zwei Flughäfen zum weltweit wichtigsten Drehkreuz werden. Der neue „World Central International Airport“, der noch 2007 eröffnet werden soll, hat eine Kapazität von 120 Millionen Passagiere pro Jahr, mehr als Frankfurt Main und London Heathrow zusammen. ■

Franz Lenze, Harald Willenbrock

ABU DHABI

INSEL DES WOHLSTANDS

Die Hauptstadt ist unermesslich reich. Wie reich ist unermesslich?

NICHTS IST GEHEIMER als das tatsächliche Vermögen der VAE-Hauptstadt und ihrer „Abu Dhabi Investment Authority“. Fest steht jedoch, dass allein die Renditen der Anlagen höher sind als die Einnahmen aus dem Verkauf einer Tagesproduktion Rohöl. Die Rechnung ist einfach: Die Emirate exportieren täglich 2,2 Millionen Barrel. Bedenkt man, dass die Förderkosten für ein Barrel bei höchstens anderthalb US-Dollar liegen, macht das bei einem durchschnittlichen Ölpreis von 60 Dollar rund 130 Millionen Dollar Gewinn am Tag. Eine beeindruckende Summe, an der Scheich Khalifa bin Zayed Al Nahyan, der Emir von Abu Dhabi, seine Untertanen teilhaben lässt. So wurden 2005 die Gehälter aller im öffentlichen Dienst beschäftigten Emiratis um 25 Prozent angehoben; Krankenhausaufenthalte, Schulen, das Studium sind ohnehin kostenlos.

Und was geschieht mit dem Rest? Abu Dhabi investiert – wenn auch in deutlich gemächlicherem Tempo als Dubai. Weil die Insel, auf der die Stadt liegt, längst dicht bebaut ist, wird bis 2011 gegenüber dem heutigen Hafen eine neue Stadt für 100 000 Einwohner entstehen. Neuer Höhepunkt: Saadiyat Island, die bisher noch unberührte „Insel des Glücks“ vor der Küste; dort soll die Grundlage für einen eigenen Tourismusboom gelegt werden, damit die bisher magere Zahl von nur wenigen tausend Hotelzimmern bald Vergangenheit ist.

Und auch wenn in ferner Zukunft das Öl versiegt, verarmen wird wohl niemand. Gerüchte besagen, dass die Regierung in Abu Dhabi Geld für jeden einheimischen Bürger zurückgelegt hat. Die Rede ist von mindestens einer Million Dollar pro Person.

Persisch-Arabischer Golf
Str. von Hormuz
Khasab
Musandam
IRAN
Ras Al Khaimah
zu OMAN
Umm Al Quwain
Ajman
QATAR
Sharjah
Doha
Dubai
Fujairah
Golf von Oman
Abu Dhabi
Sohar
Al Ain
Mutrah
Maskat
Ruwais
Hajar-Gebirge
Seeb
VEREINIGTE ARABISCHE EMIRATE (VAE)
Ibri
Ibra
Sur
Nizwa
Umm Hisin
Hamim
Adam
Al Ashkahara
Liwa-Oasen
Grenze nicht festgelegt
Ramlat Al Wahibah
SAUDI-ARABIEN
Umm As Samim
Ghaba
Rub Al Khali
OMAN
Masirah
(Leeres Viertel)
Golf von Masirah
Sabchat Al Uruq Al Mutaridah
Hayma
Jiddat Al Harasis
Al Duqm
Muqshin
Madrakah
Sawqirah-Bucht
Dawqah
Weihrauch ab Seite 118
Fasad
Sawqirah
Dhofar
Thamarit
Arabisches Meer
980
Habfrut
Mudhayy
Jebel Mahrat
Salalah
Mirbat
200 km
Kap Sheikh Ma'sud
Kumzar
Musandam
Fatema ab Seite 88
Khasab
Kap Dillah
Bukha
Jebel Harim 2087
Ash Sham
zu OMAN
Mina Saqr
Limah
Persisch-Arabischer Golf
Sayh
Al Rawdah
Staatsbesuch ab Seite 112
Ras Al Khaimah
Al Jazirah Al Hamra
Umm Al Quwain
Digdagga
Bayah
110
Dibba Al Hisn
Expatriots ab Seite 44
Hamraniyah
Hajar-Gebirge
Biatah
Sharm
Ajman
Badiyah
Sharjah
1153
DUBAI
Al Dhaid
Khor Fakkan
Sharjah
zu OMAN
Burj Al Arab
Al Khawanij
J. Milheiha
Qurayya
Madinat Jumeirah
419
Al Haba
Fujairah
Mina Jebel Ali
Jumeirah Bab Al Shams Resort
Luxushotels ab Seite 16
Kalba
W. Al Hilu
Khatmat Malahah
Flughafen (im Bau)
Dubai
Al Maha Desert Resort & Spa
Hatta
Arabian Canal (geplant)
Al Samha
Al Faqa
Shinas
Al Fay
Sur Al Abri
Ajban
Scheich Zayed ab Seite 66
Saadiyat
Al Juwayf
Jebel Ghawil 1461
Batinah-Ebene
Sweihan
Al Khabb
Al Liwa
Emirates Palace
Zabin
Mahdah
Sohar
Abu Dhabi
Merawwah
Abu Dhabi
Wadi Al Jizi
Al-Buraymi-Oasen
Bu Lifiyat
Mafraq
Al Wathba
Al Jahar
Al Buraymi
Jebel Luhaynah
Abu Al Abyadh
Khan
Al Ain
Wadi Hibi
Al Mirfa
Al Khatim
Tarif
At Taff
Al Khatam
Harim
Jebel Hafeet
1420
Batinah
Shamis
Habshan
Hajar-Gebirge
VEREINIGTE ARABISCHE EMIRATE
Madinat Zayid
Yanqul
Jebel Abyad
Dank
Bu Hasa
Wadi Bu Madiq
Al Khalli
Jebel Wabah
Mazim
Istaihah
Asab
Al Humrah
Wadi Jifra
Huweilah
Shah
Bat
Tharwaniyyah
Ibri
Qatuf
Hamim
Aradah
Liwa-Oasen
Al Dhahirah
Wadi Rafash
Al Rabbad
210
Grenze nicht festgelegt
Wadi Bu Hafar
Sur
Reiseroute in Oman (siehe S. 87)
Kalba
Tagestour durch Sharjah (siehe S. 116)
Shaybah-Ölfelder
Luxushotel (siehe S. 16)
SAUDI-ARABIEN
Fahud
Kamelrennen (siehe S. 40)
Wadi Hawyah

Dubai
Dubai Marina
Maritime City (im Bau)
Port Rashid
Dubai Dry-Dock Complex
The Palm Deira (im Bau)
Jumeirah Beach Park
The Village
Jumeirah Beach Road
Mercato Town Centre
Jumeirah
Iran. Hospital
Al Wasl Road
Al Bada
Al Satwa Road
Al Satwa
Straße des Geldes ab Seite 96
Shangri-La Hotel
Sheikh Zayed Road
Dusit Tower
Dubai International Financial Centre
Emirates Towers
D. Intern. Exhibition Centre
Dubai World Trade Centre
Zabeel Park
Zabeel (2)
Zabeel (1)
Pferde-rennbahn
Doha Street
Doha Road
The Lagoons
Opera
Oud Metha Road
Al Mina
Al Mina Road
Al Hudaiba
Mankhool Road
Al Diyafah Road
Al Adhid Road
Al Qutaeyat Rd.
2nd Zabeel Road
Al Khaleej Road
Al Fahedi Street
Al Raffa
Mankhool Rd.
BUR DUBAI
Burjuman
Trade Centre Road
Al Karama
Karama-Viertel
Zabeel Rd.
Umm Hurair Rd.
Oud Metha
Daiso
Metro (im Bau)
Wafi City
Healthcare City (im Bau)
Creek Side Park
Umm Hurair (1)
Umm Hurair (2)
Dubai Creek
Dau-Werft
Al Maktoum Bridge
Creek Golf & Yacht Club
Al Garhoud Bridge
Fischmarkt
Al Ras
Goldsuk
Dubai Museum
Deira Covered Suk
Bastakiya
Baniyas Square
Al Rigga-Friedhof
DEIRA
Al Ghurair City
Naif Rd.
Corniche Deira
Al Khaleej Road
Al Baraha
Al Rasheed Rd.
Al Maktoum Rd.
Al Rigga Rd.
Salah Al Din
Abu Baker Rd.
Clock Tower Roundabout
Baniyas Road
Port Saeed
Al Garhoud Road
Al Garhoud
Dubai International Airport
Al Ittihad Road
Abu Hail
Al Siddique Rd.
Metro (im Bau) Road
Al Twar Road
Al-Twar-Friedhof
Al Mulla Plaza
Al Qusais
Al Busta Centre
1 km
Restaurants
1 Fish & Co
2 Al Dawaar
3 Ponderosa Steakhouse
4 Spice Island
5 Asha's
Bars & Clubs
1 Sho Cho's, Boudoir, Malecon
2 QD's
3 Mix
Hotels
1 Lords Hotel
2 XVA Hotel
3 Youth Hostel Dubai
4 Arabian Park Hotel
Sehenswürdigkeiten
Schnäppchen
Einkaufszentren, Märkte
Dubai Waterfront (in Planung)
geplante und im Bau befindliche Projekte
Shopping ab Seite 100
The Palm Jebel Ali
Knowledge City
Dubai Internet City
Dubai Media City
The Palm Jumeirah
Madinat Jumeirah
The World
Burj Al Arab
Kamele ab Seite 34
The Palm Deira
Maritime City
Jumeirah Beach Hotel
Jebel Ali Freezone
Emirates Hills
Ibn Battuta Mall
Mall of the Emirates/ Ski Dubai
Sheikh Zayed Rd.
Dubai Mall
Kamel-rennbahn
Technology Park
Bauboom ab Seite 50
International Airport Jebel Ali
Arabian Ranches
DuBioTech
Festival City
Clubs
1 Apartment
2 Bar 44
3 Trilogy
Restaurant
1 Marina Seafood Market
Dubailand
Bawadi
Emirates Ring Rd.
5 km
Dubai Silicon Oasis
Internat. City
Mushrif Park
Zoo
Golf von Oman
Al Mintayfah
Al Khaburah
Al Suwayq
Al Masnaah
Barka
Seeb
The Chedi
Qurm
Mutrah
Maskat
Bawshar
Ruwi
Al Amrat
Maskat
Qurayat
464
1655
Rustaq
Nakhl
Bidbid
Jebel Shams 2980
Awabi
Samail
Jebel-Akhdar-Gebirge
Ghul
Al Hamra
Misfat
Jebel Kawr
Bahla
Nizwa
Birkat Al Mawz
Manah
Izki
Al Hajar Al Sharqiyah
Wadi Indam
Mizbar
Jebel Abyad
Jebel Aswad 1831
Wadi Majlas
Dibab
Hajar-Gebirge
1202
1301
Oman-Reise ab Seite 72
Battin
Al Shariq
Al Shab
Tiwi
Wadi Shab
Wadi Tiwi
2003
2231
Qalhat
Al Hilayw
Samad
Ibra
Hamarat Ad Dura
OMAN
Al Mudaybi
Al Sharqiyah
Sur
Kap Al Hadd
Ras Al Hadd
Ras Al Jinz
Al Qabil
Al Mintirib
Sinaw
Adam
Ramlat Al Wahibah
Jebel Khamis
Al Kamil
0 20 40 60 80 km
DUBAI über 1 Mio. Einwohner
Sharjah 500000 bis 1 Mio. Einwohner
Ras Al Khaimah 100000 bis 500000 Einw.
Fujairah 50000 bis 100000 Einw.
Ibri 20000 bis 50000 Einwohner
Tiwi unter 20000 Einwohner
Autobahn
Fernverkehrsstraße
Hauptstraße (asphaltiert)
Hauptstraße (befestigt)
sonstige Straße
Internationaler Flughafen
Grenzübergang
GEO-Grafik

GEO Special Chile & Argentinien (5/06)

Mit großem Interesse habe ich den Artikel „Eine Stadt aus Luft und Liebe" (über Buenos Aires) gelesen, und er hat mir sehr gut gefallen. Ich habe nun ein etwas ungewöhnliches Anliegen: In Ihrem Artikel erzählen Sie von Damián und Lidia Quintenos, den Cartoneros, die Sie bei der harten Arbeit begleitet haben. Es klingt etwas verrückt, aber: Ich würde Damián gern ermöglichen, ein Boca-Spiel zu sehen! Mit solch kleinen Dingen kann man viel Freude machen. Klar, hilft eine Eintrittskarte für ein Fußballspiel Damián und seiner Familie nicht beim Überleben, aber wenn es ein großer Traum von ihm ist…

— KATRIN HILDENBRAND, LEIPZIG

GEO Special Chile & Argentinien (5/06)

Danke für den inspirierenden Artikel „Eine Heilige für alle Wege". Da ich auf der Suche nach einem Thema für meine Hausarbeit war, habe ich mich entschlossen, über Ihre Difunta Correa zu schreiben!

— JULIA OLK, PER E-MAIL

GEO Special Japan (6/06)

Ihr Heft hat mir Appetit gemacht (nicht nur wegen des Artikels über japanische Küche). Besonders gut finde ich die Kästen am Ende der Texte, in denen Tipps für „Nachmacher" gegeben werden. Für mich steht fest: Ich muss dringend nach Japan!

— THEA VOSSLER, PER E-MAIL

Mehr Routen zum Nachreisen, bitte!

In den zurückliegenden Jahren war GEO Special für mich weitestgehend Grundlage für meine Reisen in viele Länder der Welt. Insbesondere habe ich dabei immer die sehr gründlich recherchierten Reisevorschläge geschätzt. Ich bedaure es deshalb, dass diese relativ hohen, bisher auch von Ihnen zumeist erfüllten Ansprüche in den Hintergrund getreten sind. Insbesondere fehlen mir konkrete Routen, die ich nachreisen kann.

— WERNER RASCH, OERLINGHAUSEN

GEO Special

Gruner + Jahr AG & Co KG, Druck- und Verlagshaus,
Am Baumwall 11, 20459 Hamburg.
Postanschrift für Verlag und Redaktion:
20444 Hamburg, Telefon 040/37 03-0, Telefax 040/37 03 56 48.
E-Mail: briefe@geo.de; Internet: www.GEO.de

CHEFREDAKTEUR: Peter-Matthias Gaede
STELLVERTR. CHEFREDAKTEUR: Michael Schaper
GESCHÄFTSFÜHRENDE REDAKTEURE: Florian Hanig (Text), Ruth Eichhorn (Fotografie), Jutta Krüger (Art Direction)
ART DIRECTOR: Beate Meding
TEXTREDAKTION: Meike Kirsch, Markus Wolff, Brigitte Gajser (Reise-Service)
BILDREDAKTION: Venita Kaleps; Karolina Doleviczenyi, Lars Steen, Katharina Werin (freie Mitarbeit)
VERIFIKATION: Mathias Unger, Andrea-Rebecca Flörke
KARTOGRAPHIE: Stefanie Peters
SEKRETARIAT: Maren Heidorn, Elke Rehländer-Stöhr, Hella Strepp
HONORARE/SPESEN: Angelika Györffy
SCHLUSSREDAKTION: Susanne Baller, Assistenz: Hannelore Koehl
TECHNISCHER CHEF VOM DIENST: Rainer Droste
MITARBEITER DIESER AUSGABE:
Maren Ahmerkamp, Dr. Susmita Arp, Barbara Baumgartner, Carmen Butta, Nina Freydag, Susanne Frömel, Thomas Gsella, Torsten Hampel, Ariel Hauptmeier, Frauke Heard-Bey, Susanne Hörr, Hanna S. Jahshan, Kirstin Kabasci, Sandra Kaiser (Layout), Ulrike Klaas, Dela Kienle, Franz Lenze, Tewe Pannier, Georg Popp, Annika Reichardt, Winfried Schumacher, Harald Willenbrock
BILDADMINISTRATION UND -TECHNIK: Stefan Bruhn
GEO-BILDARCHIV: Bettina Behrens, Gudrun Lüdemann, Peter Müller
VERANTWORTLICH FÜR DEN REDAKTIONELLEN INHALT:
Peter-Matthias Gaede

REDAKTIONSBÜRO NEW YORK: Nadja Masri (Leitung), Brigitte Barkley, Wilma Simon, Ann Marie Binlot (Sekretariat)
535 Fifth Avenue, 29th fl., New York, NY 10017
Tel. 212/499-8100, Fax 212/499-8105, E-Mail: geo@geo-ny.com

VERLAGSLEITUNG: Dr. Gerd Brüne, Ove Saffe
ANZEIGENLEITERIN: Anke Wiegel
VERTRIEBSLEITERIN: Ulrike Klemmer/DPV Deutscher Pressevertrieb
MARKETINGLEITER: Anja Stalp
HERSTELLER: Oliver Fehling

ANZEIGENABTEILUNG
Anzeigenverkauf: Korinna Koschek,
Tel. 040/37 03 22 48, Fax 040/37 03 17 22 48
Anzeigendisposition: Marco Schütze,
Tel. 040/37 03 23 27, Fax 040/37 03 58 87
Es gilt die Anzeigenpreisliste Nr. 34 vom 1. Januar 2007
Bankverbindung: Deutsche Bank AG Hamburg,
Konto 0322800, BLZ 200 700 00
Druck: Prinovis Itzehoe GmbH & Co KG

GEO ist auf Papier gedruckt, das aus einem Drittel – ausschließlich chlorfrei gebleichtem – Zellstoff, aus einem Drittel Durchforstungsholz und einem Drittel Altpapier hergestellt ist.
Printed in Germany

GEO-SPECIAL-LESERSERVICE

Fragen an die Redaktion

Telefon: 040/37 03 20 73, Telefax: 040/37 03 56 48, E-Mail: briefe@geo.de

ABONNEMENT- UND EINZELHEFTBESTELLUNG

Abonnement Deutschland, Heftpreis im Abonnement: 6,65 €

- *Bestellungen:* DPV Deutscher Pressevertrieb, GEO-Kundenservice, 20080 Hamburg, Telefon: 01805/861 80 01* (*14 Cent/Min.)
- *Kundenservice allgemein* (persönlich erreichbar)
Mo bis Fr 7.30 bis 20.00 Uhr, Sa 9.00 bis 14.00 Uhr
Telefon: 01805/861 80 01*, Telefax: 01805/861 80 02* (*14 Cent/Min.)
24-Std.-Online-Kundenservice: www.MeinAbo.de/service

Abonnement Österreich

- *GEO-Special-Abonnentenservice*, Postfach 5, 6960 Wolfurt, Telefon: 0820/00 10 85, Telefax: 0820/00 10 86, E-Mail: geo-special@abo-service.at

Abonnement Schweiz

- *GEO-Special-Leserservice*, Postfach, 6002 Luzern
Telefon: 041/329 22 20, Telefax: 041/329 22 04
E-Mail: geo-special@leserservice.ch

Abonnement übriges Ausland

- *GEO-Special-Kundenservice*, Postfach, CH-6002 Luzern; Telefon: 041/329 22 20, Telefax: 041/329 22 04
E-Mail: geo-special@leserservice.ch

BESTELLADRESSE FÜR GEO-BÜCHER, GEO-KALENDER, SCHUBER ETC.

Deutschland

- *GEO-Versand-Service*, Werner-Haas-Straße 5, 74172 Neckarsulm, Telefon: 01805/06 20 00*, Telefax: 01805/08 20 00* (*14 Cent/Min.)
E-Mail: service@guj.com

Schweiz

- *GEO-Versand-Service 50/001*, Postfach 1002, CH-1240 Genf 42

Österreich

- *GEO-Versand-Service 50/001*, Postfach 5000, A-1150 Wien

Bestellungen per Telefon und Fax für alle Länder

Telefon: 0049-1805/06 20 00, Telefax: 0049-1805/08 20 00
E-Mail: service@guj.com

ISBN 978-3-570-19749-3 ISSN 0723-5194

Fotovermerke nach Seiten. *Anordnung im Layout: l. = links, r. = rechts, o. = oben, m. = Mitte, u. = unten*

TITEL: Peter Ginter/Bilderberg

SEITE 5: Markus Wolff: o.; Florian Wagner/Agentur Focus: u.

SEITE 6: Florian Wagner/Agentur Focus: l. o.; Jose Fuste Raga/Corbis: r. o.; Tina Hager/Agentur Focus: r. m.; Christian Heeb/laif: l. u.

SEITE 7: Peter Bialobrzeski/laif: l. o.; Noor Ali Rashid: r. o.; Pascal Meunier/Cosmos/Agentur Focus: r. m.o.; Florian Wagner/Agentur Focus: r. m. u.; Ann Rownan Picture Library/Heritage Images: r. u.

KOMPASS: Udo Kröner/Bildagentur-Online: 8 o.; Nevada Wier/Corbis: 8 u.; www.ncollection.ae: 9 (4); Dave Houser/Corbis: 9 r. o.; Celia Peterson/Arabian Eye: 9 r. m. und r. u., 12 r. o. und m.; Dorothea Schmid/Bilderberg: 9 l. u.; Florian Wagner/Agentur Focus: 10 r. o.; Reuters/Corbis: 10 l. o.; Emilio Ereza/Alamy: 10 m.; 10 unten: Rabih Moghrabi/AFP/Getty Images: 04, 07, 09; Yadid Levy/Alamy: 05; Jochen Tack: 06; Holger Leue: 08; Christian Jakubaszek/Getty Images: 10; Tina Hager/Agentur Focus: 12 l. o. und l. u.; Celia Peterson/Arabian Eye: 12 r. o. und m.; Celia Peterson/Arabian Eye/Agentur Focus: 12 r. u.; Caren Firouz/Reuters/Corbis: 14 r. o.; Rabih Moghrabi/AFP/Getty Images: 14 r. u.; www.enjarecords.com: 14 l. m. u.; Warner Bros/Cinetext: 14 l. u.

EINMAL TRÄUMEN: Björn Göttlicher/Visum: 16/17; John Warburton-Lee/Danita Delimont.com: 18/19; Stephane Frances/Hemispheres/laif: 20/21; Richard Allenby-Pratt/Arabian Eye/Agentur Focus: 22/23; Peter Ginter/Bilderberg: 24; R. Schmid/Bildagentur Huber: 25; Jochen Tack: 26/27; Jumeirah Properties: 28–29; Markus Wolff: 30 o.; Heimo Aga: m.; Attar Maher/Corbis Sygma; 30 u.

AUFGALOPP EINES WUNDERTIERES: Florian Wagner/Agentur Focus: 34–39, außer Attar Maher/Corbis Sygma: 39 l. u.; Lutz Jäkel/Bilderberg: 40

ÜBERBLICK FÜR GOLFLIEBHABER: Illustration: Jutta Drewes

GLÜCK IST SANDFARBEN: Tina Hager/Agentur Focus: 44–49

DIE WACHSTUMSMASCHINE: Peter Bialobrzeski/laif: 50–53, 62 l. o.; Tatweer (Animation): 54/55; Skidmore, Owings & Merrill LLP: 56 l.; Zaha Hadid Architects: 56 r.; George Katodrytis www.katodrytis.com: 57 o.; Lars Steen (Illu): 57 u.; Kling Consult Branch Office Dubai: 58; KZA Koschany + Zimmer Architekten www.kza.de: 59; Al Gurm Resort/Aldar Properties: 60; Saadiyat Island/TDIC: 61; Nakheel L.L.C.: 63; Daryl Visscher/Arabian Eye/Agentur Focus: 64

VATER DER NATION: Ramesh Shukla/Arabian Eye/Agentur Focus: 66, 68, 69 o., 70, 71 u.; Noor Ali Rashid: 67, 69 u., 71 o.

OMAN, EIN REISEMÄRCHEN: Florian Wagner/Agentur Focus: 72/73, 81, 82 l., 84/85 u., 86; Ian Berry/Magnum/Agentur Focus: 74–80, 83, 84 l., 85 r., 87

FATEMAS WEG ZUM EIGENEN LEBEN: Tina Hager/Agentur Focus: 88–95

AUF DER STRASSE DES GELDES: Illustration: Jutta Drewes: 96–99

DIE GANZE WELT IM ANGEBOT: Peter Bialobrzeski/laif: 100–102, 106–107; Dorothea Schmid/Bilderberg: 103, 108/109 u., 110; Pascal Meunier/Cosmos/Agentur Focus: 104/105, 108 l. u.; Celia Peterson/Arabian Eye/Agentur Focus: 108 l. o.; Kami/Arabian Eye/Agentur Focus: 108/109 o.; Nina Freydag: 111

DER SCHEICH UND ICH: Ariel Hauptmeier: 112 o.; Rabih Moghrabi/AFP/Getty Images: 112 l. u., 113 r. u.; Walter Schmitz/Bilderberg: 112/113 u. und 114 r. o.; Hamilton/REA/laif: 114 l. o.; Jochen Tack: 116

IM RAUCH DER SINNE: Dana Muhamed/Arabian Eye/Agentur Focus: 118 o.; Olff Appold/Jahreszeiten Verlag: 118 l.; Pascal Meunier/Cosmos/Agentur Focus: 118/119, 120 u.; Rainer Hackenberg/KPA: 120 o.; Amouage LTD, Amouage Gold Damen/Herren: 121; Torsten Hampel: 122 o.; Tor Eigeland/Arabian Eye/Agentur Focus: 122 u.

REISE-SERVICE: Florian Wagner/Agentur Focus: 127; Jochen Tack: 129, 131; Hemispheres/laif: 130; Peter Bialobrzeski/laif: 132 r. o., 133 l.; Explorer Publishing: 132–137 (12 Porträts); Jumeirah Properties www.jumeirah.com: 133 r.; Richard Allenby-Pratt/Arabian Eye/Agentur Focus: 134 o.; Pascal Meunier/Cosmos/Agentur Focus: 134 u.; Andreas Hub/laif: 135 o.; Hans Georg Roth/Corbis: 136 o.; Lisa Young/Alamy: 137 r.; Jörg Langer: 138 l.; Andrea Mahlknecht: 138 o.; Hady Khandani: 138 u.; Kurt Ganglbauer: 139 o.; Ralf Schmidt: 139 m.

DOSSIER: Ann Rownan Picture Library/Heritage Images: 141; Granger Collection/Ullstein Bilderdienst: 142 o.; Hulton-Deutsch Collection/Corbis: 142 u.; AP/Ullstein Bilderdienst: 143; Richard Allenby-Pratt/Arabian Eye/Agentur Focus: 144; Pankaj + Insy Shah/Gulf Images/Getty Images: 145; Rabih Moghrabi/AFP/Getty Images: 146; Celia Peterson/Arabian Eye/Agentur Focus: 147; Katarina Premfors/Arabian Eye/Agentur Focus: 148 o.; Mark Power/Magnum/Agentur Focus: 148 u.; Jochen Tack: 149

KARTEN

Stefanie Peters: 87, 116, 128, 150–151

VORSCHAU:

Berthold Steinhilber/Bilderberg: 153 l. o.; Ralf Kreuels/laif: 153 u.; Andrew Hetherington/Redux/laif: 153 r.

INTERVIEW: Florian Wagner/Agentur Focus: 154

Für unverlangt eingesandte Manuskripte und Fotos übernehmen Verlag und Redaktion keine Haftung.

© GEO 2007, Verlag Gruner + Jahr, Hamburg, für sämtliche Beiträge. Einem Teil der Auflage liegen Prospekte der Gruner + Jahr AG und Co KG bei.

IRLAND

IRELAND-MAN STATT IRON-MAN: Triathlon auf die Inselart – unterwegs mit Hausboot, Pferd und Fahrrad. **WANDEL EINES SCHMUDDELKINDES:** Lange galt Dublin als verwahrloste Metropole. Inzwischen glänzt die Stadt an der Liffey und lockt Investoren, Kreative und Touristen gleichermaßen. **EIN HERZ FÜR IREN:** Wen das Glück nicht von selbst findet, der hilft ihm auf dem „Matchmaking Festival" in Lisdoonvarna nach. Besuch eines der größten Heiratsmärkte Europas. **VERGEBUNG:** Die einen waren im Nordirlandkonflikt Täter, die anderen Opfer. In einem Projekt versuchen sie gemeinsam, Schuld und Leid zu bewältigen. **NOCH EINMAL DASSELBE, BITTE:** Wieso Irish Pubs weltweit ähnlich aussehen? Ein Blick hinter die Kulissen der Gemütlichkeits-Industrie.

Dreimal schön: Kathedrale in der Grafschaft Tipperary; eine Bootstour auf dem Lake Erne in Nordirland; das unterhaltsame Nachtleben auf Dublins Straßen

▶ DIE ZULETZT ERSCHIENENEN AUSGABEN:

4/2006

5/2006

6/2006

▶ DIE FOLGENDEN AUSGABEN:

- Irland
- Dresden, Leipzig und Weimar
- Baltikum

DAS GEO SPECIAL IRLAND ERSCHEINT AM 4. APRIL 2007

Wie lebt es sich eigentlich als …

… Austauschschüler in Oman?

TAMÁS MAYER, 17, geht ein Jahr lang in Omans Hauptstadt Maskat zur Schule. Im pfälzischen Schifferstadt Einzelkind, hat er nun plötzlich sechs Geschwister

Hast du den Kulturschock gut überstanden?
Kulturschock? Wohl eher Temperaturschock. Als ich Ende August hier ankam, war es tagsüber 50 Grad heiß. Nach der Schule ist jeder müde und hält Siesta, erst zum Abendgebet werden alle wieder aktiv. Dann treffe ich mich mit Freunden zum Fußball.

Waren dir die klassischen Austauschländer zu langweilig?
Das haben mich Mitschüler, die jetzt in den USA oder in Australien sind, auch gefragt. In die Emirate oder nach Oman wollte ich, weil ich dort vor drei Jahren Urlaub gemacht habe. Mir hat gefallen, wie freundlich die Menschen hier sind und dass sie ihre Traditionen pflegen. Gerade die Omaner restaurieren lieber eine antike Festung, als ein Hochhaus zu bauen. Zuerst haben wir eine Gastfamilie in Dubai gesucht. Aber das war schwer, weil die Bewohner der Emirate gern unter sich bleiben. Also hat mein Vater im Internet recherchiert und E-Mails an alle möglichen Omaner geschrieben. Geholfen hat uns schließlich jemand, der in München lebt: der Bruder meiner jetzigen Gastmutter.

Hast du Arabisch gelernt?
Ja, an der Volkshochschule und mit einer Privatlehrerin. In Maskat gehe ich dreimal wöchentlich zum Sprachkurs. An der internationalen Schule ist der Unterricht zwar in Englisch, aber ich will verstehen, worüber die Leute auf der Straße reden. Und vor allem: an den Religionsstunden teilnehmen – was mir der Lehrer bislang verbietet, weil die auf Arabisch sind. Leider spricht meine Familie oft Englisch mit mir. Das kann sie einfach zu gut.

Deutsch-omanische Freundschaft: Tamás (Mitte) und seine Gastbrüder. Die drei spielen gemeinsam Fußball – dann aber in Shorts

Versucht deine Gastfamilie, dich zu missionieren?
Ab und zu heißt es im Spaß: „In einem Jahr bist du Muslim." „Ja, ja", sage ich dann nur. Meine Gastfamilie findet, dass das Christentum und der Islam viel gemeinsam haben. Erst kam das Judentum, dann das Christentum – und das letzte und fortschrittlichste Kapitel sei eben der Islam. Wenn meine Familie in der Moschee ist, chatte ich mit Freunden aus Deutschland. Immerhin: Während des Ramadan habe ich mitgefastet. Ich dachte, als Einziger zu essen, kommt bestimmt nicht gut an.

Wie hast du den Monat überstanden?
Der Nachmittag, wenn Hunger und Durst am schlimmsten sind, wird verschlafen. Dafür sind alle bis spät in die Nacht auf den Beinen. Das Fastenbrechen ist dann wie Weihnachten auf Muslimisch. Wir haben Verwandte meiner Gastfamilie besucht, und für uns Kinder gab es Geschenke.

Und wie kommst du mit sechs Gastgeschwistern klar?
Zu Hause leben wir zu dritt, hier zu neunt. Was für Oman nicht einmal ungewöhnlich ist. Als mein omanischer Gastgroßvater starb, kam die komplette Familie zusammen: gut tausend Leute. Familie spielt hier eine große Rolle, und ich werde wie ein Familienmitglied behandelt. Mit meinen neuen Brüdern gehe ich abends oft an den Strand.

Ist es mit den Mädchen schwieriger?
In meiner Gastfamilie gibt es keine Geschlechtertrennung, ich darf mit den Mädchen reden. Außerhalb der Familie ist das ein Problem. Manche Mitschüler beneiden mich, weil das in Deutschland lockerer ist. Aber es sind nur wenige.

Gibt es etwas, an das du dich schwer gewöhnen kannst?
An den Fahnenappell zu Ehren des Sultans vor Schulbeginn. Und an das omanische Verständnis von Pünktlichkeit. Wenn ich um sechs Uhr eingeladen bin, gehe ich um halb acht los. Etwas von dieser großen Gelassenheit will ich mitnehmen, wenn ich nach Hause fliege. INTERVIEW: ANNIKA REICHARDT